Carl Gustav Jung

Psychologie und Alchemie

心理学と錬金術 I

C・G・ユング　池田紘一・鎌田道生＝訳

人文書院

心理学と錬金術 Ⅰ 目次

凡例

一、本書は Carl Gustav Jung: Psychologie und Alchemie, (=Psychologische Abhandlungen V) Zürich 1944 の全訳である。底本には第二版（一九五一年）を使用し、傍ら全集版を参照した。大部の著書であるので翻訳出版にあたっては上下二巻に分けた。上巻（本巻）には著者まえがき、第一部「錬金術に見られる宗教心理学的問題」Einleitung in die religionspsychologische Problematik der Alchemie および第二部「個体化過程の夢象徴」Traumsymbole des Individuationsprozesses を収め、巻末に図版出典一覧と錬金術テクスト集成一覧とを収めた。下巻には第三部「錬金術における救済表象」Die Erlösungsvorstellungen in der Alchemie と、巻末に図版出典一覧、人名索引、事項索引、訳者あとがきとを収録する。錬金術テクスト集成を除く文献目録は都合により割愛したが、原注初出の際に原語をそえているので、原注の中にすべて網羅されている。

一、原注における諸文献の表題の日本語訳は、必ずしも表題全体の訳ではなく、原著の体裁を踏襲して、一部省略されている場合もある。

一、原著においてドイツ語以外の言葉が用いられている場合には本書の性質を顧慮してできるだけ原語を併記したが、煩瑣にすぎる場合や重複の場合はその限りではない（特にラテン語が修辞的に用いられている場合は漢字仮名混りの表記で済ませたものが多い）。

一、人名、地名、神話名、錬金術用語等を外国語音片仮名表記で表す場合は、諸種の百科辞典や錬金術を扱った既訳の書物等を参照して慣行に従うことを第一とした。その際ギリシア語、ラテン語、アラビア語、ヘブライ語の長音は原則として短音表記とした。

一、原著の（ ）は、これをそのまま踏襲した。ただし（ ）は原語を併記する場合にも用いた。〔 〕内は訳注か、または単一の訳語では不充分な場合の補充訳語である。その場合、訳者の挿入であることを明示するために本文より一ポイント小さな活字が用いられている（ただし注では同ポイント活字が用いられている）。原著の引用符は「 」で表されている。引用文中の引用符は〈 〉で表されている。書名はすべて『 』で括った。イタリック体で強調されている箇所は傍点でこれを示した。ただし以上はすべて原則であって、判り易さを考えてこれに従わなかったところもあるし、技術上の問題で原則を破ったところもある。

心理学と錬金術　I

初版まえがき

心理学研究叢書の第五巻として刊行されることになった本書には、エラノス学会での数回に亙る講演に端を発した比較的大規模な二論文が収められている。エラノス学会での講演は、最初『エラノス年報』の一九三五年版と三六年版に発表された。本書は『エラノス年報』に発表されたものに多くの説明が付け加えられ、数々の傍証や資料が補充されることによって、ほぼ二倍の分量に膨れ上っている。同時に従来の本文《テクスト》にも種々の点で改訂がほどこされ、部分的には書き改められたり組替えられたりすることによって面目を一新している。数多くの図版が補充されたのも新しい点である。象徴的な図絵がいわば錬金術的精神の本質を構成している不可欠の要素であるという事情を考え合わせれば、これほどにも多くの図版が本文に添えられているのも決して不当ではあるまい。書き言葉では不充分にしか、あるいは全然表現することのできない事柄を、錬金術師たちは絵の中に描き表したのであって、これらの絵の語る言葉はなるほど風変りではあるが、しかし彼らの用いる曖昧模糊とした哲学的諸概念に較べれば却ってよく判る場合が少なくない。そしてこれらの絵と、精神療法の治療を受ける患者たちが自然発生的に描く絵との間には、形式の面でも内容の面でも専門家ならばすぐそれと判るある関連が認められるのである。もっともこのことについては、本書では余り立入って論じてはいない。

文学博士M・L・フォン・フランツ嬢には、破損部分もあり、解釈困難な箇所や議論の余地の多い箇所も見られるゾシモス文書を翻訳するにあたって、言葉の面で種々御協力を賜った。ここに深甚の謝意を表する次第である。文学専攻の学生R・シェルフ嬢には、タルムード文書のオーク王および一角獣伝説に関して御教示を賜った。文学博士L・フライ夫人には索引を作成して戴き、O・フレェーベ＝カプテイン夫人には錬金術の図絵の若干について複写写真の蒐集をお願いした。感謝に堪えない。また図版資料の選択と配列とをお引受け下さり、印刷の面でも種々御配慮を賜った文学博士J・ヤコービ夫人にも、心からお礼申上げる次第である。

一九四三年一月、キュスナハトにて

C・G・ユング

第二版まえがき

読者に少なからぬ精神的努力を強いるこのような書物が僅か数年で版を重ねるというのは、まことに悦ばしい事実である。この事実が、本書が数多くの理解ある読者を得たということを物語っているとするならば、私は心から満足を感じないではいられない。

第二版は、若干の訂正と補充とを除けば、初版のままである。本文と索引とを入念に御校閲下さったL・フルヴィッツ＝アイスナー夫人に深甚の謝意を表する次第である。

一九五一年七月

C・G・ユング

図1　三つ，ないし四つに分かたれた宇宙（四元素との関連に注意！）の支配者としての創造主。水と火が天と対をなしている。
アシュモウル編『英国の科学の劇場』（1652年）より

第一部　錬金術に見られる宗教心理学的問題

傷《いた》める葦を折り取ることもなく
ほのぐらき燈火《ともしび》を消すこともないであろう
イザヤ書第四十二章三節

本書の研究内容に序論めいた注釈をほどこすことは、複合心理学に精通している読者には余計なことかも知れない。しかしこの分野の専門家でもなく、何らの予備知識も持たない読者には、おそらくある程度の前置き的説明が必要であろう。一方の個体化過程（Individuationsprozeß）という概念と他方の錬金術（Alchemie）とはあまりにも遠く懸け隔っているように見えるので、最初は誰しも、両者を繋ぐ橋を想像することなど不可能だと思うに違いない。私が説明の必要を感じているのは、つまりこのような読者に対してなのである。さらにまた、本書の元となった「エラノス学会」での講演録を出版した際、これを論評した文章の中に評者たちの当惑とでもいったものを推測させるような例が二、三見られたが、このことも、私が予備的説明の必要を痛感するに到った大きな理由の一つである。

人間の心の本質に関してこれから述べようとしている事柄は、何よりも先ず人間の観察にもとづいている。このような私の観察結果に対して、これはまったく未知の経験だとか、めったに出会うことのない経験だとかいう非難がなされてきた。繰返しぶつかる奇妙な事実であるが、誰もが例外なく——ずぶの素人でさえも——人間の

図2　作業炉の傍らに跪き神の恵みを乞う錬金術師夫婦。
『沈黙の書』（1702年）より

心のことなら何もかも知り尽していると思い込んでいる。まるで、心だけはこの世で誰ひとり知らぬ者のない領域だとでも言わんばかりである。しかし人間の心に本当に通じている者なら、人間の心はわれわれの経験する最も不明瞭な、最も秘密に充ちたものの一つであるという私の言にただちに同意するだろう。この領域では学び尽すということはない。私の臨床的な仕事においても、新しい予期しないものに出くわさない日は一日もないと言っていいくらいである。確かに私の経験したものはいつどこででも見かけるような表面的な事柄ではない。しかしそれらは精神療法医でありさえすれば、心の分析というこの特別の領域に携る際に、すぐにも経験できる事柄である。従って、私の報告する諸経験が未知のものだといって非難めいた言辞を弄するのは、私にはどう考えても理不尽であるように思われる。私は素人の心理学的知識の不充分さにまで責任を負うつもりはない。

分析の過程、つまり意識と無意識との弁証法的対決においては、ある目的（Ziel）ないし終止点（Ende）への発展、進歩といったものが見られる。多年に亘って私が探究してきたのも、この目的や終止点の解き難い性質であった。心の治療は発展のすべての段階である終止点に行き着くが、その際、終止点に到達したからといって必ずしも目的に到達したという感じを懐きうるわけではない。典型的な一時的終止に達するのは次の場合である。一、患者が適切な助言を受容れた後。二、完全さに程度の差はあるが、充分な告白（懺悔）を行った後。三、これまで無意識下に置かれていたが、しかしそれを意識することが人生や活動に新たな刺戟を与えることになるような、ある重要な心的内容を認識した後。四、比較的長期を要する治療を経て幼児心理が除去された後。五、厄介な、あるいは異常なものと想像される環境条件に、新たに理性的に順応する術を見出した後。六、苦痛の症状が消え去った後。七、試験、婚約、結婚、離婚、転職等々の運命の決定的転換が生じた後。八、以前懐いていた信仰を再び取戻した後、あるいは改宗した後。九、実践的な人生哲学が芽生え始めた後（人生哲学といってもギリシア・ローマ的な意味における真の哲学である）。

　以上数え上げたものの他に、なおいくつかの変形や補足的ケースを附け加えることができると思うが、しかしこの九つの典型は大体において、分析過程ないし精神療法的治療過程が一時的に、場合によっては決定的に終局を迎える主な状況を言い表していると見て差支えない。しかし経験の教えるところによれば、患者の中には、治療という医者との共同作業は外面的に終了しても、分析過程そのものは決して終っていないというような人々が比較的多数存在する。これらの患者にあっては治療終了後も無意識との対決は続いているのである。しかも医者のもとで治療を継続している人々と同様の意味で続いているのである。時折このような患者に何年か経ってから再会し、彼らのその後の変化のしばしば注目に値する話を聞かされることがある。この種の経験が度重なるにつれて私は先ず第一に、心には外的諸条件からいわば独立した、目的志向的な過程が存在するという私の仮定に、ますます確信を懐くようになった。そして、ひょっとすると私自身が患者の非本来的な（それゆえ不自然なものと想像される）心的過程の唯一の原因なのではあるまいかという懸念からも解放された。このような懸念は、上に述べた九つの範疇のいずれかに該当するにもかかわらず分析作業が終了したという決定を下し難い患者が事実存在する以上、決して不当なものではない。ある種の患者にいたっては改宗によってさえも、それどころか神経症の症状の明々白々たる消滅によってさえも分析が終ったという感じがしないのである。そしてまさにこの、神経症の苦痛症状が消え去ってもなお分析過程が終らないという事例こそ、神経症の治療によって、単なる医療の域をはるかに越えた、単なる医学的知識では解明することのできない問題が顕在化してくるということを、私にはっきりと教えてくれたものに他ならない。

分析という方法が発見されて以来やがて半世紀にもなろうかというのに、心の発展過程を擬似生物学的に解釈したり貶んだりした初期の風潮は根強く残っていて、分析作業からいつまでも離れることのできない上述のような執着はともすれば「生からの逃避」とか「転移の未解消」とか「自己性愛」とか、その他これに類する冷淡な呼称で片付けられがちである。しかし物事はすべて両面から眺められて初めて正当に理解されるものである以上、「執着 Hängenbleiben」を生に対する消極的態度と評価することは、そこに何ら積極的なものが認められないということが同時に実証された場合にのみ許されることである。医者が苛立つのもよく理解できるが、苛立ちだけでは何ひとつ実証していないのと同じである。新しい科学が心の本質に関する深い認識を獲得することに成功したのは、ひとえに研究者たちの筆舌に尽し難い忍耐の賜物であるし、もしそこに思いもかけない臨床上の結果に到達した例が見られるならば、それは医者の犠牲心に富んだ辛抱に負うところが大きいのである。その上、これといった根拠もないのに一方的に消極的と見るような判断は、そもそも何の役にも立たないし、時には有害でもあって、そのような判断を下すのは無知を隠蔽するためではないかと疑いたくなる。いや、もしかすると責任を逃れようとする、避けられぬ対決を免れようとする口実ではあるまいかという疑念さえ生じてくる。というのも、分析作業は遅かれ早かれ不可避的に、余りにも人間的な偏見をすべて捨て去った地点におけるわたしとあなたとの、あなたとわたしとの裸の人間同士の対決という形をとらざるをえないのであって、そうなれば、単に患者の心の秘密にというばかりでなく、医者の心の秘密にも触れるという、いやそれを発き出すというようなことも当然起りかねないからである。というよりもむしろ必然的にそういう結果にならざるをえないからである。誰であろうと火や毒にさわれば、それが火の弱い部分であっても毒の薄い部分であっても何らかの傷を負わないでは済まないものだ。つまり真の医者たる者はいついかなる場合でも傍に立っているのではなく、常に渦中に身を置いているのである。

「執着」は医者にとっても患者にとっても望ましいものではなかろうし、それを生に対する消極的態度と見ないことには、訳の判らない、いや堪え難いものであるかも知れない。ところが実際にはそれは、消極的であるどころか逆に積極的と評価されるべき「執着」であるかも知れないのだ。なるほど「執着」は一方では極めて扱いにくい代物であり、しかもこの困難は見たところ克服し難いもののように思われるが、しかし他方ではまさにこの困難のゆえにこそ、全神経を集中して、一個の人間全体をもって応じよと要求しているところの、比類なき状況を示してもいるのである。患者は無意識裡に一貫して、究極的には解決不可能な大問題を追求しており、他方医者は、その技術のありったけを駆使して患者の追求を助けようとする——これが「執着」の示している状況の真の姿ではあるまいか。「わが術の求めんと欲するは全き人間なり」と昔のある錬金術師は言い放っている。追求されているのは、他ならぬこの「全き人間 homo totus」なのだ。医者の努力も患者の追求も、より一層偉大であると同時に未だ可能性としてしか存在していない人間、隠れている、まだ顕在化していない「全き人間」を目指しているのである。全体性への正しい道はしかし、――まことに残念なことに――避けることのできない迂路や迷路から成っている。それは「最長の道 longissima via」であり、真直ぐではなく、ヘルメスの蛇杖さながらに反対の極と極を結びつつ曲りくねった道である。その迷宮《ラビュリントス》にも似た紆余曲折を前にすれば何人も恐怖のあまり後込みせずにはおれないような道である。そしてこの道の途上で、人々が「めったに出会うことのない」と形容したがるあのさまざまな経験が生まれるのである。めったに出会えないのは、それが非常な努力を要するからに他ならない。なぜならこれらの経験が要求しているのは、世間の人々が最も恐れているもの、すなわち全体性だからである。なるほどこの言葉を絶えず口にはしている。このことについて議論するとなると延々とどまるところを知らない。ところがいざ自分自身の具体的な生き方としてという段になると、誰もかれも極力これに近づくまいとする。(一) 心を全体として考えるのではなく、これはこれあれはあれという工合に処理する「部分心理学」の習慣の方がどれほど好ましいか知れないというわけである。

　私は、事態がこういうふうになったのは単に個々人の無知や無気力のせいであるというだけではなく、ヨーロッパ人のすべてに共通する心の教育のせいではないかと危惧している。ヨーロッパにおいて心の教育を引受けているのは、カトリシズムとプロテスタンティズムとの別を問わず、支配的宗教であるキリスト教である。しかもそれはキリスト教の公的な任務であるというばかりでなく、同時にその本質に根差すものでもある。なぜならひとり宗教のみが、いかなる合理的組織にもまして、人間の外的側面と内的側面とに同程度にかかわりを持つものだからである。ところで自分自身の至らなさを弁解しようと思えば、上述のような事態は何もかもキリスト教の時代遅れのせいだと非難することもできる。しかし私は、何よりも先ず人間の未熟さに起因している事柄を、宗教の側のせいにするという過ちを犯したくはない。従って私がここで問題にしようとしているのは、真に内面的に理解されたキリスト教精神ではなく、キリスト教の表面的な理解や誰の目にも明らかな宿命的な誤解である。キリストの「まねび imitatio」、すなわちキリストという模範に倣ってこれと同じものになろうという要求は、もともと人間の内的な発展と高揚とを目指すところから生じたものであるはずなのに、機械的形式主義でものを考えがちな浅薄な信者たちの手にかかると、この模範は人間の心の外に存在する崇拝対象にされてしまう。そして崇拝対象となった模範は、まさにそれが崇拝の対象であるということが妨げとなって人間の心の深みにまで達することがなく、従って心を変革して当の模範にふさわしいあの全体性に到らしめるということもない。こうして神と人間との仲介者たるキリストは心の外なる像であり続け、人間の方はいつまでも断片的存在にとどまり、心の最も深い本質は何の影響も受けない。実際キリストは身体に聖痕が現れるというところまで摸倣されることさえあるが、その場合でも摸倣者は、模範とその意味とに近似的に近づくということすらない。それも当然であって、人間を変化させないような摸倣、それゆえ単なるつくりものにすぎないような摸倣は、摸倣とは似ても似つかぬ代物にすぎないからだ。重要なのはむしろわれとわが手段で——モシ神ガ許シ給ウナラバ——自分自身の個人的な生の領域において、模範を現実化することである。しかしながら、誤解にもとづいてなされる摸倣の中にも、場合によっては極めて道徳的だと評価しうる精神的努力が見られるということ、そしてこの努力は、本来の目的に到達することができないとしても、ある最高の価値——もちろんそれは外在的なものとして捉えられた価値ではあるが——に全的に身をゆだねようとする長所を持っているということを看過してはならない。なぜなら、まさしくこのような全的な努力の中で、あるいはそれを通じて、自己の全体性を予感するという体験に出会い、この体験に固有の恩寵の感情に包まれるということも、決して考えられないことではないからである。

キリストの「まねび」のこのような間違った極めて表面的な捉え方に一層拍車をかけるもととなったのは、ヨーロッパ人の心に先入主として棲みついている偏ったものの見方である。この点で西洋的精神態度は東洋的精神態度からはっきりと区別される。西洋の人間は「幾千幾万ものもの」に呪縛されている。その結果西洋人は個々ばらばらの事物しか見ようとせず、あらゆる存在の深奥に横たわる根源に対しては無自覚である。これに反して東洋の人間にあっては、そのような個々の事物の集積としての世界は、いやその自我でさえも、夢のごときものとして体験される。東洋人は本質的に根源に根を下ろしている。根源的なものが彼らを惹き付ける力は非常に強く、そのため現実世界に対する彼らの関係はわれわれ西洋人にはしばしば理解しかねるほど極端に相対化されている。対象に重点を置いた西洋的精神態度は、キリストという「模範」を自己の外にある客体と見なし、それが人間の内面に対して持っている秘密に充ちた関係を無視する傾向に走りがちである。たとえばプロテスタント聖書解釈学者が神の国に関する ἐντὸς ὑμῶν というギリシア語を in euch（汝らの中に）と取らずに zwischen euch（汝らの間に）と解釈しているのも、このような偏った見方のせいである。もちろんこう言ったからとて、西洋的精神態度の有効性について云々するつもりは毛頭ない。われわれは誰しもその有効性については充分確信しているわけである。がしかし一度東洋人の精神態度に接し、これを理解しようと努めるならば――これは心理学者ならば是非とも試みてみる必要がある――、ある種の疑念の起ってくるのを如何ともし難いであろう。良心に疚しさを感じない者は強引に決断を下し、無知の勇を揮って「世界の審判者 arbiter mundi」ぶるがよかろう。私自身はむしろ疑問という貴重な贈物の方を大切にしたい。というのも疑いこそ、測り難い現象をその測り難い姿そのままに眺めてみることを可能にしてくれるものに他ならないからである。

　キリストという模範はこの世の罪を背負い込んだ。従ってもし模範キリストがわれわれの外にあるとすれば、われわれ個々人の罪もまた外にあることになり、それによって個々の人間は断片的性格を前よりも一層強めることになる。なぜなら浅薄な誤解にもとづいて自分の罪を文字通り「キリストの上に投げやり auf ihn zu werfen」、かくして自分自身の重い責任を免れるという安易な道につくことになるからである。これはキリスト教の精神と矛盾する。このような弛緩した形式主義は宗教改革の原因の一つであったというばかりでなく、プロテスタンティズムの内部にも見られる。もし最大の価値（キリスト）と最大の無価値（罪）とが心の外にあるとすれば、心は空《から》である、心には深遠にして最高なるものが欠けていることになる。東洋的精神態度のあり方はこれとは逆である。すべての最高にして深遠なるものは（先験的な）主観の中にある。このことによって「アートマン âtman」の、すなわち個我（Selbst）の意義は限りなく高められる。逆に西洋人にあっては個我の価値は零地点まで降下してしまっている。そこから西洋で一般的なあの心の軽視が生ずるのである。心の現実性などと言い出そうものなら、すぐさま「心理主義」という非難の言葉を浴びることになる。心理学については「単なる……にすぎない nur...」という口調で語られる。神的な諸形象に対応する心的諸要素が存在するという考えは神的なものを貶しめるものと見なされる。宗教的体験はひとつの心的過程であると考えたりすれば、瀆神の誹りを受けかねない。なぜなら宗教的体験は「単なる心理的なものではない」からだというのがその言い分である。心的なものは単なる自然にすぎないのであって、そこから宗教的なものが生ずることなど絶対にありえないというわけである。そのくせこのような批判者は、あらゆる宗教を——むろん自分自身のそれは除いて——心という自然の産物だと見ることには一瞬たりとも躊躇しない。私の著書『心理学と宗教』（訳注1）について神学の側からなされた二つの論評が——一方はカトリックの、他方はプロテスタントの神学者の手になるものだが——宗教的諸現象の心的発生に関する私の論証を故意に無視したという事実は、この間の事情を如実に物語っていると言わねばならない。

このような人々に対してはそれならばと開き直って、本気でこう尋ねてみたくなる。「単なる心の……にすぎない」というような言い方をするからには心についてそれだけのことを知っていなくてはならないが、一体どこからそれを手に入れたのかと。どこから？　つまるところこのような調子で話したり考えたりする西洋人は、自分自身の心が「何の価値もない」ということをみずから認めているわけである。もし自分の心の中に大切なものがあるなら、それについて話す場合には畏敬の念をもってするであろう。ところが実情はそうではないところをみると、彼らの心の中には事実価値あるものは何もないのだと推論せざるをえない。しかしだからといって、いつどこででも、どんな人の心の中も必ずそうだというわけではない。そうであるのはただ、みずからの心の中にいかなるものの存在も認めず、「あらゆる神をみずからの外に持っている」場合だけである（マイスター・エックハルトの言に少しは真剣に耳を傾けることも時には有益なのだ！〔二九九頁原注五参照〕）。

宗教的な投影（Projektion）が極端化すると、それは心からその価値を奪い去り、そうなると心は消耗し尽してそれ以上発展を続けることができなくなり、無意識の状態に停滞してしまうということになりやすい。同時に心は、すべての不幸の原因は外部にあるという妄想に取憑かれ、一旦こういう妄想の虜になった者は、不幸の原因は自分自身にもあるのではないか、それはいかなる形でいかなる点に見出されるかということをもはや問うてみようとはしない。彼には自分の心が、善はおろか悪を生む能力さえないほどつまらないものに思われてくる。が、もし心がもはや何の役割も演じないということになれば、その人間の宗教的生活は完全に硬化して外面と形式だけのものに成り果てるだろう。神と心との関係をどのようなものと考えようと、次の一事だけは確かである。心は決して「単なる……にすぎない」ものであるはずはなく、神性（Gottheit）への関係を意識することを許されている存在としての尊厳をそなえているということである。この関係がたとい一滴の水の大海に対する関係にすぎないとしても、多くの水滴が集まらない限り、大海は存在しえない。霊魂は不滅であるとするキリスト教の教義は、霊魂を、死すべき運命にある肉体存在としての人間を越えるものに高め、霊魂に超自然的特性を与えている〔霊魂＝Seele・日本におけるキリスト教用語の慣例に従って霊魂と訳したが、ドイツ語では霊魂も心も同じ語Seeleである〕。それゆえ霊魂〔すなわち心〕の意義は、滅びる定めにある意識存在としての人間のそれをはるかに凌駕しているのであって、キリスト教徒たる者はこの教義から言って、そもそも心を「単なる……にすぎない」ものと見ることは禁じられているのではあるまいか。（二）心の神に対する関係は、眼の太陽に対する関係のごときものである。眼が太陽の光を認めるように、心は神を認めるのだ。われわれの意識は心を包括することはできない。従って、われわれが尊大な侮蔑的な調子で心の問題について話すとしたら、これは滑稽なことだと言わねばならない。信仰心の篤いキリスト教徒といえども神の隠された道については知らず、神が心の外側から人間にはたらきかけようとしているのか、それとも内側からはたらきかけようとしているのか、これに関しては神の裁量に委ねざるをえない。従って信仰者は、外的原因に帰すことのできない「神から送られた夢 somnia a Deo missa」や心の照明(Erleuchtung)が存在するという事実についてとやかく言うことは許されないのである。神は到る所でみずからを示し給うが人間の心だけは例外であると主張するとしたら、これこそ瀆神と称すべきものではなかろうか。要するに神と心との関係は親密なものであって、そうである以上、心を低く評価するなどということは、それがいかなる形のものであれ、そもそもの初めから不可能なのである。（三）同族関係などと言えば行過ぎであるかも知れない。が、いずれにしても、心は神への関係可能性を、つまり神の本質への対応物を自己の内に持っているということだけは間違いない。さもなくばそもそも関係の生ずるはずがないからである。（四）この対応物は、心理学的にこれを表現すれば、「神の像 Gottesbild」の元型である。

すべての元型（Archetypus）は発展し分化するが、その可能性は無限である。従って、そこに発展の大小の差が出てくることは当然考えられることである。すべての力点が外的諸形象に置かれている浅薄な宗教形式にあっては（つまりこの場合は程度の差はあれ完全な投影が行われているわけだが）、元型は外的諸表象と一致している。しかしそれは心的要因としては意識されないままである。ある無意識内容がある投影像によってこの程度まで完全に代理されている場合は、無意識内容は意識に参与したり影響を与えたりすることはできない。その結果、無意識内容はその生命を大幅に失ってしまう。なぜならそれは、意識にのぼって意識形成に与るという自然な在り方を阻害されるからである。いやそればかりではない。無意識内容はまったく何の変化も蒙らないままその原初的な形態にとどまっている。というのも無意識裡では何ひとつ変化しないからである。またある点から見ればそのような無意識内容は、心のより一層深いところにある、より一層太古的《アルカイック》な段階への退行の傾向すら示す。それゆえ、あらゆる聖なる形象を信じているキリスト教徒が、にもかかわらず心の深層においては何らの発展も変化も閲しないままでいるという事態も起りうる。なぜなら彼にとっては神はすべからく外にあり、心の中でそれを経験することがないからである。こういう人間の根本的かつ決定的なもろもろの動機や関心や衝動の生じてくるところは、昔とまったく同じ異教的な、まったく同じ太古的な、何らの発展も遂げていない無意識の心であって、キリスト教の精神ではない。単に個人の生活に即してそうだというばかりでなく、個人の生活の総計である民族の生活もまた、この主張の正しさを証明している。今日われわれの世界に起っている大事件の数々、人間によって目論まれ生み出されたこれら大事件のうちに息づいているのは、キリスト教ではなく、原初のままの赤裸々な異教精神である。これらの事件は、キリスト教精神の影響をまったく蒙ることのなかった太古そのままの心の状態から生まれてきたものである。「一度は信じた semel credidisse」という事実は何らかの痕跡を遺さずにはおかないはずだという教会の思惑は、なるほど必ずしも当っていなくはない。しかしそのような痕跡は重大な諸事象の中には何一つ見出されない。キリスト教文化は驚くほど広範囲にわたって空虚であることが判明した。キリスト教文化は表面に塗られたワニスにすぎなかったのだ。人間の内面の方は指一本触れられず、それゆえ昔と何ら変るところがない。心の状態は外面的に信じられたものには一致しない。キリスト教徒はその心においては、外的発展に歩調を合わせはしなかったのである。なるほど外側にはあらゆるものがある、眼に見えるさまざまな形として、また言葉として、教会や聖書の中に。しかしそれらは内側にはない。内側を支配しているのは、昔とまったく同様に太古の神々である。すなわち、外的な神の像の内的対応物は、心の文化の貧困のせいで未発達であり、依然として異教の中にとどまったままなのである。確かにキリスト教の教育は人力の及ぶ限りのことをやってはきた。が、それだけでは充分ではなかったのだ。神の姿はわれとわが心の最も内的な所有物だということを知ったのは、極くごく僅かな人間だけであった。そうでない人々にとってはキリストとは、心の外でのみ出会うことのできるものであって、決して自分の心の中から歩み出てくるものではなかった。そのため心の中ではいまだに暗黒の異教が支配していて、異教的精神は一部ではもはや否定することのできないほど明白に、一部ではあまりにも見え透いた仮面を被って、いわゆるキリスト教文化世界に氾濫しているのである。

これまで用いられてきた方法では、心をキリスト教化して、せめてキリスト教倫理の最も基本的な要求だけでもキリスト教徒たるヨーロッパ人の主たる関心に何らかの決定的影響を与えるよう仕向けるということすら果しえなかった。なるほどキリスト教の伝道は貧しい裸の異教徒に福音を説いてはいるが、ヨーロッパに住んでいる心の内なる異教徒もキリスト教についてはまだ何も知ってはいないのだ。キリスト教は、もしその崇高な教育課題を果すつもりがあるなら、是が非でも一からやりなおさなければならない。宗教が単なる信仰や外面的形式にすぎず、宗教の機能が信者に自分自身の心を体験させるというところにない限り、根本的なものは何ひとつ生まれないであろう。「大いなる神秘 mysterium magnum」は単にそれ自体として存在するだけでなく、何よりもまず心の内に根差すものであるということ、この事実を理解することからもう一度始めなければならない。経験を通じてこれを理解しようとしない者は、博学な神学者にでもなるがよかろう。しかしそういう人間には宗教は全然判りはしないし、ましてや人間の教育のことなど判るはずがないのである。

ところが私が、心は本来的に宗教的機能を持っている(五)ということを証明し、あらゆる教育(成人した者の教育の意味である)の最も崇高な課題は、あの神の像の元型を、ないしはそれの発するさまざまの影響力や作用を意識にのぼらしめることでなければならないと主張するや、他ならぬ神学が邪魔に入って、私に「心理主義」のレッテルを貼り付けようとする。もし心の中に最高の諸価値が存在するということが経験されないとしたら(同じように存在するところの、悪魔たる「摸倣霊 ἀντίμιμον πνεῦμα」のことは考慮外に置くとして)、心理学は全然私の関心を惹きはしないだろう。なぜならもしそうであれば、心は幻にすぎないということになるからである。しかし私は数多くの経験から、心は幻でないどころか、教義が公式化しているあらゆる事柄に対応するものを包含しているということ、そればかりかそれらを越える若干のものをも包含しているということを知っている。そして教義を越えるこれら若干のものこそまさしく、心をして、光を認めるべく定められている眼と化すことを可能にするものに他ならない。光を認めるためには、眼は測り難い広がりと究め難い深さを必要とするのである。私は「心を神化している」という非難を受けた。とんでもない話である。心を神化したのは私ではなく、神自身なのだ。私が勝手に、心のために宗教的機能を捏造したのではない。私はただ、心は「本来的に宗教的である naturaliter religiosa」ということを、つまり宗教的機能を持っているということを証明している諸事実を提示したにすぎない。この機能は私が心の中に持込んだものでもなければ、ありもしないものをこじつけて、あると言っているのでもない。それは心それ自身が、意見も暗示も何ひとつ与えられることなしに、己れの内から生み出してくるものなのである。私を非難する神学者たちは悲劇的としか呼びようのない偏見に惑わされて、問題は光の存在そのものにあるのではなく、眼は見るためにあるということを知らない盲目の人間がいるという点にあるのだということが、全然見抜けないのである。見ることのできる者がいないのに、光を讃美したり説いたりしたところで全然意味はないということに、一体いつになったら気づくのであろうか。光について語ることよりも、むしろ人間に見る術を教えることの方が先決問題ではあるまいか。というのも、聖なる諸形象と自分の心とのあいだに相関関係を見出しえない人々が余りにも多すぎるということ、これは実に明白な事実だからである。つまり、こういう人たちは、神的な諸形象に対応する像が自分自身の無意識の中に眠っているということも見抜けなければ、もちろんその眠りの深さがどの程度であるかも見抜けないのである。このような内的な視線を可能にするためには、見る能力への道が切開かれなければならない。この課題が心理学の助けなしに、つまり心に触れることなしに達成されるとは、率直に言って、私にはどうしても考えられない。[六]

いま一つの、同じく由々しい誤解は、心理学がある新しい——ひょっとすると異教的な——教説を目論んでいるのではないかという言いがかりである。これまで盲目であった人間に徐々に見ることを教えて行こうとしている時に、その人間がたちまち鷲のように鋭い眼を獲得して新しい真理を発見するようになるなどということをどうして期待しうるだろうか。そもそも何かが見え、見えているものがある程度まで理解できるようになれば、それだけでも悦ぶべきところである。心理学は見るという行為にかかわるものであって、新しい宗教的真理の構成にかかわるものではない。それに第一、既存の宗教的教説さえいまだに認識も理解もされていない現状で、そんな暇などあろうはずがない。周知のごとく宗教的な事柄にあっては、内的に経験したことのないものは何ひとつ理解しえない。外的に提示されたり説かれたりしたものに対する心の関係は、内的経験によってはじめて、「花婿 sponsus」と「花嫁 sponsa」の関係におけるような類縁性ないし対応性を帯びたものとして顕現してくる。従って私が心理学者の立場から、神は一つの元型《アルヒェテュープス》(Archetypus)であると言う場合、それは心の中に見られるテュープス〔Typus・型ないし類型〕を指した発言なのである。テュープス(Typus)という語は周知のように、鋳造ないし刻印されたものを意味するギリシア語のテュポス(τύπος)に由来している。すなわち元型(Archetypus)という語からしてすでに、型を押すものの存在を前提としているのである。心の科学として心理学は、それ本来の対象にみずからを限定せねばならず、たとえば形而上学的な主張や、その他これに類する信仰告白によって自己の限界を踏み越えることのないよう用心しなければならない。心理学がたとい単なる仮説的原因としてでも神を措定するようなことがあれば、神の何らかの存在証明の可能性を暗に主張したことになり、それによって心理学は自己の権限を踏み越えることになるであろうが、これは絶対に許されない。科学は科学以上のものではありえない。科学においては、科学的な信仰告白や、これに類する「形容矛盾」は存在しない。われわれは元型が究極のところ何に源を持っているか全然知らない。それは心の起源を知らないのとまったく同様である。経験科学としての心理学の権限の及ぶ範囲は、心の内に見出された類型が比較研究を行ってみた結果、充分な正当性をもってたとえば「神の像」と名付けられうるかどうか、これを確認するというところまでである。その場合神の存在可能性については肯定も否定もされていないのであって、それはちょうど、「英雄」という元型が英雄そのものの存在については何も言っていないのと同じである。

　私の心理学的研究がある種の心的類型の存在を明らかにし、それらの類型の周知の宗教的諸表象に対する類縁《アナ》関係《ロジー》を立証したとしても、それは、宗教的体験の経験的に把握しうる基礎をなしていることが誰の目にも明らかで否定することができないような、そういう経験可能な心的諸内容を知りえたというにすぎない。そこまでである。信仰篤き人々が、それら諸内容の、つまり心的な諸像の源泉に関する何らかの形而上学的説明を受容れて、それを信ずるのはまったく自由である。しかし、科学的説明の原則を厳格に守って、認識能力の限界を踏み越えることを避けねばならない研究者には、それは許されていないのである。信仰に生きる人が第一原因として、神やプルシャ（purusha）やアートマンや、あるいは道（tao）などを信じ、それによって人間存在の究極的欠如感（Unbefriedigung）を全体として解消しようとするのを、誰も妨げることはできない。科学とはただひたすら研究に励むということである。科学者は天を畏れぬ反逆の徒ではない。科学がそのような大それたことに熱を上げるようなことがあれば、自分ののっている枝を鋸でひいているも同然である。

　ところで事実は、このような内的諸像の存在を認識し経験することによって、宗教的教義が人間に示しているこれとは別の、あのさまざまな像への通路が、われわれの悟性ならびに感情に対して開かれることになるのである。つまり心理学は、心理学に向けられた非難とは正反対のことをやっているわけである。それは、存在しているものを一層よく理解するための手だてを与え、さまざまな教義の豊かな意味内容を見抜く眼を開かせるのだ。それは破壊したりはしない、逆に、空家に新たな住人を住まわせようとするのだ。私はこのことを経験によって得られたさまざまな実例によって裏付けることができる。すなわち、ありとあらゆる宗派の背教者や棄教者たちが、私の心理学に助けられて、ついには彼らの昔の信仰への新たな眼を開かれ、そこに戻って行ったのである。その中にはカトリック教徒も少なからずいた。さらに、あるパルシー教徒が一旦道を踏み外したのち、再びゾロアスターの拝火神殿に戻る道を発見するという例さえ見られたのであって、これから推しても私の立場がいかに客観的なものであるかお判りいただけるであろう。

しかしながら、このような客観性こそ、私の心理学に対する最大の非難の的なのである。私の心理学がもろもろの宗教的教説のうちのどれを真実と見るかはっきりした決断を示していないというのがその言い分である。私の主観的信念には敢えて触れないでおくが、それはともかくとして私はこう質問してみたい。もしも、「世界の審判者」を僭称したりするような主観的態度はきっぱり断念して、たとえば、神は種々さまざまの言語と種々さまざまの現象形態とにおいてみずからを顕し給うたのであって、いかなる言語によるものであろうと、神をめぐるあらゆる表現は真理であるという、そういう信仰に奉ずるとしたら、これもまた一つの決断とは言えないだろうか。互いに甚しく喰違い矛盾し合っている表現がすべて真理だなどということはありえないという、特にキリスト教の側から唱えられる異議に対しては、失礼ながらこうお尋ねせざるをえない。三位一体というが、一は三に等しいか？ どうして三が一になりうるか？ 母親が処女でありうるか？ まだいろいろあるが、これくらいにしておこう。すなわち宗教上のあらゆる表現は論理的矛盾や原則的に不可能な主張を含んでいるのである、いやそれこそまさに宗教的主張の本質を成すものである。一体いつになったらこのことに気づくのだろうか。テルトゥリアヌスはこう告白しているではないか。「かくして神の息子は死んだ。このことは、まさしくそれが不合理であるがゆえに信じられる。かくして彼は埋葬され、復活した。このことはまさしくそれが不可能であるがゆえに確かなことである」(七)。もしキリスト教がこのような矛盾を信ずるよう要求するのであれば、この他になお若干の背理《パラドックス》を認めようとする者を、非難することはできないのではなかろうか。わけても背理は、極めて貴重な精神的財産の一つである。これに反して一義性は、弱さのしるしである。従ってもし宗教が、その背理性を失ったり弱めたりするようなことがあれば、それは内面的に貧困化し、背理性が強められる場合にはそれは豊かになる。というのも充溢せる生をおおよそなりとも捉えうるのはひとり背理のみであって、一義的な明白さとか矛盾の無さとかいうものは物事の一面にしか通用せず、従って把握し難いものを表現するには不向きだからである。

誰もがテルトゥリアヌスの精神力を持っているわけではない。テルトゥリアヌスは明らかに背理に堪えることができたし、それどころか背理は彼の場合、その宗教的確信の最高の根拠でもあった。精神的に脆弱な大多数の人々は背理を、まともに受け止めれば大怪我でもするかのように危険なものに仕立て上げ、これを回避しようとする。背理というものが別段気にもとめられず、問題にも何にもならない自明のこととして存在し、人生のごくありふれた様相であるにすぎない間は、誰もそれを危険視したりはしない。しかし未熟な悟性の持主（周知のごとくこの手の人間は自分の判断を最高のものと思い込んでいるものだ）が、一旦信仰表現に含まれている背理を、真面目ではあるが無能な思索の対象にしようと思いつくや、たちまちのうちに偶像破壊者さながらの笑い声をたて、神秘的教義がそなえている誰の目にも明らかな「馬鹿馬鹿しさ ineptia」をあげつらうだろう。フランス啓蒙主義以来、事態は悪化の一途を辿った。なぜなら、どんな背理にも堪えられないちっぽけな悟性が一度目を醒ましたからには、もはやいかなる説教もそれを抑えつけることはできないからである。そこに新たな課題が生ずる。このような未熟な悟性を徐々に高次の段階に引上げ、背理的真理の深さについてせめて予感なりとも持ちうる人々を殖やすという課題がそれである。もしこれが不可能なら、キリスト教への精神的通路はもはや完全に塞がれてしまっているも同然である。教義に見られるさまざまの背理が何を意味するか、もはや全然理解できず、その把握が外面的になればなるほどそれはますます不条理に思われてき、こうして背理はついには、過去の奇妙な遺物として顧みられることさえなくなるだろう。このような事態の展開がどれほど測り知れぬ精神的損失を意味するか、これは当の本人には判らない。それも当然のことであって、彼は聖なる諸像を己れ自身の内的所有物として経験したこともなければ、それらの像が自分自身の心の構造といかなる類縁性を持っているか、ついぞ考えてみたこともないからである。そして、まさにこの不可欠の認識を彼に媒介しうるのが無意識の心理学であり、その際極めて重要な意味を持つのが、その科学的客観性なのである。もし心理学がいずれかの宗派に結びついているとしたら、それは個人の無意識に対して、元型を生み出す不可欠の前提である心の自由な運動を許そうとしないであろうし、また実際許すわけにもいかないだろう。つまり、元型の内容のこのような自発性こそ、神的な諸像と心との類縁性を確信させる当のものに他ならないのである。これに反して先入観による干渉は、何ものにもとらわれない自発的な経験を妨げることになる。もし神学者たちが一方で神の全能を、他方で教義の妥当性を本当に信じているのなら、心もまた神について語るということをなぜ信じようとしないのだろうか。心理学に対してなぜあのように不安を懐くのだろうか。あるいは（これはまったく教義に反することだが）、心は悪魔だけが口を開く地獄そのものだとでも言いたいのだろうか。しかしもし万一その通りだとしても、この事実は、先に述べたことに劣らず神と心との関係を確信させるものではあるまいか。なぜなら、誰でも知っているように、戦慄の裡に悪の実在性を体験して改宗したものの数は、善の体験によって改宗した者の数に優るとも劣らないからである。

無意識の生み出すもろもろの元型は、宗教的諸教義の経験的に証明可能な対応物である。教父たちによる聖書解釈の言葉を見れば、教会には心理学が個々の人間において出会う無意識の自然発生的産物を類推させるものが豊富にあるということが判る。つまり無意識が語るものは恣意の産物でもなければ思考の産物でもない。それは事象（Geschehen）ないしは、自然の事物の場合と同様の「かくのごとくある Sosein」というその様態なのである。無意識の諸表現がごく自然なものであり、教義的形態をとっていないことは言うまでもない。これは、増幅ないし敷衍の方法を駆使して自然の全容を表現しようとする教父たちの寓喩《アレゴリー》とまったく同じである。そしてこのような教父たちの解釈の中に驚嘆すべき「キリストの寓喩 allegoriae Christi」が見られるとすれば、無意識の心理学においてもそれに似たものが見出される。ただ両者の相違は、教父たちの寓喩が「暗にキリストを指している ad Christum spectat」のに対して、心の元型は元型それ自身であり、従ってそれが何を指すかについては、時、場所、環境の如何に応じていろいろに解釈されうるという点にある。それは西洋では教義に定められたキリスト像となり、東洋ではプルシャ、アートマン、ヒラニヤガルバ（Hiranyagarbha・黄金の胎児）、ブッダ等となるわけである。宗教的立場は力点を当然型を押すものの方に置いているが、科学としての心理学は、科学的立場にとって唯一把握可能なテュポス、つまり型の方にアクセントを置く。宗教的立場は類型を型を押すもののはたらきと解するのに対して、科学的立場は類型を、科学的立場にとっては未知で把握不可能なある内容の象徴と解する。ところで類型はいかなる宗教的前提にもまして曖昧であり多面的であるから、心理学はその経験的な材料に照らしてみてどうしても、時間にも場所にも環境にも制約されないような術語でこれを表現せざるをえない。もし仮に類型が、たとえばキリストの教義上の姿とあらゆるディテールにおいて合致し、それを越えるような規定要素を一つも含んでいないなら、われわれは当然類型を教義上の姿の忠実な模像と見なし、それに相応した名称をつけなければならないだろう。その場合類型はキリストとまったく一致するわけである。ところでこれは、経験に照してみて実状にそぐわない。なぜなら無意識は、教父たちの寓喩の場合と同様、教義にははっきりそれと示されていない数多くの別の規定要素、たとえば先に言及したアートマンやブッダのような非キリスト教的諸形象をも類型の中に含み込むような規定要素を示すからである。しかしそうかといって、これらの形象もまた、元型の不明確さを充分に表すことはできない。いや、そもそも元型の不明確さを表現するような明確な形象がありうるとは考えられない。そこで私は、この種の元型に「個我 Selbst」という心理学的名称を与えようという気になったのである。つまり「個我」という概念は、一方、人間の全体性の基本的性質を伝えるには充分明確であるとともに、他方、人間の全体性の言い表し難さと規定し難さとを表現するには充分不明確であるというわけである。この概念のこのような背理的性質は、全体性が一方では人間の意識的部分、他方では無意識的部分から成っているという事実に照応している。しかし人間の無意識部分の境界と内容規定とを示すことはできない。それゆえ科学的術語として用いる際に「個我」が指し示しているのは、キリストでもなければ、ブッダでもなく、それらをひっくるめた当該の諸形象の総体であり、これらの形象のそれぞれが逆に個我の象徴だということになるのである。このような表現方法は科学的心理学においては思考の必然であって、決して先験的な偏見を意味しはしない。すでに述べたようにむしろその反対であって、この客観的立場こそ、ある人は教義に定められたキリストを、またある人はブッダをという工合に、各人に選択の自由を保証するものなのである。このような客観性が腹に据えかねる人は、これなくしては科学は成り立たないということをよく考えて戴きたい。心理学の客観性への権利に異議を挟むのは、科学からその生命を奪おうとするも同然であって、時代錯誤も甚しいと言わなければならない。そういう馬鹿げた試みがたとい成功したところで、世俗的悟性と教会および宗教との間の、それでなくてもすでに絶望的状態にある疎隔関係を、却って悪化させるだけの話である。

　科学がほとんどもっぱら自己の対象に専念するのは、理の当然であるというばかりでなく、その絶対的な存在《レゾン》理由《・デートル》でもある。個我という概念が心理学の中心的関心事であるからには、心理学の考え方が神学のそれと逆の方向をとるのは当り前である。すなわち心理学にとっては、宗教的諸形象は個我を指し示すものであるが、これに反して神学にとっては、個我は神学自身の中心的表象を指し示すものである。ということはつまり、心理学の個我は神学からは結局「キリストの寓喩」として理解されるだろうということを意味している。このような対立は確かに双方にとって苛立たしいものである。しかし残念ながらこれ以外に途はないのである。尤も心理学の生存権を初めから否認してかかるつもりなら話は別であるが。そういうわけで私は、この際重要なのは相互に寛容の精神を持つことであると言いたい。これは心理学にとってはさほど難しいことではない。なぜなら心理学は科学として、何もかも一手に引受けて解明できるなどとは思っていないからである。

「キリストの象徴」は心理学にとって最も重要なものであるが、それはこの象徴がブッダの姿と並んで、個我の最も発展・分化した象徴であるかも知れぬという限りにおいてである。これはキリストに関するさまざまな表現の幅広さと内容とを見ればうかがえることである。これらの表現は個我という元型のすべての側面を包括していないとはいえ、個我の心理学的様態に比類なく高度に一致している。個我の見極め難いほど広大な規模は、宗教的形象の明確さに較べたら劣っていると見なされるかも知れない。しかし価値判断を下すことは科学の課題ではない。個我はただ単に不明確であるというばかりでなく、背理的な意味で明確さの性格をも、それどころか一回性（Einmaligkeit）という性格をも持っているのである。おそらくこの点に、歴史上の人物を創始者とするキリスト教や仏教やイスラム教のような宗教がなぜ世界的宗教になったかの理由の一つがあると思われる。一回的な人格を持込むということ（特に、規定不可能な神的本性と結合させて持込むということ）は、一回的なものを永遠なるものと、個別なるものを最も普遍なるものと結びつけるところの、個我の完全に個別的な性格にまさしく符合している。個我の最も際立った特色は、それがもろもろの対立の結合であるという点にある。この点で個我という象徴はキリスト教の象徴とは根本的に異なる。キリストの男女両性具有は対立問題に対する教会の最大限の譲歩である。明および善と暗および悪との間の対立は、キリストがただ善をしか体現せず、キリストの敵対者である悪魔が悪を体現することによって、公然たる抗争関係に置かれてきた。そしてこの対立こそ、いまのところまだ解決されていない真の世界的問題である。これに対して個我は絶対的な背理であって、あらゆる点でテーゼとアンチテーゼとを、同時にまたジンテーゼをも表しているのである（こう主張する心理学的証拠材料は豊富にあるが、ここでそれらを詳しく紹介するわけにはいかない。このような材料をすでに御承知の読者は、例のマンダラ象徴のことを想起していただきたい）。

従って、無意識の探究によって元型が意識に近づけられると、個体（Individuum）は人間本性の底なしの対立性と向い合うことになり、かくして光と闇、キリストと悪魔とを直《じか》に体験することが可能となる。むろんそれは最良の場合でも最悪の場合でも単なる可能性にすぎないのであって、その体験をはっきり保証してくれるものではない。というのも、この種の体験は人間的手段によって必ず招き寄せることができるとは限らないからである。そこにはわれわれの制御できない諸要因がはたらいているのである。対立性の体験は知的な洞察力にも、感受性にも左右されない。むしろそれは運命と名づけるのがふさわしいような体験なのである。そしてこの体験はある人にはキリストの真実性を証明することにもなり、またある人にはブッダの真実性を証明することにもなるのである――しかも極めて明瞭な形で。

対立性の体験なくしては全体性の体験も、従ってまた聖なる諸形象への内的接近も不可能である。この点から言って、キリスト教が個々人の内部に存する世界の対立性の深淵をせめて外側からなりと開いて見せようという明白な意図のもとに、罪や原罪を主張するのは正当である。しかしある程度目覚めた悟性の持主に対してはこの方法は無力である。彼らはこのような教説をもはや信じようとしないし、それどころか馬鹿げた話だと思うからである。このような悟性は一義的に明解な物事しか理解できず、そのため「神秘の馬鹿馬鹿しさ ineptia mysterii」という点にこだわるのである。この種の精神はテルトゥリアヌスの二律背反的精神とは天と地ほどのひらきがある。いや、そもそもテルトゥリアヌス的対立を直視することにすら堪えられないであろう。誰ひとり知らぬ者のない事実であるが、カトリックの側における厳しい心霊修業やいろいろな伝道説教が原因となって、またプロテスタントの側における罪を嗅ぎ出すことに熱心なある種の教育が原因となって心に深い傷を負い、神の国へではなく、医者の診療室へ足を運ばなければならなかった人々がいる。対立性の洞察は確かに不可欠ではあるが、実際問題としてそれに堪えられるのはごく僅かの人たちだけなのである——懺悔（告解）の場合もこの事情に変りはない。このような状況に対する一時的な処方の役割を果しているのが、罪による心の圧迫を除去しようとするところの、しばしば各方面からの異議に曝されてきた「道徳的蓋然論 moralischer Probabilismus」である。(八) このような考え方が現れてきたことについてどう考えるかは自由だが、ただ一つだけ確かなのは、道徳的蓋然論の中には他のいろいろな要素と並んで、二律背反の堪え難さを償ってくれる極めて大きな人間的要素と、人間の弱さに対する深い理解とが含まれているということである。一方で原罪を主張しながら他方では蓋然論による譲歩を行うというこの奇怪な背理は、心理学者にとっては、前に簡単に言及したキリスト教における対立の問題の必然の結果として、ただちに理解できる——なぜといって個我における善と悪との関係はいわば一卵性双生児以上に近いものなのである！　悪の実在と、その善との相容れ難さが、もろもろの対立を引き裂き、生きとし生けるものを仮借なく十字架にのぼらしめ、磔刑に処する。「魂《アニマ》（心）は本来キリスト教的である」から、このような事態はイエスの生涯におけると同じように何人にも避け難いものであるに相違ない。われわれはみな「キリストとともに十字架にかけられる」はずである。つまりわれわれはみな、真の十字架に相当する精神的苦悩、善と悪との葛藤という形で磔刑に処せられる定めにあるはずである。だがこのような真の苦悩は実際には、まず第一に近似的にそれに近づくというところが精一杯である。そればかりでなく第二に、それは堪え難いものであり生に敵対するものであるから、普通の人間はほんの時折ごく稀にしか、そのような状態に自分を追込むことはできない。というのも、このような苦悩を味わいつつしかも普通の人間でいるなどということはまず不可能だからである。となると、悪の問題に対して多かれ少なかれ蓋然論的な態度をとることは避け難い。従って個我の真相、つまりわれわれの思慮を絶する善と悪との統一というものは、実際には背理《パラドックス》の形をとって現れてくることになるのであって、この場合罪は、なるほど極めて由々しい深刻なものであることには変りないが、かといって「蓋然論的」な理由を挙げてそれを免れることができないほど深刻なものではないのである。蓋然論的理由によって罪を免れるというこのやり方は必ずしもだらしなさや軽率を意味してはいず、むしろ生きて行く上での実際的必要から生まれたものなのである。懺悔（告解）という行為は生きるという行為と同じ意味を持っているのであって、融和させ難い対立に負けて滅亡することのないよう難局を切抜ける方便なのである。しかしながら——この点に留意願いたいが——葛藤そのものは完全にそのまま残り続けるのであって、これまた矛盾と統一とを一身に具現している個我の二律背反的特質に一致している。

キリスト教は善と悪との二律背反を世界全体の問題にまで発展させ、この対立を教義に明言化することによって一箇の絶対的原理にまで高めた。この目下のところ未解決の葛藤の渦中に、キリスト教的人間は、世界のドラマにおける善の立役者、すなわち悪の共演者の役割を振り当てられて投げ込まれている。キリストを摸倣するというこの役割は、キリストのまねびという言葉をその最も深い意味において解するならば、大部分の人間には到底堪えることのできない苦悩を意味している。それゆえキリストのまねびは、現実には、制約された形でのみ遂行されるか、あるいはまったく行われないかのどちらかであって、教会の司牧活動は「キリストの軛を軽減する」ことを余儀なくされるといったありさまでさえある。これは一体何を意味しているか。それは葛藤の苛酷と峻厳とを大幅に消去し、それによって、善と悪との関係を現実に即して相対化することに他ならない。善とは本来キリストの絶対的なまねびと同義であり、悪とはそれを妨げるものの謂である。まねびを妨げる最大のものは、人間の道徳的な弱さと怠惰である。そしてまさしくこの道徳的な弱さと怠惰という点に関して、蓋然論は人間の実情に即した理解を示しているのである。この理解はキリスト教の忍耐、寛容、隣人愛の精神と同等のものと見なしうるばかりでなく、ことによると、道徳的な弱さや怠惰の中に精神の弛緩しか見ようとしない人々の理解よりも深いものがあるかも知れないのである。しかし、蓋然論的志向にキリスト教の一連の主要徳性が含まれていることを認めなければならないとはいえ、この志向がキリストのまねびという受苦を妨げ、それによって悪に対する善の闘いからその鋭さを奪い、この闘いを人間の堪えうる程度にまで和らげてしまうということを看過してはならない。この点において蓋然論的志向は、個我という元型の特質に近いものを示している。すなわち個我においても、善と悪との対立は一つに結びついたものとして現れてくるのである。しかもそれは、すでに言及したように、葛藤をむきだしにするキリスト教の象徴とは異なる。キリスト教的象徴の見地からすれば、世界には一つの「亀裂」が走っており、これが世界を分断している。つまり光は闇を相手に闘い、天界が下界と闘う。心的元型の場合とは異なって、これら二つのものは一つのものではない。キリスト教の教義はこのように、二は一であるという思想を忌避しているが、しかしその実際の宗教活動においては、教父の寓喩に触れた箇所ですでに見たように、心理学における自然そのままの象徴、すなわち対立を止揚して一つのものとなっている個我象徴に近いものが用いられている。さらにまた教義は、三は一であると主張するが、四は一であるということには異を唱える。奇数は周知のごとく古くから、わが西洋においてばかりでなく、中国においても男性を表すものとされ、偶数は女性を表すものとされてきた。従って三位一体は紛うかたない男性的神性を意味しており、キリストの両性具有も聖母マリアの特別の地位と神聖視も、決してこれに比肩しうるものではない。

以上のようなことをわざわざ確認するのは、読者にいささか奇異の感じを与えたかも知れないが、実はこのような確認を経ることによってわれわれは、錬金術の中心的公理、すなわちマリア・プロフェティサ〔Maria Prophetissa 古代後期の伝説的な女性錬金術師・予言者マリア〕の次の文章に辿りつくのである。「一は二となり、二は三となり、第三のものから第四のものとして全一なるものの生じ来るなり」。本書の表題を見ればすぐお判りいただけるように、本書が扱おうとしているのは錬金術の心理学的意義、つまり、非常に少数の例外を除けば今日まで科学的研究の視界の外にあった問題なのである。科学はつい最近にいたるまで錬金術の化学史的側面にしか注意を払わなかったのであり、その哲学的、宗教的側面に触れることは殆どなかった。化学の発展史にとって錬金術の有している意義は明白である。これに反して錬金術の精神史的意義は未だ知られていず、その意義の要点をかいつまんで述べることは殆ど不可能に近い状態である。そういうわけで私は、この序において、錬金術的主題と密接な関連を有している宗教史的、心理学的問題を提示しようと努めてきたのである。すなわち錬金術は、地表を支配しているキリスト教に対して、いわば地下水をなしているのである。錬金術のキリスト教に対する関係は、夢の意識に対する関係のごときものであって、夢が意識の葛藤を補償し、融和的作用を及ぼすのと同じように、錬金術は、キリスト教の緊張せる対立が露呈せしめたあの裂け目を埋めようと努める。この事実を最も簡潔に、しかも深い含蓄をもって表現しているのが、千七百年以上にもおよぶ錬金術の歴史全体を恰もライトモチーフのごとくに貫いているあの公理、つまり上に引用したマリア・プロフェティサの文章なのである。ここでは、キリスト教の教義の支柱をなしている奇数の間に、女性的なものを、大地を、下界を、いや悪そのものを意味する偶数が割り込んでいる。この偶数的なものの化身が「メルクリウスの蛇 serpens mercurii」、つまり己れ自身を生み、かつまた破壊する龍、「第一質料《プリマ・マテリア》 prima materia」を表すあの龍である。この錬金術の根本思想は溯れば劫初の水テホム（Tehom）（九）、龍の姿をした万有の母なるティアマットに、従ってまたマルドゥク神話の神々の争いにおいて男性的な父性世界によって征服された母性的原初世界に源を持っている（訳注2）。意識が「男性的原理」の側へと世界史的な移行を遂げるにあたっては、まず初めに、無意識の地上的・女性的原理の補償作用が存在したのである。キリスト教以前の諸宗教のいくつかにおいてはすでに、男性的原理が父‐息子という形態をとって分化しはじめており、この変化はその後キリスト教が登場するに及んで最高度の意味を獲得するにいたる。無意識が、意識に対して二元的対照をなす単なる補充的なものにすぎないとすれば、男性的原理への意識のこのような変化が起った際に、無意識は母‐娘という特殊形態を生み出すという形でこれに応じたであろう。これに必要な材料は、デメテル‐ペルセポネ神話の中にすでに存在していたのであるから（訳注3）。しかし実際には無意識は、錬金術が示しているように、「第一質料」と「大宇宙の息子 filius macrocosmi」という形態においてキュベレ‐アッティスという類型の方を選び（訳注4）、これによって、補充的ではなく、補償的であることを示した（訳注5）。このように無意識は、意識に対して単に対照的な位置を占めるだけでなく、多かれ少なかれ意識に対して修正的・融合的にはたらくところの、意識の相手役ないし共演者の役を演じていることが判る。「第一質料」‐「大宇宙の息子」ないしキュベレ‐アッティスという形態からも判るように、意識における父‐息子という組合せの片方の類型である息子が、「地上的」無意識世界から平行像ないし補完像として呼び出すのは娘ではなく、同様に息子なのである。この注目すべき事実はどう考えてみても、聖霊（Heiliger Geist）が聖処女を懐胎せしめることによって可能となったところの、純粋に精神的（geistig）な神が地上的人間本性において顕現するというあの神の子キリストの人間化と深い関係があるように思われる。かくして上なるもの、精神的なもの、男性的なものは、下なるもの、地上的なもの、女性的なものに心を寄せ、その結果、父性世界に先行する母なるものは、この男性的なものの意を迎え、人間精神（すなわち愛智の精神〔哲学〕）という道具を用いて、ひとりの息子を生むことになる。この息子は上なる神の息子キリストに対立するものではなく、その地上的対応物であり、いわゆる神人（Gottmensch）ではなく、根源的母性の本質を具有した神話的存在なのである。そして上なる息子は人間（すなわち「小宇宙 Mikrokosmos」）の救済を任務としているのに対して、下なる息子は「大宇宙の救世主 salvator macrocosmi」としての意義を担うことになったのである。

以上が錬金術世界の神秘のヴェールの背後で展開された劇的出来事の荒筋である。言うまでもないことであるが、この二人の息子は、ごく少数の特に才能に恵まれた錬金術師たちの精神の内部とその深い内的体験とにおける例外を除けば、結びついて一つになるということは決してなかった。とはいえ、この劇的な出来事が何を「目的」としていたかを見抜くことは、さして難しいことではない。すなわち神の人間化は、父性世界の男性的原理が母性世界の女性的原理に接近しようとしたことの現れであるように思われるのである。そして男性的原理の接近に気づいた母性世界は、その意を迎えて父性世界に同化しようという気になったのである。これは紛れもなく、二つの世界のあからさまな葛藤を融和せしめ補償するための橋渡しの試みを意味していた。

読者諸賢は私の説明の仕方にグノーシス派的神話の響きがあるというので腹を立てないでいただきたい。なんとなれば、われわれが今ここで問題にしている心理学的領域は、他ならぬグノーシス（Gnosis・真の認識）の源泉なのであるから。キリスト教の象徴が伝えようとしているのはグノーシスであり、無意識の補償作用の意味するところはいよいよもってグノーシスに他ならないのである。神話素（Mythologem）はこのような心的過程を物語る最も原初的な、最も本来的な言葉であって、いかなる知的表現といえども神話的な像の豊かさと表現力とに較べれば、それに近づくということはあってもその域に達するということは絶対にない。無意識の補償という心的過程に見られるのは根源的な諸像であって、従ってこれを最も的確に表現しうるのは神話におけるような象徴的な言葉以外にない。

上述の劇的事件の顛末は、心理学的補償の特徴を限なく示している。周知のように無意識の仮面は硬直した不変のものではなく、人が無意識に対して向ける顔を映し出すものである。敵意は仮面に脅かすような表情を与え、好意は仮面を柔和にする。とはいえそれは、鏡が物を映す時のようにただ単にそのまま映し出すというのではなく、映し出す側の独自の本質をはっきりと示すような自律的な応答としての反映なのである。だから「哲学者の息子 filius philosophorum」は、ただ単に神の息子が不似合な素材に反映したというようなものではなく、生みの母ティアマットの、すなわち母なる原像の特徴を帯びているのである。このティアマットの息子は紛れもないヘルマプロディトス〔男女両性具有ないし半陰陽〕ではあるが、しかし男性の名前で呼ばれているのであって、これは、精神によって否認され悪と同一視された下なる地上世界の妥協の傾向を表すものに他ならない。ティアマットの息子はなるほど大地の重みを内蔵し、荒唐無稽な動物的原初存在の特徴をとどめてはいるが、にもかかわらずこれが精神的かつ男性的原理への譲歩の所産であることは誰の目にも明らかである。

母性世界のこのような応答は何を示しているであろうか。それは、父性世界と母性世界とを隔てる深い亀裂に橋を架け渡すことは不可能ではない、なぜなら無意識は両世界の統一の萌芽を内に宿しているからである、ということを示しているのである。意識の本質は区別することである。意識は、それが意識であるためには、諸対立を分け隔てなければならない。しかも自然ニ反シテそうしなければならない。自然にあっては対立は互いに求め合う——「両極端は触れ合う les extrêmes se touchent」——、そして無意識においても、特に統一の元型である個我においても事情は同じである。個我においては、神におけると同じように、諸対立は解消されている。しかし無意識裡にあるものが顕在化し始めるとともに諸対立の分裂が生ずる。天地創造の時がまさにそうであった。というのも意識化の行為はすべからく創造の行為であって、宇宙創造神話に見られる種々さまざまの象徴は、意識化という心的体験に源を発しているのである。

錬金術の関心はとりわけこのような統一の萌芽に、すなわちティアマットの渾沌の中にひそむところの、そして神における統一に対応するところの、統一の萌芽に向けられている。この統一の萌芽は、神におけるそれと同じように、キリスト教の影響下にある錬金術においては三位一体的(trinitarisch)な性質を、異教の錬金術においては三体一組的(triadisch)な性質をそなえている。しかしまた別種の諸典拠によれば、それは四大(地・水・火・風)の統一に対応するもので、それゆえ四要素構成であるとされている。現代心理学の諸所見を見ると、四要素構成の正当性を裏付けているものが圧倒的に多い。私の観察した症例のうち三要素構成を示したものはごく僅かであるが、これらの症例に共通する特徴は、常に一定の意識部分の欠如が見られるということ、つまり思考、感情、感覚、直観の四機能のうち一つが「劣等機能」として完全に無意識裡にあり続けているということである。三という数は決して全体性の自然な表現ではない。なぜなら普通は、四という数が全体性を云々しうる最低条件だからである。しかしいずれにしても、錬金術(および無意識)には四要素構成への顕著な傾きが見られると同時に、これと並んで、三と四との間を揺れ動く不安定が存在しており、この不安定が繰返し前面に現われてきているという事実、これははっきりと銘記しておく必要がある。マリア・プロフェティリの例の公理にしてからが、四要素構成のことを言っているようではあるが、随分まわりくどい言い廻しを用いており、非常に曖昧である。錬金術には四つ、ないしは三つの「操作《レギメン》 regimen」があり、四つ、ないし三つの色がある。なるほど常に四つの元素（四大）が問題にされているが、しばしばそのうちの三つがひとまとめに考えられ、残る一元素が特別の位置を占めている。それはある時は地であり、ある時は火である。「メルクリウス」（訳注6）はなるほど「四角形 quadratus」であるが、三つの頭を持つ蛇でもあり、あるいはまた三位一体そのものでもある。こういう不安定は、「これもあれも Sowohl-als-Auch」という二重性を示すものである。つまり錬金術の中心的諸表象は三要素構成でもあり、四要素構成でもあるということである。私は心理学者として、無意識の心理学にもこれに似た錯綜の存在することを指摘せざるをえない。すなわち分化の最も遅れた「劣等機能」は集合的無意識と深く混淆しており、その結果「劣等機能」が意識化される際には、他のもろもろの元型と共に個我の元型をも伴って、すなわちマリア・プロフェティサの言をかりれば「第四のものとしての全一なるもの τὸ ἓν τέταρτον」を伴って意識にのぼってくるという事実がそれである。四は女性的なもの、母なるもの、肉体的なものの意味を、三は男性的なもの、父なるもの、精神的なものの意味を持っている。従って四と三との間に見られる不安定は、ほとんど精神的なものと肉体的なものとの間の動揺を意味していると言ってもよく、これは、人間的真理はそれがどのようなものであれ究極的真理の名を冠することはできないということを物語る好個の例である。

　私はこの序論において先ず、心の発展が臨床心理学的過程において最終的に到達する目的としての人間の総体性の問題から論を起した。この問題は世界観的ないし宗教的諸前提と密接不可分の関係にある。たとい患者が——これはよく見かけることであるが——この点で自分には何ら先入観はないと思い込んでいても、彼の思考、彼の暮し方、彼のモラル、彼の言葉の立っている土台は、ごく微細な点にいたるまで歴史的制約を受けているのである。ただ、ある場合は教養の不足のために、ある場合は自分を批判的に見ることができないために、このことに気づかない、このことを意識していないというのが実状である。それゆえ患者の心的状況の分析は遅かれ早かれ、個人的な決定要素をはるかに越えて、一般的な精神的諸前提の闡明にまでいたる。そしてその際に、私がこれまでの説明で凡その輪郭を示そうとしてきた問題が登場してくるわけである。ところが分析がこの段階に達すると、統一の諸象徴が、すなわち種々の「マンダラ」が生み出される。これらのマンダラは夢の中に現われるか、目覚めている時は絵のような幻覚像の形で現れるかのどちらかであって、しばしば意識状況の対立や葛藤を極めて明瞭に補償している。このような対立や葛藤が存在するのは、キリスト教世界秩序において「裂け目」（プシュヴァラ）[一〇]が口を開いたままに放置されているせいだと主張するのは、おそらく正しくあるまい。なぜなら、難なく証明しうることだが、キリスト教の諸象徴はまさにこの傷口を癒すもの、あるいは癒そうと努めているものに他ならないからである。むしろ、葛藤が未解決のまま公然と存在するのは西洋人の心的状況そのものの特徴的な現れであって、悲しいことに西洋人はキリスト教の象徴の全容を、その心の狭隘のゆえに理解できないでいるのだと考える方が、的を射ているのではあるまいか。私は医者であるにすぎないから、この点に関して患者に要求がましいことを言うわけにはいかないし、かといって教会のように恩寵をもたらす力もない。となると残された課題は私に可能な唯一の道を歩むということである。そういうわけで私は、元型像の意識化という仕事に、すなわちある意味では教義の諸観念に一致しているさまざまの元型像を患者の意識にのぼらしめるという仕事に取組むことになったのである。しかしその場合でも決断は患者自身に委ねなければならない。つまり、それが患者に深刻な葛藤を惹き起さないですむ範囲内で、患者が自分の諸前提、精神的成熟度、教養の程度、育ち、気質に応じてみずから決断するように仕向けなければならないのである。医者としての私の使命は、患者が生きていくことができるように助力することである。私は、患者の最終的な諸決断を裁くというような不遜を犯すことはできない。なぜなら経験上私は、外から加えられるあらゆる強制は、それがほんのちょっとした示唆であっても、説得であっても、あるいは患者を刺戟するその他のどんな手段であっても、結局のところあの最高にして決定的な体験、すなわち、ただひとりで個我と向き合うという体験――心の客観的現実を個我という名称で言い表すのがよいかどうかは別として――をさまたげるだけだということをよく知っているからである。患者は、彼がもはや自分自身を支えることができないならば、何が彼を支えているかを知るために是非ともひとりにならなければならない。何が自分を支えているかを知ること――彼に揺ぎない土台を与えるものは唯一これ以外にない。

このような使命を果すことは、私にとって実際容易ならざることであって、もし私の患者たちのうちの多数が他ならぬ神学者のところからやってくるのでないならば、いつでも悦んで何もかも神学者に任せたいところである。これらの患者たちは、できうれば教会という共同社会に留まっているべきであった。すなわちそこに執着(hängenbleiben)しているべきであった。だが彼らは、枯れた木の葉のように巨木から舞い落ち、かくして今、治療に執着している。彼らの内なる何かがしがみついている。彼らはしばしば必死である。手を離してもすれば、彼らかあるいは彼らの内なる「何ものか」が虚無の中に顚落するとでもいわんばかりに、絶望的な力をふりしぼってしがみついている。彼らは自分が立つことのできる確固とした地盤を求めている。彼らには外部の支点は役に立たないから、結局のところ支点は自分の内部に求められなければならない。これはなるほど理性の立場からすれば絶対にありえないことのように思われるであろうが、無意識の立場からすれば極めて可能なことなのである。このことは「救済者の卑賤な素姓」という元型を目れば、すなわち、かつて救済者となった人々がいわゆる理性とは縁遠い低い身分の出であったという事実を見れば、納得が行くであろう。

目的にいたる道は最初は渾沌としていて見究め難い。それから目的に向っているという徴候が次第に現れ始めるが、この徴候は極めて徐々にしか増大しない。道は真直ぐではなく、一見したところ環を描いているように見える。しかし事態が一層はっきりしてくると、この道は実は螺旋状をなしていたのだということが判る。つまり、夢の諸モチーフはある時間的間隔を置いて繰返し一定の形態に、その性状から言って中心的なものを示すと見られる一定の形態に還ってくるのである。より正確に言えば、それは文字通り中心点そのものであるか、もしくは求心的な構造を持つある配列であるかのどちらかであって、場合によっては分析初期の夢の中に逸早くその姿を見せることもある。無意識過程の顕現としてのもろもろの夢は、この中心の周りを回転する。あるいは道草を食いながらゆっくりと経巡ると言ってもよい。そして、次第に明瞭度を加え次第に範囲を拡大してゆく増幅運動を通じて、中心に近づいていく。夢に現れる象徴的材料は非常に多様であるため、そこに何らかの秩序らしきものを認めることすら、最初は難しい。初めから、夢の系列は何らかの秩序原理に支配されていると決まっているわけではないのであるから、いよいよもって困難である。しかし一段と注意深く観察してみると、そこに見られる発展過程は環状ないしは螺旋状をなしていることが判明する。この螺旋状の発展過程は植物の成長過程と非常によく似た性質のものであると言える。そして事実また、この種の夢や空想には、植物のモチーフ（樹木や花など）が繰返し何度も現れる。それればかりか無意識的に描かれた植物の具体的な図となって現れることもある。（二）因みに錬金術では、樹木はヘルメス哲学の象徴である。

＊

以下の二つの研究の最初のもの、つまり第二部「個体化過程の夢象徴」においては、中心ないし目的の象徴を豊富に含む夢の一系列《シリーズ》が扱われる。これら諸象徴の発展過程は、いわば治癒過程（Heilsvorgang）そのものを意味していると言ってよい。従って中心ないし目的は治癒（Heil）の意味を、いやこの言葉本来の語義である救済（Heil）の意味を帯びている。救済（Heil）というような術語を使用する正当性はこれらの夢それ自体のうちに存する。なぜならこれらの夢は宗教的現象というテーマに関連するものを非常に沢山含んでいるからであって、そのうちの若干のものは、私の『心理学と宗教』という著書の中で恰好の論述対象となったほどである。ここに見られる夢象徴の発展過程が、宗教を形成する元型であることは、私には疑う余地がないように思われる。たとい宗教がこれ以外のものを含んでいるとしても、宗教の経験的に把握可能な心理要素は疑いもなく無意識の顕現としてのこれらの夢象徴の過程の中にある。われわれは、宗教的信仰の主張するところは真理であるかないかという、根本的には不毛な問いに余りにも長い間こだわりすぎてきたのだ。そもそも形而上的主張の真実性は決して証明しえないし反駁もしえないという一般的事情は別として　そういう主張が存在するということは、それが現に存在するということ以上の何らの証明も要しない明証的な事実であって、そこに「一般的同意 consensus gentium」が附け加わるなら、その主張の妥当性は他ならぬ「一般的同意」の広がりの範囲内において立証されていると言ってよい。宗教的信仰とその形而上的主張とにおいてわれわれの理解を許すものはそこに見られる心的現象だけであって、これは客観的正当性とか真理とかいうカテゴリーでは計測できない。現象というものは合理的判断によっては片付かない。そしてまさに宗教的生活において問題なのは現象であり事実なのであって、議論の余地を持った仮説などではないのである。

心的治療過程における弁証法的対立は必然的に、患者の自分自身の影（Schatten）との、心のあの暗黒の半身との対決を招来する。彼はこれまでいつも投影を通じてこの暗黒の半身に眼を蔽ってきた。つまり明らかに自分自身のものである悪徳のすべてを、広義あるいは狭義の隣人に押し付けるか、それとも自分の罪を「完全な悔悛

contritio」ないしは——それよりもゆるやかな——「不完全な悔悛 attritio」(一二)によって、神の仲介者と認められている人の誰かの手に委ねるかのいずれかの方法を通じて、自己の影と向き合うことを避けてきたのである。なるほど誰しも、罪がなければ悔悛はないし、悔悛がなければ救いの恩寵もないということ、いやそれどころか、「原罪 peccatum originale」がなければ世界救済の行為は決して現れなかったであろうということは知っている。がしかし、他ならぬ悪の力の中にこそ、われわれが是非とも感知しなくてはならない特別の神意がひそんでいるのではないかと問うてみることは、故意に怠っている。自己の最も暗い影に向き合っている人間と、ちょうど心の医者が接するような仕方で接してみれば、誰でも即座にこのような解釈を下したくなると思う。(一三)いずれにせよ心の医者は、道徳的崇高を誇示するような空疎な身振りで、「汝……すべからず」という十戒の文句を指すような真似はできない。彼は客観的に吟味し、さまざまの可能性を考量しなければならない。というのも心の医者は、宗教的な教育や教養にもとづいてというより、むしろその本性と経験にもとづいて、『幸福をもたらす罪 felix culpa』とでも呼ぶべきものが存在することを知っているからである。心の医者は、われわれは幸福を取り逃がすことがあるだけでなく、それなくしては人間がその全体性に達することのできない決定的な罪をも取り逃がすことがあるということを知っている。なぜなら全体性とは神の恵み《カリスマ》のごときものであって、技巧によっても智略によっても作り出せるものではなく、心の発展を通じて徐々にそれと化す以外にないところのもの、いわば自律的に立ち現れてくるところのもの、従って、その生成をただ待ちうけるという以外にないところのものだからである。人類が統一体ではなく、少なくとも一万年続いてきた時間的経過のうちにその精神的性質を分散させてしまった個々人の集まりであるということは、確かに絶望的な事実である。その結果、真理と呼ばれるものは必ずいつも、ある人には救済を意味するが、他の人には誘惑と毒を意味する。あらゆる普遍救済説はこのような恐ろしいジレンマに陥っている。私は先にイエズス会の蓋然論に触れたが、蓋然論は何よりもまず教会の普遍妥当性（Katholizität）という法外な課題を物語っている。最も善良で寛大な心の持主でさえ蓋然論には身の毛のよだつのを覚え、激しい反感を表明した。しかしこのような人々の中には、人生の現実を直視するうちに怒りと嘲笑の気持を捨て去った人たちも多い。医者もまた生を直視し、さまざまの側面から充分に考量しなければならない。しかしそれはもちろん、教会の利害のためではなく、人生と健康の利害のためである。道徳箇条も紙の上ではなるほど清浄にして高潔な響きを持っているが、しかし一度「生きた心という板」に書き記されると、容易に哀れなぼろ屑になり果ててしまう。そしてこれは、まさに道徳箇条を最も声高に叫ぶ人々の心においてしばしば見られる現象である。「悪は悪だ、判断に迷う余地など寸毫もない」という叫びがいたるところで聞かれはするが、しかし個々の人間に即して言えば、悪こそ最も問題の多い、最も熟慮を要するものに他ならないのである。とりわけ「行なうのは誰か」という問いには最大の注意が払われなくてはならない。この問いに対する答えが結局のところ行為の価値を決定するからである。むろん社会にとってはさしあたり行為の内容の方が重要である。なぜなら内容は誰が見てもすぐそれと判るからである。しかし長い目で見るとどうか。正しい行為であってもそれが不正な人の手にかかるものであればいずれは禍いを招くであろう。先見の明を持った者なら、不正な人の正しい行為にも、また正しい人の不正な行為にも目を眩まされることはないであろう。それゆえ心の医者は行為の内容にではなく、行為の仕方に注意を向けようとするのである。なぜならそこにこそ行為者の全本質が含まれているからである。悪は善と同じ程度に考量されなくてはならない。悪といい善といっても結局は、観念における行為の延長ないし抽象以外の何ものでもなく、両者は共に人生の明暗現象の一部を成すものに他ならないからである。つまるところ悪を生じえない善も、善を生じえない悪も存在しない。

人格の暗黒の半身である影との対決は、治療がある程度徹底したものであれば、必ず自然に生じてくる。この問題は教会における罪の問題と同じくらいに重要なものである。影とのあからさまな葛藤は不可避であると同時に、実に厄介な代物である。「そんなことをして一体どうなさるつもりですか」と私はこれまでに何度も尋ねられた。私は何もしない。私にできることは、いわば神を信頼してただひたすら待つことだけである。そうすればいつかは、根気と勇気をもって堪え抜かれた葛藤の中から私の予想もしなかったような解決、当の患者の内に可能性として与えられていた解決が現れてくる。むろん私はその際、受動的にただ拱手傍観しているわけではなく、葛藤の継続中に無意識が生み出すあらゆる事柄を患者が理解できるよう助力する。確信をもって言うことができるが、このような無意識の諸産物は決してありふれた単純なものではない。いやむしろ、これまで私の観察しえたもののうちで最も意味深い重要なもののひとつだと言うべきだろう。ところで患者の方も何もしないでいるわけではない。患者は激しい力で押し寄せてくる悪が心の内部において優勢を占めないように、正しく事態に対処しなければならない、しかも全力を挙げてそうしなければならないからである。患者に必要なのは「行為による自己の正当化」なのである。「信仰による自己の正当化」ということだけでは、相変らずただ虚しさを味わうだけだからであって、これは他の多くの人々の場合も同様である。「信仰」は時として経験の欠如を代理するものにすぎない。従ってこういう場合に必要なのは、実際の経験、実際の行為なのである。キリストは罪人《つみびと》のために心を砕き、罪人を罰することはしなかった。キリストのまねびを真に実行しようとする者は、これと同じことをなすであろう。自分自身に対してしないことを他人に対してしてはならない以上、罪人を受容れ、罪人のために心を砕くであろう。そして自分自身がまさにこの罪人なのである。キリストが罪人のために心を配るのを見て、キリストは悪と親交を結んだのだと糾弾してはならないように、自己の内なる罪人への愛を悪との同盟だと非難してはならない。愛は相手をよりよくし、憎しみは相手をより悪くするが、これは自分自身に対する場合にもあてはまる。このような考え方に従うためには確かに危険を冒さなければならないが、しかしこの危険性はキリストのまねびの危険性と同一のものである。パリサイの徒であれば取税人や娼婦と話しを交わしている現場を押えられるような危険な真似はしないであろう。私は、キリスト教もキリストの「まねび」も心理学が作りだしたものではないということを、ここではっきり言っておきたい。私はすべての人が教会によってその罪の重荷から解き放たれることを切に願っているのである。しかし教会によってこのような救いを得ることのできない者は、キリストに倣って倒れないよう深く身をかがめて、みずからの十字架の重みに堪えねばならないのである。古代の人間たちは、「何ごとも度を過すなかれ、すべて善きものは中庸にあればなり *Μηδὲν ἄγαν, τῷ καιρῷ πάντα πρόσεστι καλά*」というギリシア的な根源的叡智によってとにかくすべてを間に合わせることができた。しかし今日のわれわれは、いまだに何という深い淵によって真の分別から隔てられていることだろう。

影との対決におけるこのような道徳《モラル》上の困難のことは度外視するとしても、そこにはいま一つの決して無視することのできない危険が存在する。特に病的傾向を持った人間にあっては種々の精神的錯乱の因ともなりかねないような危険である。それは、個人的無意識（他ならぬ影）の諸内容が最初のうちは集合的無意識の元型諸内容と分ち難く結びついており、影の意識化に際してそれらをいわば一緒に引上げてくるという事実である。これが意識に対して無気味な作用を及ぼすことがある。というのも元型の活性化は、どんなに冷徹な合理主義者においても（いやまさしくこういう人々においてこそと言うべきだろう）気味の悪い嫌な感じを惹き起すからである。すなわち彼らは、信念の劣等な形式である迷信が——彼らの言うところに従えば——自分に執拗に迫ってくるのを恐れるのである。しかしこのような人々の場合、迷信が純然たる迷信として現れるのは、彼らが病的な状態に陥る時だけであって、平生の態度を保持している時はそのような純然たる形では現れない。こういう時は迷信は、たとえば「狂気に陥ること」に対する恐怖という形をとって現れる。というのも、現代的な意識が定義できないものは、何もかも精神病と見なされるからである。もちろん、集合的無意識の元型諸内容が夢や空想の中で往々にしてグロテスクで恐ろしい姿をとるということは、事実として認められる。のみならず、いかに合理的な意識の持主でさえ、寒気立つような不安夢や押し迫ってくる不安表象からまぬがれるということはない。無知や沈黙によって看過することのできないこれらの像を心理学的に解明してゆけば、必然的に宗教史の現象学の核心部にまで達しないわけにはいかない。それというのも宗教史は、この概念の最も広い意味において（従って神話学、民俗学、原始民族心理学を含んだ意味において）、元型的形象の一大宝庫をなしているからであって、医者はその中から、どう対処したらよいかまったく途方にくれている意識を落ち着かせ啓発するために、役に立つ平行事象や参考になる類似事象を取出してくることができるからである。意識にとって疎遠なものとして、いやそれどころか意識を脅かすものとして立ち現れてくる空想像に、いわば脈絡《コンテクスト》を与え、これを理解可能なものにすることは是非とも必要なことである。そして私の経験によれば、これに最も好都合であるのは、神話材料との比較である。

この本の第二部には、このような例が数多く見られる。読者は、個人の夢象徴と中世の錬金術との間に非常に豊かな関係が存在するという事実に、特に注意を惹かれるであろう。これはここで扱われる事例だけに見られる特徴ではなく、すべての夢象徴に共通する一般的な事実である。私がこの事実に気づいたのはつい十年前のことだが、それはようやくその頃錬金術の思想と象徴の本格的研究に乗り出した、その賜物であった。

第三部は、キリスト教およびグノーシス説との関連から見た錬金術の象徴に関する概論である。それは概論にすぎないから、むろんこの複雑で謎に充ちた領域を完全に描写することからは程遠い。事実ここで主として扱われているのはキリストと「賢者の石」との平行関係だけである。とはいえ、この平行関係を論ずる際に、「錬金作業 opus alchimicum」に見られる目的諸表象とキリスト教の中心諸表象との比較に言及されていることは言うまでもない。というのもこの両表象こそ、夢に現れるさまざまな像の把握ないし解釈にとって、そしてまたこれらの像の心理学的作用の解明にとって最も重要な意義を有するものだからである。特にキリスト教の中心表象は、実際の心理療法にとって重要である。それというのも、夢や空想において元型的諸材料に邂逅し、それによって、単なる個人中心の心理学ではもはや手に負えない諸問題を医者につきつけるのは、しばしば、教会に戻って行くことができないでいる、かなりの知性と教養とをそなえた患者たちだからである。また、これらの問題に対処するには、神経症の心的構造に関する知識だけでは決して充分ではない。というのも、心理療法過程が集合的無意識の領域に達するや、医者は病的な材料にではなく健康な材料に、つまり個人的に千差万別の形をとっているあらゆる心の、その共通の基礎を成している材料に立ち向わねばならないからである。このような心の一段と深い層を理解する助けとなるのは、一方では原始民族心理学と神話との知識であり、他方では現代人の意識の直接の母体となった、意識のいくつかの発展段階に関する知識である。特に後者によって啓発されるところは測り知れない。今日の意識を生み出したものの一つは教会の精神であるが、しかしもう一つは、その成立期において、教会が受容れることのできない多くのものを宿していた学問である。中でも重要なものは、絶滅を免れて生きのび、最後に中世の自然哲学に隠れ家を見出したところの、古代ギリシア・ローマの精神と自然感情との名残りである。古代の星の神々は、「金属の精 spiritus metallorum」として、また星占いの運命構成体として、キリスト教の多くの世紀を生きながらえた。(一四) 教会においては儀式と教義との分化が進んだために、意識は、その母体である無意識に根を下しているという自然な状態から引き離されたが、錬金術と占星術は自然への架橋を、つまり無意識の心への架橋を朽ちさせないよう、絶えず努めてきた。占星術によって意識は、「星辰の定め heimarmene」に、すなわち人間の性格と運命は特定の時間的契機に左右されるという認識に、繰返し引戻された。また錬金術は、キリスト教の発展過程に円滑に組込まれえなかった諸元型に、繰返し投影の機会を与えた。確かに錬金術は一方では、常に邪教すれすれの線を歩んでいたので教会によって禁止されることもあったが、しかし他方では、その象徴の曖昧な性質によってうまく護られてもいた。錬金術の諸象徴はその気になればいつでも無邪気な寓喩と解しうるようにできていたからである。多くの錬金術師が寓喩的側面を重視し、自分たちはもっぱら化学的物質にのみ取組んでいると固く信んじていたのは、紛れもない事実である。しかしまた、実験室の仕事の目的は象徴および象徴の心的作用であると考えていた錬金術師も、少数ではあるが絶えず存在していた。種々の文献《テクスト》を読めば、この種の錬金術師たちが象徴の心的作用を意識していたことは明らかである。それも、素朴な黄金《きん》造り師たちを嘘つき、詐欺師、気狂いとして排撃するほどにはっきりと意識していた。彼らは旗幟を鮮明ならしめるために、「われらが黄金《きん》は卑賤なる黄金《きん》にあらず aurum nostrum non est aurum vulgi」というような文章によって立場を表明した。彼らの物質研究は確かに、化学変化の本質に迫ろうとする生真面目な努力ではあったが、しかし同時にそれは――そして多くの場合こちらの方が優位を占めていたのだが――物質の化学変化のうちにこれと平行して進行する心の過程を映し出すということでもあった。心的過程は、物質の不可思議な変化とまったく同様、意識されない（無意識の）自然現象であるから、それだけ容易に物質の未知の化学過程に投影されえたのである。そしてこのような錬金術の象徴のうちに表現されているものこそ、先に触れた人格生成過程の、すなわち個体化過程（Individuationsprozeß）の諸問題に他ならないのである。

教会の大きな関心事が「キリストのまねび」であるのに対して、錬金術師は、それとはっきり知らずに、いやその気持もないままに、孤独の中で問題の所在の極めて曖昧な作業に取組むうちに、自然によって与えられたところの、自己の精神と存在との無意識の諸源泉の虜になってしまう。彼はいついかなる時も、キリスト教徒のように明白で見誤まることのない模範に依りかかることはできないからである。彼の研究する文献の著者たちはさまざまな象徴を提供している。彼はこれらの象徴の意味を自分なりに理解したと思い込んでいる。が実際には、象徴は理解の手をすり抜けて彼の無意識に触れ、無意識を刺戟しているのである。錬金術師たちは自嘲の気持を込めて、「曖昧なることを説明するに、一層曖昧なることを以って obscurum per obscurius」という言葉を造り出した。彼らはこのような方法によって、教会がまさにそこから彼らを救い出そうとした当の過程に、すなわち無意識の象徴過程に身を委ねたのである。つまり教会はその教義の諸表象において、錬金術師たちに他ならぬこのような過程の類似物《アナロジー》を提供したわけであるが、しかしこれら教義の諸表象は、錬金術の場合とはまったく対照的に、救済者という歴史的、一回的な形姿と結びつけられることによって、自然との関連の絆を断たれてしまっていた。あの全一なる四、あの哲学者の黄金《きん》、「礎石 lapis angularis」、あの「聖なる水 aqua divina」は、教会においては、唯一なる息子イエス・キリストがかつて歴史的、一回的に、同時にまた永遠に、そこで犠牲となったところの、あの四本の腕を持った十字架であった。錬金術師たちは教会の行き方とは異って、信仰による発見に安んずることよりも、認識による探究の方を選んだのである。尤も彼らは中世の人間の常として、自分たちをひたすら善良なキリスト教徒であると信じ込んでいたのであって、パラケルススはその典型的な一例である。しかし実際には錬金術師たちは、伝統的な観念の信仰よりも個人的な原体験の方を重んずる、あるいはむしろ必然的に重んじざるをえない現代人と同じ状況にあった。教義は決して単なる思いつきの産物ではない。また教義は、自然との相関関係から引離そうという明白な目的のために一回的な奇蹟として説明されてはいるが、しかし決してそのようなものでもない。キリスト教の中心諸表象は、古代ギリシア・ローマの諸宗教が時代遅れとなった時期に人間心理の法則に従って発展せざるをえなかったあのグノーシス哲学に、その源を持っている。グノーシス哲学は無意識の個体化過程の諸象徴を知覚するところに成り立つものであるが、無意識の個体化過程が生ずるのはいつも決って、人間の生を支配している集合的な上位表象の数々がその支配力を失う時なのである。集合的上位表象の権威が失墜した時代には、無意識裡で新たな支配権を得るために表面に出ようと鬩ぎ合っている聖なる諸元型に、憑かれたように深く心を捉えられる人々が必ず多数出現する。この憑かれた、もしくは魅せられた状態は、ほとんど例外なく次のような形をとって現れる。魅せられた人々は、無意識の聖なる元型の内容と自分とを同一視する。彼らは自分に聖なる役割が振り当てられていると強く感ずる。そう感ずるのはむろん、まだ認識されていない新たな元型内容の作用によるのであるが、同一視のためにそのことが判らず、その役割を、すなわち元型内容を、自分の生を通じて理想的に演じてみせようとする。こうして彼らは予言者や改革者になる。ところで、キリスト劇の元型的内容が多くの人々の不安定に激しく荒立つ無意識を充全に表現できていた限りは、キリスト劇は「万人の同意 consensus omnium」によって一般的拘束力を持つ真理にまで高められていた。もちろんこの同意は理性的判断によるものではなく、それよりもはるかに力の強い非合理的な感動(魅せられた状態)によるものである。かくしてキリストは、無意識において取憑き魅了しようと虎視眈々と機を窺っている元型的諸力から人々をまもる守護像となった。福音はこう告げている、「そは起りぬ、然して汝等神の子イエスを信じいたる限りは、そは絶えて汝等の身に起ることなからん」。しかし、キリストの支配力が及ばない人々、キリストが守護像としての意味を失っている人々、このような人々の身にはそれは過去において起りえたし、現在も起りうるし、未来においても起りうるであろう。そういうわけでいつの時代でも、密かに隠れて脇道を通り、破滅を招くか救済に到るかそれは知らず、意識的生活の支配に満足できずに常に涸らぬ源泉を求めて、すなわち永遠の源泉の原体験を求めて、不安定に荒立つ無意識に魅せられるがままに、イエスのごとくあの闇の息子に、あの悪魔たる「摸倣霊」に邂逅すべく荒野を目指して旅立った人々が存在したのである。ある錬金術師（彼は聖職者でもあった！）が次のような願いを口にしているのもそういう事情のためであった。「われらが心の恐ろしき闇を取り除き、われらが感覚に光を与え給え Horridas nostrae mentis purga tenebras, accende lumen sensibus！」ここに語られているのはおそらく、錬金作業の第一段階である「ニグレド nigredo（黒化）」の体験であると思われる。この体験は当時は「メランコリア melancholia（黒胆汁病・鬱病）」だと感ぜられたもので、心理学的に言えば影との出会いにあたるものである。

それゆえ現代の臨床心理学が集合的無意識の活性化した諸元型に出会うとすれば、それは、宗教上の大転換期にすでに見られた、そしてまた支配的な上位表象がもはや何の意味も持たなくなった個々人に常に見られるあの現象が繰返されているにすぎない。このような例の一つとしてわれわれは、ゲーテの『ファウスト』に描かれている「下界への下降 descensus ad inferos」を挙げることができる。これは、ゲーテが意識していたか無意識であったかは別として、明らかに「錬金作業」を意味している。

影によって喚起される対立の問題は、錬金術においては重大な、決定的な役割を演じている。なんとなれば対立の問題は作業の経過にともなって最終的には諸対立の一致へ、聖婚（hierosgamos）つまり「化学の結婚 chymische Hochzeit」という元型的形態における諸対立の結合へと通じているのであって、ここに錬金術の眼目があるからである。この結婚において、男性的なものと女性的なもの（中国の陰と陽）という形態をとった最

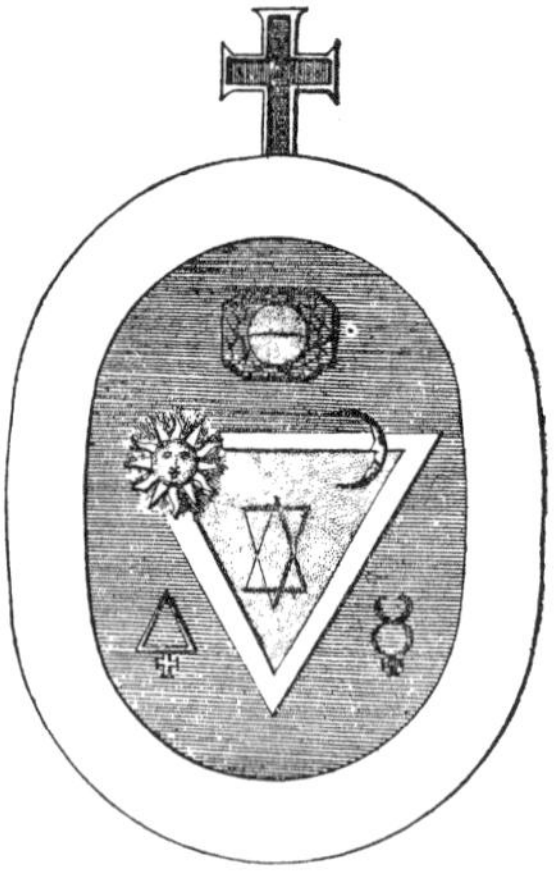

図3　錬金作業の象徴。『両性具有の太陽と月の子』（1752年）より

高の対立が溶け合って、もはやいかなる対立をも含まない、それゆえ不滅である統一物となる。もちろんそのためには、「錬金術師 artifex」が「作業 opus」において現れるさまざまな形姿と自分とを同一視せず、それらを個人を離れた客観的な形にとどめておくということが、不可欠の前提である。実験室の中で作業に精力を集中している限りは、錬金術師は心理的に恵まれた状態にあった。なぜならその限りにおいては、無意識から浮び上ってくる元型はすべて化学物質に投影されてしまって、それらと自分とを同一視する機会はまったくなかったからである。むろんこのような状況には不利な点もあった。錬金術師が不滅の物質をどうしても化学物質として表現しなければならなかったというのがそれである。これは不可能な企てであって、これが原因となって実験室の錬金術は結局没落の憂き目を見、化学にその城を空け渡したのである。しかし、錬金作業の心の領域は消滅せず、新たな解釈者たちの登場を促したのであって、このことは『ファウスト』の例や、無意識を問題とする現代心理学の錬金術象徴に対する深い関係に見られる通りである。

原注

一　あるプロテスタント神学者が説教の歴史と理論を論じたある著書の中で、倫理的立場から説教者の全体性を敢然として要求し、しかも私の心理学を引合いに出している事実は注目に値する（O・ヘンドラー『説教――その深層心理学的基礎と基本問題について――Otto Händler: Die Predigt. Tiefenpsychologische Grundlagen und Grundfragen. 2.Aufl. Alfred Töpelmann.

Berlin 1949.)。

二　人間は神の似姿であるという教義も、人間的要因を評価する際に同じように甚だ重要な意味を帯びてくる。――これは人間が神の化身であるかどうかという問題をまったく度外視した上での話である。

三　悪魔も神と同じように心を虜にしうるという事実は、決して心の意義を低下させるものではない。

四　それゆえ、神が「まったく別のもの das ganz andere」であるということは、心理学においては全然考えられない。「まったく別のもの」が心に極めて近しいものであるということは絶対にありえないからである。そして他ならぬ神も心に極めて近しいものの一つなのである。従って心理学の立場からすれば、神の像に関しては逆説的な、あるいは二律背反的な発言のみが唯一正当なものだと言える。

五　テルトゥリアヌス〔一六〇年頃―二三〇年頃。ラテン神学を創始したカルタゴの神学者。キリスト教の純粋保持を熱烈に主張して異教やユダヤ教を攻撃し、後にキリスト教の世俗化に反対した〕は「魂《アニマ》(心)は本来的にキリスト教的である Anima naturaliter christiana」と言っている（テルトゥリアヌス『弁証論』XVII章 Tertullianus Quintus Septimius Clemens: Apologeticus adversus Gentes pro Christianis. 〔In: Jacques Paul Migne [Hg.], Patrologiae cursus completus: Patrologiae Latinae, 221 Bde., Paris 1844―1864, I col. 257―536〕)。

六　ここでは人間の努力の問題について言っているのであるから、人間の力の範囲を越えたところにある恩寵という事実は度外視した上でのことである。

七　テルトゥリアヌス『キリストの肉について』V章（Tertullianus: De carne Christi. Migne P.L. II col. 151―792)。

八　ツェクラーは次のように定義している（O・ツェクラー『蓋然論』Otto Zöckler: Probabilismus. In: Realencyklopädie für protestantische Theologie und Kirche. Hg. von Albert Hauck. 3.Aufl. 24 Bde. Leipzig 1896―1913, XVI, S. 66ff.)。「一般に蓋然論という名称で呼ばれているのは、科学的諸問題に答える際に、その答が程度の差はあれ蓋然性を持っていることで満足するという考え方である。われわれが今ここでもっぱら問題にしようとしている道徳的蓋然論なるものの特徴は、道徳的な自己決定行為に際して、良心の声に従うのではなく、蓋然的に正しいと見なされるもの、つまり何らかの模範的あるいは教義的な権威がよしとするものに従って、みずからの方向を定めようとする点にある」。たとえばイエズス会の蓋然論者エスコバル（Escobar 一六六九年歿）の意見によれば、懺悔（告解）者がその行為の理由として何らかの蓋然的見解を引合いに出してきた場合は、聴罪師は、たといその見解に賛成できなくても赦免しなければならない。エスコバルは、人はその一生において何度神への愛を示す義務があるかという問に対して、イエズス会の一連の権威ある意見を引用している。ある意見によればただ一度、死の直前に神への愛を示すだけで充分であり、またある意見によれば一年に一度、あるいは三、四年ごとに一度で充分である。エスコバル自身は理性の最初の目覚めの時に一度、それから五年ごとに一度、そして最後に臨終の床で一度、神への愛を示せば充分だという結論に達している。彼の見解によれば、このように多数の相異なる道徳的教説が存在するということ自体、神の慈悲深い配慮を示す主要根拠の一つである。なぜならそれによってキリストの軛は非常に軽減されるからだというのである（ツェクラー上掲書 XVI, S. 68）。あわせて次の書をも参照願いたい。ハルナック『教義史教本』Adolf von Harnack: Lehrbuch der Dogmengeschichte. 3 Bde. 5. Aufl. Tübingen 1931, Ⅲ, S. 748ff.

九　劫初の水に関しては創世記第一章二節を参照。なお神話の諸モチーフの一覧と対比とについてはラングの著書『ひとりの神が世界を創造したのか』Lang, Joseph Bernhard: Hat ein Gott die Welt erschaffen? Bern 1942. を見られたい。ただし残念なことにこの書は、多くの点で文献学的批判を受けねばならないだろう。しかしそのグノーシス派的傾向のゆえに注目に値する書である。

一〇　E・プシュヴァラ『常に何よりも偉大なる神』Erich Przywara: Deus semper maior. Theolcgie der Exerzitien. 3 Bde. Freiburg i. Br. 1938—1940. I, S. 71ff.

一一　R・ヴィルヘルムとユングの共著『黄金の花の秘密』の中の挿画を参照（Wilhelm, Richard: Das Geheimnis der Goldenen Blüte. Ein chinesisches Lesebuch. Mit einem europäischen Kommentar von C. G. Jung. Neuausgabe Rascher, Zürich 1938. Neueste Aufl. 1957〔Jungs Beitrag in Ges. Werke XI (1963)〕）。

一二　「完全な悔悛 contritio」は、罪を最高善の対立物と見なし、「不完全な悔悛 attritio」（contritio imperfecta と同義で、これには「自然な悔悛 contritio naturalis」も含まれる）は、罪をその邪悪と醜悪のゆえに、また罰の恐怖のゆえに非難する。

一三　全体性に必然的につきまとう悲劇的運命を前にして、宗教的表現を——このようなケースに唯一適切な表現として——使用することは至極当然であろう。すなわち「避け難きわが定め mein unvermeidliches Schicksal」という表現がそれである。これは、他ならぬこのような定めへのデモーニッシュな意志、つまりわれの意志（自我意志）とは必ずしも一致しないある意志そのものの表現であると言っても過言ではない。が、もしこの定めないし意志が自我に対立しているとすれば、われわれはそこに、ある「力」を、すなわちある神的な力ないしは悪魔的な力を感じざるをえないだろう。定めに身をまかせる者はこの力を神意と呼ぶであろうし、定めに対して見込みのない、身を焼きつくす闘いを挑む者はこの力の中にむしろ悪魔を見るであろう。いずれにしても「避け難きわが定め」という表現は、宗教の範囲を越えていずこにおいても理解できるものであり、その上含蓄に富んでいる。

一四　パラケルスス〔一四九三—一五四一年。ドイツの医学者。人間の生命と宇宙の生命との連関を研究し、錬金術および哲学の領域にも没頭した。金属による内服薬やチンキ剤の発明により医化学の祖となるとともに、思想史的にも多大の影響を及ぼした〕はなおまだ、「大いなる神秘」における神々の力について語っている（パラケルスス『アテネ人についての哲学』Paracelsus〔Theophrastus Bombastus von Hohenheim〕: Philosophia ad Athenienses. In: Sämtliche Werke, hg. von Karl Sudhoff und Wilhelm Matthiesen, 15 Bde., München und Berlin 1922—1935〔以下 Sudhoff/Matthiesen と略記〕XⅢ, S. 387ff.）。同時に、十八世紀にパラケルススの影響を受けて書かれたアーブラハム・エレアツァールの著書『太古の化学作業』（Abraham Eleazar〔Abraham le Juif〕: Uraltes chymisches Werk usw. 2. Aufl. Leipzig 1760）。

訳注

1 C. G. Jung: Psychologie und Religion. Die Terry Lectures 1937, gehalten an der Yale University. Rascher, Zürich 1940. Neueste Aufl. 1961 und auch in Paperback 1962. 〔Ges. Werke XI (1963)〕. 邦訳『人間心理と宗教』、ユング著作集（日本教文社）第四巻所収。

2 古代バビロニアの天地創造神話によれば渾沌の象徴にして万有の母、龍の姿をした海の化身ティアマットは、神々との闘いにおいて、英雄マルドゥクに打負かされ、マルドゥクはティアマットの屍体を二つに引裂いて天と地とを造った。

3 デメテルはギリシアの大地と豊穣の女神。ペルセポネはゼウスとデメテルの娘で、冥界の王ハデスの妃となる。

4 プリギュア地方の大地と豊穣の女神キュベレは本来男女両性を具有していたが、神々の去勢によって女性となり、切断された男根から巴旦杏が芽生え、その実を食べたサンガリオス河神の娘ナナが身籠ってアッティスを生んだ。キュベレは後に少年アッティスに恋慕する。

5 ユングは「補償的 kompensatorisch」という語を「補充的 komplementär」という語から区別し、主として意識に対する無意識の関係にこれを用いている。意識活動によって締出された心の諸内容は無意識の中に追いやられてもそのエネルギーを失わず、意識的根本態度の一面性に拮抗する。無意識のこのような拮抗的な作用はしかし、普通は意識に敵対するよりもむしろ融和的に、すなわち意識の適応作用が円滑に行われるよう意識活動を調整ないし補正するはたらきをする（もちろん拮抗が極端化して緊張が病的に高まればそれは対立機能と化し神経症を惹き起す）。このような無意識の意識に対する調整機能を「補償」ないし「補償的」と呼んでいる。

6 ドイツ語版ユング全集第十二巻によれば、ユングは本書の英語版（一九五三年）で「メルクリウス Mercurius」に関して次のような注をほどこしている由である。「錬金術の書物における〈メルクリウス〉という語の意味は極めて多様であって、種々さまざまのヴァリエーションにおいて使用されている。それは化学元素の水銀（Hg）、ローマ神話の神メルクリウス（ギリシア神話のヘルメス）、遊星としての水星を表示するのみならず、秘密に充ちた〈変容物質 vewandelnde Substanz〉――これは同時に、生きとし生けるものすべてのうちに棲む〈霊 Geist〉でもある――を言い表す語でもある。特にこの最後の意味で用いられている場合が多い。このような多様な意味合いは本書の叙述が進むにつれて、次第に明らかになるであろう」。本訳書においては、一義的に水銀や水星等を指していると考えられる場合は日本語に訳したが、その他の場合は「メルクリウス」という片仮名表記によった。

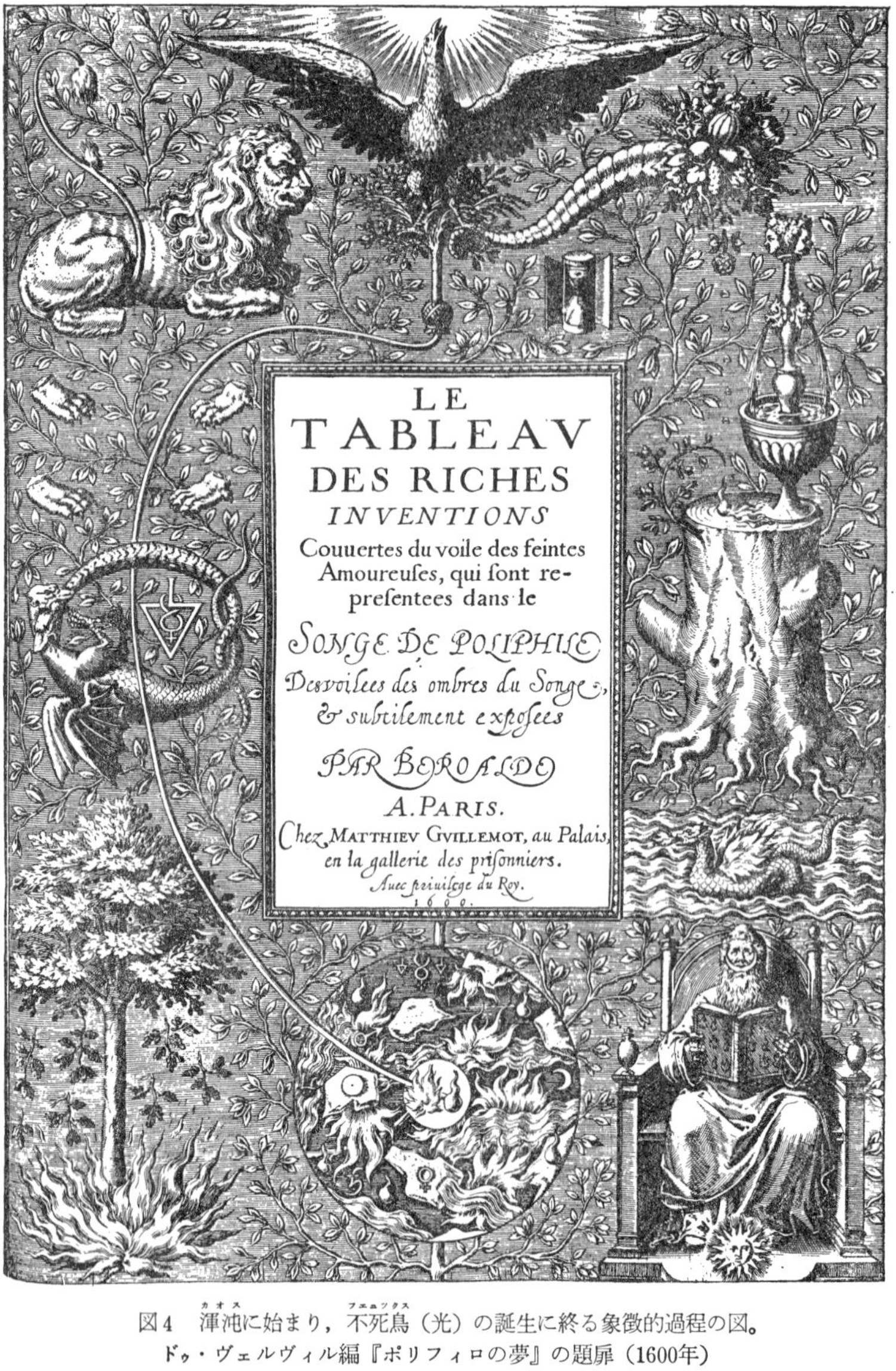

図4　渾沌《カオス》に始まり，不死鳥《フエニックス》（光）の誕生に終る象徴的過程の図。
ドゥ・ヴェルヴィル編『ポリフィロの夢』の題扉（1600年）

第二部　個体化過程の夢象徴

夢に現れる無意識過程の諸現象に関する一考察

……アウェルヌス〔地獄〕の底深く降って行くは易き業
昼夜を問わず暗黒のディスの門〔冥府の門〕は開いている。
されど再び引返し、明るい大気に充ちみちた天界目指して昇るのは
さてもさても、艱難辛苦の茨の道。

ツェルギリウス『アエネイス』第六巻一二六—一二九行

第一章　序

一　考察材料

　個体化過程の夢象徴とは、求心過程ないし人格の新たな中心の形成過程を示すところの、夢に現れる元型的性質を帯びたもろもろの像のことである。この過程の一般的特徴については、私の著書『自我と無意識の関係』(訳注1)の中に述べられている。そこで言及したようないくつかの理由から、私は人格のこの新たな中心を、心的なものの一般の総体を表すつもりで「個我 Selbst」と呼んでいる。個我は中心点であるというばかりでなく、意識をも無意識をも包摂する心の全領域を指す語でもある。それはいわば、自我が意識の中心であるのと同じように、このような心の総体の中心なのである。

　私がここで扱う諸象徴は、個体化過程の多様な段階と変化を示すすべての像ではなく、新たな中心点の意識化に関係している、それも直接に関係している像にのみ限られる。これらの像は私が「マンダラ象徴 Mandala-

図5　変身する七人の乙女たち。
『ポリフィロの夢』（1600年）より

symbolik」と名づける特定のカテゴリーに属する。『黄金の花の秘密』の中で私はリヒャルト・ヴィルヘルムと共同でこの象徴についてかなり詳しく述べておいた。本研究では、この種の象徴の一個人における時間的に連続した一連の例を提示したいと思う。その材料は、学問的教養のある若い男性(一)の数々の夢と幻覚像(訳注2)であって、その数は全部で一〇〇〇を越える。本研究の目的に従って、ここではそのうちの最初の四〇〇の夢を取扱った。これらの夢はほぼ十カ月に亙って見られたものである。あらゆる影響を避けるために、すなわち偏見や先入観の入る余地をなくすために、私の委託を受けて、当時駆出しの女医であった私の弟子が、この過程の最初の部分の観察を引受けた。これは五カ月を要した。その後三カ月の間は、夢見者(訳注3)が自分一人で観察を続けた。観察開始前の短時間の打合せを除けば、私は最初の八カ月間は夢見者と一度も顔を合わせなかった。従って四〇〇の夢のうちの三五五は私との個人的接触がまったくないところで見られたものである。最後の四五の夢だけは私の観察下に見られた。とはいえ、夢見者はすぐれた学問的経験と才能のお蔭で何ひとつ助けを必要としなかったので、説明や示唆を要することは特になかった。それだけに客観的な観察と記録を行うには、条件はまさしく理想的であったと言える。

ところで私は先ず最初に全部で二二の初期の夢（Initialträume）を取上げ、その内容を必要に応じて抜萃して示したが、これはマンダラ象徴がすでに初期の段階から現れるものであるということ、そしてそれが他の夢の材料の中にどういう形で潜んでいるかということを知ってもらうためである。その後で、マンダラ（二）と特に関連の深い夢を時間的順序に従って選び出し、これについて説明した。

ここに扱われているすべての夢は、少数の例外を除いて短縮されている。夢の根本思想を表している部分のみが抜萃されているか、内容全体がその夢の本質を示すように凝縮されているかのどちらかである。このように内容を単純化したのは単に長さを縮めるためばかりでなく、特定の個人を匂わせて迷惑や面倒を惹き起す危険を避けるためでもあった。後者はプライバシーの尊重という点から必要なことであった。夢の内容に対するこのような干渉には確かに疑問の余地がないとは言えないが、そこに意味を歪めるような恣意が入り込まないよう誠心誠意努めたつもりである。個人の秘密に対するこの配慮は、夢を解釈する際にもなされた。そのため夢のいくつかの箇所は見たところ無視されたような体裁になっている。しかしもし私がこのように、絶対的完璧さをある程度犠牲にしなかったら、私の見るところでは知的性質、明瞭さ、首尾一貫性という点で他に類がないと思われるこの一連の夢を、公けにすることはできなかったであろう。それだけに私は是非ともこの場を借りて、この夢の物語の「著者」に心から感謝の意を表し、彼が科学に対してなしたその貢献を称えたいと思う。

二　方法

私はこれまで論文や講義の中で、客観的に心的（いわゆる「無意識的」）〔三〕な内容の分析と解釈においては先入見を放棄しなければならないことを、絶えず強調してきた。今日までのところ、演繹的方法を用いる上で非の打ちどころのない根拠となるような一般的な夢理論はまだ存在していない。これは演繹的推論を許すような意識の一般理論が存在していないのと同様である。主観的に心的なもの（つまり「意識」）の表出（Äußerungen）のうち前もって予測できるのはごく僅かの部分であって、いわゆる因果関係の必然性を否応なく納得させるような理論的論証は全然存在しない。それどころか逆に、意識の作用と反作用は複雑に入り組んでおり、それらはほぼ百パーセント恣意と「偶然」の産物であると覚悟してかからなければならない。同じことは無意識の表出に関してもあてはまるのであって、そうではないと仮定しうるような経験的根拠は、いわんや理論的根拠は存在しない。無意識の表出は意識の表出と同じように多様であり、予測不可能であり、恣意的であり、それゆえこれに対するには意識の表出に対する場合とまったく同様に種々さまざまの観察方法によらねばならない。意識の表出の場合は、こちらに向けて話しかけられているという、そしてまた意図を理解しうる内容が差し出されているという有利な状況がある。これに反して「無意識」の表出の場合は、普通の意味で一定の方向に向けられている言語、普通の意味で意図や状況に副った言語というものは存在せず、意識内容に対して見たところ極めてゆるやかな関係しか持たない心的な現象のみが、そこにあるというにすぎない。意識の表出は、それがよく判らなければ意味を問いただしてみることができる。しかし客観的に心的なものは、それが自らを表現する場である意識にとってさえ手のとどかない未知のものなのである。それゆえ、文献学において断片的なテクストを解読する時のような、もしくは未知の言語で書かれているテクストを、解読する時のような方法を用いることが是非とも必要となる。コンテクストの研究がそれである。つまりわれわれは断片的な、あるいは未知の言葉で書かれたある夢テクストがいかなる関連ないし脈絡に置かれているのか、そのコンテクストを調べてみなければならないのである。ある未知の言葉が現れる一連の夢テクストの当該箇所を相互に比較してみれば、あるいはその言葉の意味が判明するかもしれない。夢内容の心理学的コンテクストを成しているのは、夢の表現がごく自然な形で織り込まれているあの連想の織物（Assoziationsgewebe）である。理論的にはこの織物を予め知ることは不可能であるが、実際的には可能な場合もある。尤もこれは相当の経験と訓練を積んだ上での話である。しかし慎重かつ入念な分析を行なおうと思えば、手仕事によって得られた法則を余りあてにしてはならない。というのも錯覚に陥ったり、暗示にかかったりする危険が大きすぎるからである。特に一連の夢ではなく個々ばらばらに孤立した夢を分析する場合は、実際的経験からくる期待にもとづく、あるいは一般的確率にもとづくこのような予知や期待は、もっての外であると言わねばならない。そういうわけで、まず最初はどんな夢でも夢のどんな部分でも未知であるという前提に立ち、コンテクストを知った後で初めて解釈を試みるということ、すなわち、コンテクストの確認によって見出された意味を夢テクストにあてはめ、それによってテクストがなめらかに読めるようになったか、ないしはそれによってテクストが充分納得のいく意味を獲得したか、これを試してみるということが、いついかなる場合でも原則であると考えておかねばならない。しかしこうして獲得される意味が、予め懐いていた何らかの主観的期待に一致するのではないかなどと考えることは絶対に許されない。なぜなら、夢は期待していたこととは驚くほど違うことを語る場合もある、いやそういう場合が非常に多いからである。それどころか、もし発見された夢の意味が期待通りであるなら、このこと自体、その意味を疑ってかかるに充分な理由の一つに数えることができるくらいである。というのも無意識の立場は意識に対して補充的もしくは補償的であるのが通例であって、(四)従って期待されたものとは「別のもの」であるはずだからである。こう言ったからといって私は、「相似的《パラレル》」な夢が、つまりその意味が意識の根本態度に一致する、もしくは意識の根本態度を裏付けるような夢がありえないと主張しているわけでは決してない。しかしそういう夢は、少くとも私の経験した限りでは、比較的稀である。

ところで読者は、本研究で私が採っている方法はこのような夢に対する原則的姿勢を真向うから否定するものではないかという印象を懐かれるかもしれない。これらの夢は恰もコンテクストを完全に無視して「解釈」されているかのような外観を呈している。事実私はコンテクストをどこからも手に入れなかった。それもそのはずで、この夢の系列は先に言及したようにそもそも私の観察下で生まれたものではないからである。私はここでは、いわば私自身がこれらの夢を見、従って自分自身がコンテクストを提供し脈絡をつけることができるかのように振舞っている。

もしもこんなやり方を私と個人的面識のない人の孤立した夢(isolierte Träume)に適用するとしたら、これは大変な不手際だと言わねばならない。しかしここで扱っている数々の夢は相互に孤立した夢ではなく、その経過を辿っているうちに徐々におのずから意味が解きほぐされていくような互いに関連し合った夢の系列(Serie)なのである。つまりこの系列としての相互関連性が実は夢見者みずからが提供してくれているコンテクストに他ならないのである。つまり喩えて言えば、一つのテクストではなくて、多くのテクストが目の前にあって、これら多くのテクストはさまざまな未知の言葉にあらゆる側面から光を当ててくれているので、個々のテクストの難解な意味を解くにはテクストをすべて読みさえすればよいとでもいった工合なのである。加えて第三章では、夢以外の諸材料で前々からわれわれのよく知っている特定の一元型（マンダラ）を考察の対象にしているので、この場合は夢の解釈も一段と容易になっている。確かに個々の夢ないし夢の個々の部分の解釈は、それ自体としては本質的に臆測的判断であることを免れないが、夢の全系列を辿って行くと、先行する部分の解釈に万一誤りがあっても、それを訂正するに必要ないろいろな手がかりを得ることができる。

言うまでもないことであるが夢見者は、私の弟子の観察を受けている時は、このような解釈については何一つ聞いていない。従って何らかの意見によって先入観を吹き込まれる心配は皆無であった。それはともかく、いわゆる先入観の夢内容への影響について言えば、その可能性と危険性は過大視されすぎているというのが、豊富な経験から得た私の考えである。客観的に心的なものは経験によれば、高度に自律的なものである。実際そうでなかったら、それは自分に固有の機能、すなわち意識を補償するという機能を果すことはできないだろう。意識は鸚鵡のように馴らすことができるが、無意識はそうはゆかない、だからこそアウグスティヌスも、神が彼の見た夢の責任を問わなかったことに対して神に感謝したのである。無意識は外見的にしか、それも意識にとって極めて有害な形でしか訓練できな

図6　運命の女神たちの上に位置する母の像。
テノー『カバラ論』（16世紀）より

い。それはいついかなる場合もあらゆる主観的恣意の彼方にあり、良くすることも悪くすることもできない性質の領域であって、そのさまざまな秘密は、遠くはるかにこれを透かし見ることはできても、手で直《じか》に触れることはできないのである。

図7　永遠（エーオン）の象徴としてのウロボロス。ホラポロ『象形文字精選』（1597年）のヴィネット

原注

一　学問的教養といっても、歴史学、文献学、考古学、比較民族学の教養ではないことは、はっきり言っておかねばならない。従って夢見者は自分の夢とこれらの学問領域の諸材料との関係はまったく意識していない。

二　マンダラ（Mandala・サンスクリット語）とは円または魔法圏のことである。マンダラ象徴は、その最も重要な現象形態を挙げるだけでも、求心的に配列された図像、すなわち一つの中心点をめぐる円形ないし四角形の同心円的、回転体的図像のすべて、および放射状ないし球形の配列をなしているもののすべてを含んでいる。

三 「客観的に心的な objektiv-psychisch」ないし「客観的に心的なもの das Objektiv-psychische」という概念については、拙著『心の現実』に所収の論文『現代心理学の根本問題』C. G. Jung: Das Grundproblem der gegenwärtigen Psychologie. In: Wirklichkeit der Seele (Psychologische Abhandlungen Ⅵ) Rascher. Zürich 1934. Neueste Aufl. 1947 und auch in Paperback 1969. 〔Dieser Aufsatz in: Ges. Werke Ⅷ (1967)〕 およびT・ヴォルフ『複合心理学の基礎に関する概論』Toni Wolf: Einführung in die Grundlagen der komplexen Psychologie, S. 36ff. In: Die kulturelle Bedeutung der komplexen Psychologie. Festschrift zum 60. Geburtstag von C. G. Jung Berlin 1935. を参照。

四 「補充的」と「補償的」という二概念は本来ならば区別されなければならないが、そのことを言いだすと煩雑をまぬがれないので、ここではわざとそれを無視している。

訳注

1 C. G. Jung: Die Beziehungen zwischen dem Ich und dem Unbewußten. Darmstadt 1928. Neueste Aufl. Rascher, Zürich 1960 und auch in Paperback 1966. 〔Ges. Werke Ⅶ (1964)〕

2 「幻覚像 visuelle Eindrücke」とは、夢においてではなく空想や幻想において視覚的に脳裡に見られるものを意味し、「幻像」、「幻《まぼろし》」とも訳しうる（従って Vision という語と同義である）。ユングは以下の論述においてこれを夢と同等に取扱っており、「夢」と言う場合にはこれも含めているので注意されたい。

3 「夢《む》見者《けんじゃ》」という言葉はドイツ語の Träumer の訳語で「夢を見た人」「夢を見る人」の意味である。論述中に頻出するので、日本語として不適当と思われたが、この語が一般的な意味においてではなく本研究の対象となっている若い男のことを指して使われている時のみ、この訳語を使用した。

第二章　初期の夢

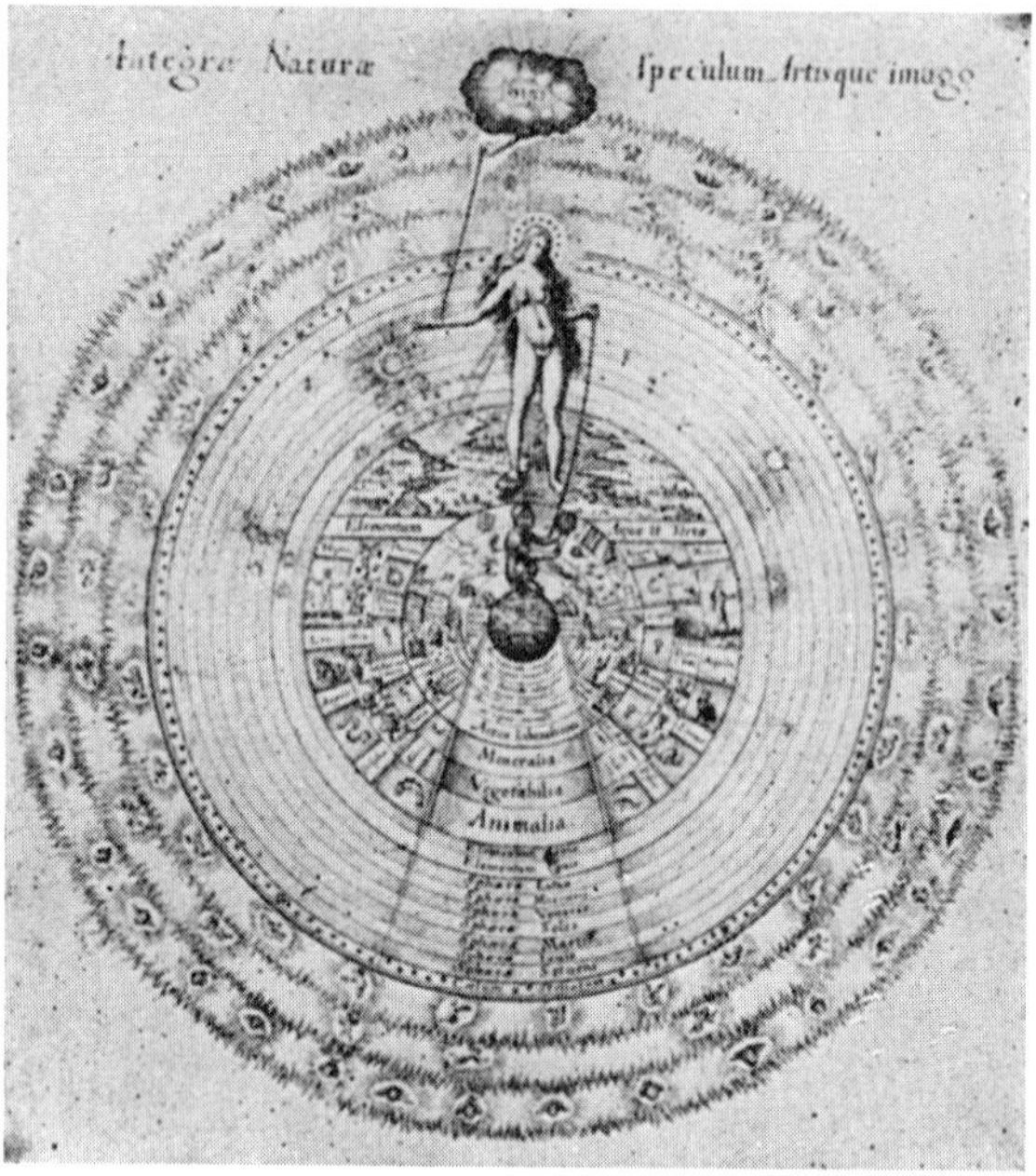

図8　この女性像は，神に導かれる（月の属性をそなえた）「宇宙の魂《アニマ》」である。彼女は神に導かれる一方，みずからは人間を導いている。
フラッド『二つの宇宙』（1617年）の中の　J. Th. ドゥ・ブリの銅版画

1　夢

夢見者はある集いに出席しているが、帰り際に自分の帽子ではなく他人の帽子を被ってしまう。

頭を覆うものである帽子は、一般に頭を占領する（den Kopf einnehmen〔頭を占める、頭を一杯にする、心を捉える〕）ものという意味を持っている。包含ないし包摂のことを言う際に俗に「すべての考えを一つの帽子の下に集める alle Begriffe unter einen Hut bringen〔いろいろな考えを1つの考えで要約する、1つに括る〕」というような表現を用いるように、帽子はさながら上位表象のごとく全人格を覆うものであり、その人格に意味を附与するものである。戴冠は支配者に太陽のごとき神々しい性質を、博士の帽子は学者の尊厳を、他人の帽子は未知の性質を附与する〔「他人の」も「未知の」も原語は fremd〕。マイリンクはこのモチーフを『ゴーレム』の中で使用している。(訳注1) 主人公はアタナージウス・ペルナートの帽子を被り、その結果未知のものを体験する破目になる。主人公を幻想的な体験に巻き込むものが無意識であることは、一読疑問の余地がない。仮説としてではあるがここで逸早く『ゴーレム』とのこのような類似の意味をはっきりさせておくなら、夢に出てくる帽子はいわばアタナージウス・ペルナート的人物の、つまり不滅なる存在、ある超時間的存在の帽子、換言すれば偶然の産物ともいえる一回的な個人とは区別される普遍妥当的な常住する人間の帽子であると見なすことができる。ところで頭を包む帽子は、王冠に見てとることのできるあの日輪のようにまるい。従って帽子はマンダラに対する最初の暗示を含んでいると言える。第三章の9のマンダラ夢は帽子が不滅なる持続を表示するものであることを、同じく第三章の35のマンダラ夢は帽子のマンダラ的性質を裏付けるであろう。帽子の取違えが一般的にどのような結果をもたらすかということについては、おそらく『ゴーレム』の場合と同じような展開を期待して、これを無意識の登場の前触れと考えることが許されるだろう。無意識はすでに影のように、そのさまざまな形象（現象形態）を伴って夢見者の背後にあって、意識領域に侵入せんものと機を窺っているのである。

2　夢

夢見者は汽車に乗っている。彼は窓の前に大きく立ちはだかって、同じ車室に乗り合わせた何人かの客の眺望を遮っている。彼は相客たちが外を見られるように眺望を開いてやる必要を感ずる。

過程が動き始めた。夢見者は、自分が自分の背後にあるものたち、つまり自分の人格の無意識部分を構成している諸内容から光を奪っているということに気づく。われわれの背中には眼がない。従って「背後」は眼に見えないものの、つまり無意識の領域である。夢見者が窓への、つまり意識への通路を開いてやることができれば、無意識内容は意識化される。

3　睡眠薬による幻覚像

海辺である。海はすべてのものを呑み込みながらどっと陸に侵入する。そのあと夢見者は孤島に坐っている。

海は光り輝く表面の下に予想もできない深さを隠しているから、集合的無意識の象徴である。(一) 夢見者の背後にあるもの、つまり影のごとき無意識の化身が、ここで潮のようにどっと意識の陸地に侵入したのである。このような侵入は当人には理不尽で説明のつかないものであるから不気味である。それは人格の深刻な変化を意味する。なぜなら無意識の化身の意識への侵入はたちまちのうちに、当人を周囲の人々から引き離し孤立させる始末におえない個人的秘密となるからである。それは「誰にも話せないこと」である。精神異常の烙印を押されるのが怖いのである。このような心配は、精神病患者の場合もまったく同様のことが起るからある意味では正当だと言える。しかしいずれにしても、侵入を直観してから本当に病気にかかるまでにはまだまだ長い道程がある。だが素人にはそれが判らない。ところで、秘密によるこのような心的孤立は、他人との接触が失われた穴埋めとして心的雰囲気の代償的活性化をもたらすのが普通である。これを契機として無意識が活発に動き始め、その結果砂漠を旅する人、船乗り、聖者などの孤独幻想や孤独幻覚に似たものが生まれる。このような現象のメカニズムは心的エネルギー論によって説明がつくと思われる。環境中の諸客体に対する正常な関係は一定量のエネルギーの消費によって維持されている。しかし客体に対する関係が断ち切られると、エネルギーの「停滞」が起り、停滞したエネルギーはそのエネルギー量に見合う代償像を生み出すのである。たとえば人間関係が不信によって損われると迫害妄想(被害妄想)が生じるように、環境の正常な活性状態が失われた代償として幻覚の現実が生じ、人間の代りに恐ろしい幽霊のような幻影が徘徊することになる。原始人や未開民族が人気《ひとけ》のない荒涼とした場所に「悪魔」を、あるいはそれに似た種々の幻影を見るのはそのためである。

4　夢

夢見者は姿のおぼろな大勢の女性に囲まれている（図33参照）。彼の内なる声が言う、「俺は先ず父から離れなければならない Ich muß erst weg vom Vater.」。

ここで幻影による心的雰囲気の活性化が始まる。中世風に言えば「魔女たち succubi」による活性化である。これはフローベールが博識をもって描写したあのエジプトのアントニウス（アントワーヌ）の幻想を想わせる。(一)夢の思想が声高に自己を主張しはじめたという点に幻覚的要素が露呈している。「先ず離れる erst weg」という語は「それから……するために um dann」という言い廻しで始まる句が後に続くことを要求している。たとえば「それから無意識に、つまり女性たちの誘惑に従うことができるために」というような句が続くものと考えられる（図9参照）。父親は、宗教や支配的世界観という形で現れる伝統的精神を代表する者であるが、この父親が夢見者の邪魔をしている。父親は夢見者を、意識および意識の諸価値に縛りつけて離さない。主知主義と合理主義を背骨とする伝統的男性世界が夢見者の障碍になっていることが判明する。このことからわれわれは、夢見者に近づきつつある無意識は意識の諸傾向に対して真向から対立していると、そしてこのような対立があるにもかかわらず夢見者はすでに無意識の側にかなり傾いていると推論せざるをえない。つまりこの夢は、無意識は意識の合理主義的判断の下位に置かれるべきものではなく、固有のものとして体験されねばならないとでも言いたげに見える。これはむろん知性にとっては容易に納得のゆかないことである。なぜなら、そうなれば「知性の犠牲 sacrificium intellectus」が、全体的にとは言わないまでも、少くとも部分的には避けられないからである。さらにまた、ここに提出されている問題は現代人には理解しがたいということもある。なぜなら現代人は、無意識は先ず第一に意識の非本質的で非現実的な附属物にすぎないと思い込んでいて、自律的性質の固有の体験領域と見ることができないからである。無意識と意識とのこのような葛藤はこの後の夢の経過の中でも再三再四いろいろの形で現れ、これは、両者の相関関係を正しく表現する言葉が見出されて、人格に正しい中庸の位置が示される時点まで続く。しかも葛藤の解消は頭で理解することによってもたらされることはなく、ただ体験する

図9　パリスの審判に形をかりて，眠れる王を目覚めさせる（復活させる）ところを描いた図であると推定される。ヘルメスが魂の導者《プシュコポンポス》として登場している。
偽トマス・アクィナス著『錬金術について』（1520年）より

ことによってのみもたらされる。そこに到る過程のあらゆる段階を限なく体験しつくさねばならない。このような厄介な手順を踏まないで済む解釈や術策があると言う者がいれば、それは嘘をついているのである。なぜなら意識と無意識との合一に達する道は、いついかなる時も段階的なものだからである。

意識の無意識に対する反抗も蔑視も、ともに歴史的発展の必然である。さもなくばそもそも意識は無意識から分化することができなかったであろう。しかしいかに必然とはいえ、現代人の意識は無意識という厳然たる存在から些か遠く離れすぎてしまった。それどころか、心は決してわれわれの意識的な意図と等置されるものではなく、大部分は無意識的なものであるということまで忘れてしまっている。それゆえ文明人は無意識に接近すると聞いただけでも戦慄に身を震わせる。それは大抵の場合精神錯乱と同じ状態になることを恐れるところからきている。無意識を受動的な対象として「分析する」のは、知性にとっては一向差支えない。いやこのような行為ならむしろ理性の期待にぴったり一致しているのである。しかし無意識を自律的な現象と見なし、それを一現実として体験するということになると、平均的ヨーロッパ人にはその勇気もなければ能力もない。彼らは最初からそういう問題はちんぷんかんぷんで判らないという態度をとりたがる。柔弱な精神の持主には確かにその方が利口なやり方かも知れない。というのも事実無意識にまともに向い合うのは多大の危険をともなうからである。

無意識の体験は個人的な秘密であって、これを他人に伝えることは非常に難しく、まず不可能に近いと言ってよい。だから先にも触れたように、無意識の体験は当人を周囲から孤立させるのである。しかし、これもすでに言及したように、孤立は心的雰囲気の補償的活性化を促す。そしてこれは不気味である。ところでこの夢の場合そのような活性化によって現れる形姿は女性であって、これは無意識の女性的本性を暗示している。これらの形姿はつまりニンフたちであり、誘惑するセイレンたちであり、ラミアたちなのであり(訳注2)(図10、11、12および157参照)、これが孤独な旅人を誑かし迷わすのである。同様にポリフィロ[三]のネキュイア[四](冥府行)の初めのところでも誘惑する乙女たちが登場する(図33)。パラケルススのメロジーナ(メルジーネ)もこれに似た形象である。[五]

5　幻覚像

一匹の蛇が夢見者の周りにぐるりと円を描いている。夢見者は樹木さながら地面に根が生えたように突立っている。

円を描いて封ずるという行為(図13参照)は、特殊な秘密の意図を懐いている人間の誰もが用いてきた大昔からある魔術的手段である。彼はこうすることによって、秘密のゆえに孤立しているすべての人間を襲うところの、あの外部から迫り来る「魂の危険 perils of the soul」に対して身を護るのである。逆にまたこの手段は昔から一地域を神聖不可侵なものとして隔離するためにも用いられたのであって、人々はその地域の周囲に「始源の溝 sulcus primigenius」をめぐらした。たとえば町の創設の場合などがそうであった[六](図31参照)。夢見者が

図10　メルジーネ(海の精)

図11　双頭のメルジーネ

図12　仮面を手にしたメルジーネ

エレアーツァル『太古の化学作業』(1760年)より

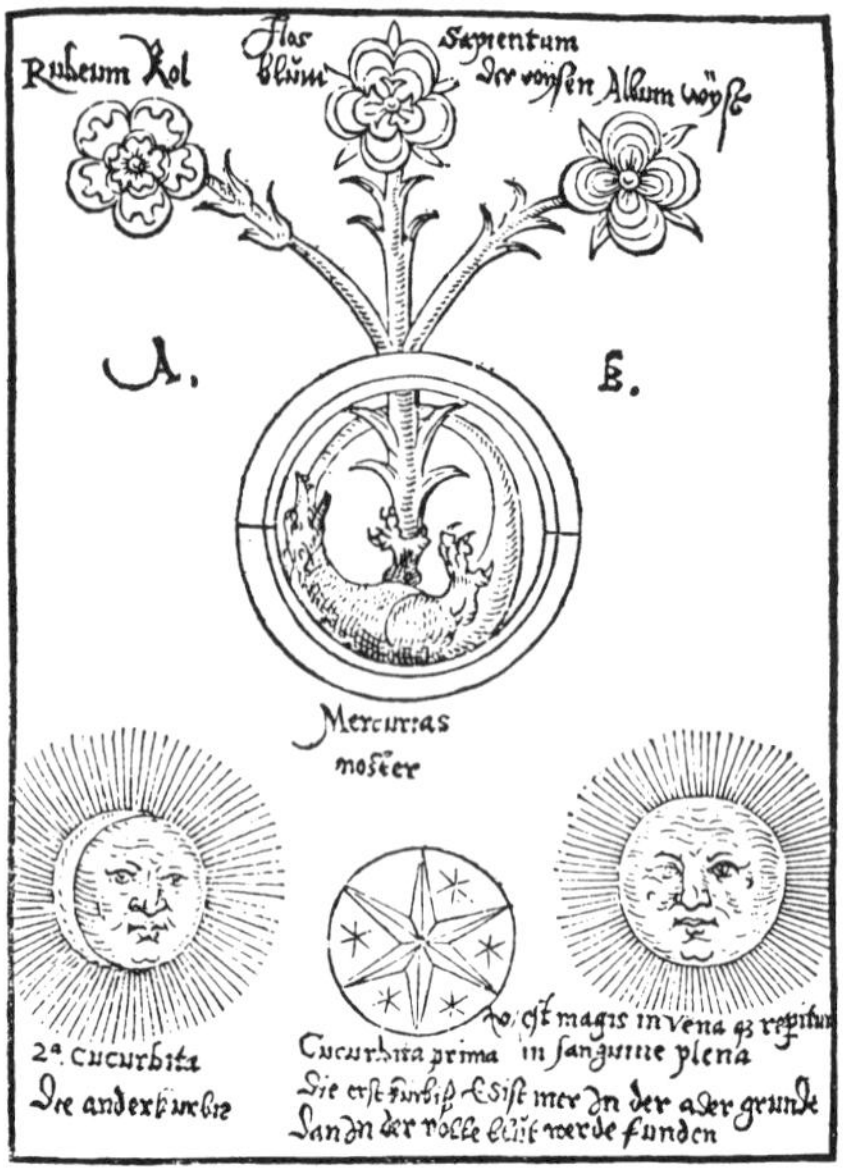

図13　錬金術過程の原材料（第一質料）としての「みずからの尾を咬む竜」（ウロボロス）。そこから「智恵の花」である紅白の薔薇が咲き出している。下には「太陽と月の結合」が，その中央には結合によって生まれた息子である「賢者の石」が描かれている。
『パンドラ』（1588年）より

円の真中に根が生えたように立っているというのは、彼の内にある無意識から逃げ出したいというほとんど已み難い衝動を補償するものである。彼はこの幻想の後でほっとしたような快い気持になる。それも道理であって、彼は安全に保護された「聖域《テメノス》(七) τέμενος」を、つまりその中であれば安んじて無意識を体験することのできる禁制《タブー》の領域を作り出すことに成功したのである。これまでは訳の判らない不気味なものであった孤立が、これによって意図的なものに高められ、目的に適った意味を与えられ、かくして孤立は不安を喚起するというその性格を失う。

6　**幻覚像**（これは5に直接続くものである）

ヴェールを被った女がひとり階段に坐っている。

われわれが「アニマ anima」という術語で呼んでいる(八)見知らぬ女性のモチーフがここで初めて現れる。しか

図14　ヤコブの夢。
ブレイク（1757―1827年）の水彩画

も先に見た大勢の姿のおぼろな女たち（4の夢）と同様、活性化された心的雰囲気の化身として現れる。これ以後、見知らぬ女性の像は多くの夢の中で繰返し出てくる。このような擬人化は常に無意識の自律的な行為を意味する。人物形象が登場するということは、無意識が動き始めたということに他ならない。このような人物形象の行為はしばしば予見的性格を帯びていて、夢見者が後に自分自身で実行することになる行為であることが多い。この幻想の場合は階段が示されているが、これは上昇および下降という行為を暗示するものである（図14参照）。

この種の夢において進行する過程と歴史上類似しているのは加入儀礼（Initiation）の過程である。従ってここで、加入儀礼においては、たとえばアプレイウスを読めば判るように、七段の遊星の階段が重要な役割を演じているということを指摘しておくのも無駄ではあるまい。錬金術が既に深く浸透している後期古代の諸説混合主義(訳注3)（ゾシモスの幻想を見よ）(九)に見られるもろもろの加入儀礼は、特に「上に昇ること」、つまり昇華（Sublimation）に強い関心を示している。上昇はまた、梯子によって表されることも多い（図15参照）。エジプトにおいて死者のカー（ka〔人間すべてに宿るとされている不滅の精霊〕）のために副葬品として梯子を埋葬するのはそのためである。(一〇)七つの遊星圏を通過して上昇するという理念はたとえばフィルミクス・マテルヌスからも判るように、(一一)心がその源である太陽の神性へと帰還することを意味している。従ってアプレイウスの描いている(一二)イシスの秘儀は、中世初期の（アラビアの伝承を経て直接アレクサンドリアの文化(一三)にまで溯る）錬金術が「太陽化 solificatio」と名づけているところのものにおいて一つの頂点に達すると言ってよい。すなわち加入儀礼を受ける者はヘリオス（太陽神）の冠を戴くことになるのである。

図15　錬金術過程の諸段階を表す「石の梯子」。
『賢者の石の象徴的諸形象』（17世紀）より

7　幻覚像

ヴェールを被った女が顔のヴェールをとる。その顔は太陽のように輝いている。」

見知らぬ女において、すなわちアニマにおいて「太陽化」が実現する。この現象は「イルミナティオ」[訳注4]と同じものだとみてよいであろう。ところでこの「イルミナティオ」といういわば神秘的な観念は、意識の合理主義的根本態度に真向うから対立するものである。意識は理解と洞察の最高の形式として知的な解明しか知らないからである。このような意識の根本態度はもちろん、学問的認識は人格全体のうちの現代における先端部分にのみ通用するものであって、太古の時代に根ざす集合的な[一四]心の部分には通用しないということ、そしてこの集合的な心を現代の意識に結びつけるためには常にある特別の儀礼を必要とするということには決して思い及ばない。そういうわけでここでは合理的な「解明　Erklärung」というよりは「イルミナティオ」という色彩をはるかに強くもつところの、無意識の照明（Erhellung des Unbewußten）が準備されていることは明らかである。「太陽化」は意識から見ると無限の彼方にあって、幻にしか見えないのである。

8　幻覚像

虹がかかっている。それは本来は橋として利用されるべきものなのであるが、人々はその上を通るのではなく下を通り抜けなければならない。その上を通る者は墜死する。

虹の橋を渡るのに成功するのは神々だけである。死すべき運命にあるもの、すなわち人間は、墜死する。というのも虹は空にかかる美しい仮象にすぎないのであって、肉体存在である人間のための道ではないからである。人間は「下を通り抜け」なければならない（図16参照）。しかし橋の下には水が、河の流れの方向に沿って流れている。なぜここでこのような指摘を行ったかについては、後に明らかになるだろう。

9　夢

沢山の羊が草を食んでいる緑地。それは「羊の国」である。

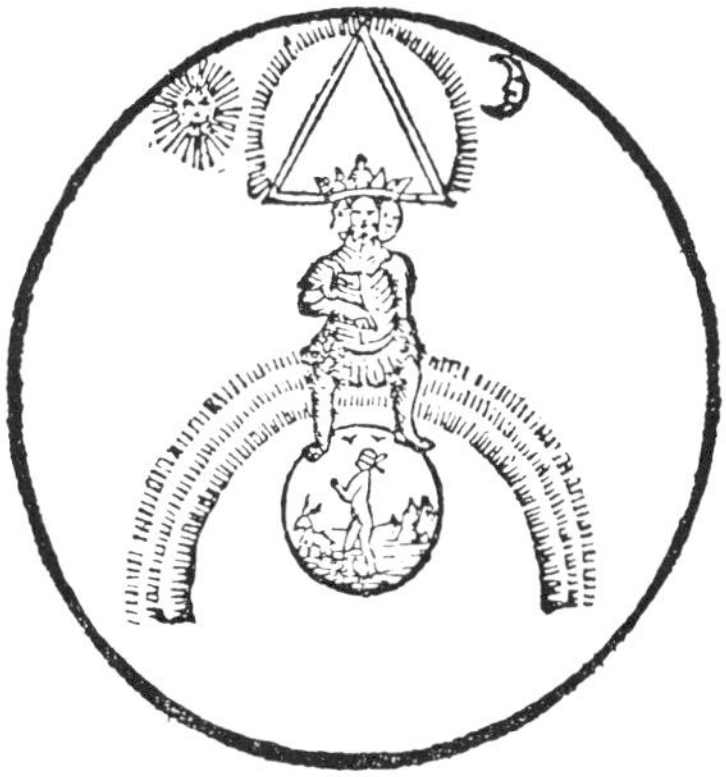

図16　アントロポス（原人間）の姿をした「三つの頭（顔）を持つメルクリウス」。下は目隠しをされ動物に導かれる人間。ケリー『賢者の石に関する二つの論』（1676年）より

この奇妙な、ちょっと見たところでは何のことやら判らない夢の一章は、幼児期の諸印象にもとづくものであると思われる。特に宗教的な諸表象（宗教的な表象に関連していることはこの夢の情景を見れば割合簡単に察しがつく）、たとえば「主われを緑野に憩わせ給う」や、初期キリスト教の羊と羊飼とをめぐる寓喩などに源を持つものであろう（二五）（図18参照）。次の一章はこの方向を示している。

図17　牧人としての錬金術師（ないしヘルメス）。引連れている「牡羊」と「牡牛」は春の胎動を，すなわち「作業」の開始を表している。
偽トマス・アクィナス著『錬金術について』（1520年）より

10　幻覚像

羊の国に例の見知らぬ女が立っていて、道を示している。

「太陽化」を先取りしたアニマは、ここでは心の道案内をするプシュコポンポス（魂の導者）として姿を見せる(二六)（図19参照）。彼女の指し示している道は「子供の国」に端を発する、従って「子供の国」に通じる道である。すなわち合理的な現代的意識が太古の心から、あの集合的無意識からまだ分離していなかった時期に通じる道である。分離は確かに避け難いものではあるが、しかし分離することによって大昔のあの定かならざる心から遠ざかり、かくして本能が次第に衰退してゆく。そしてついには本能が失われ、人

図18　牧人としてのキリスト。
ラヴェンナのガラ・プラチディアの霊廟
のモザイク（424年から451年の間）より

間誰しもが常に出会ういろいろな状況において進むべき方向を見失うという結果を招く。しかし分離のもたらす影響はそれだけにとどまらない。「子供の国」が極度に幼児的な状態に押しとどめられ、それによってさまざまの子供っぽい傾向や衝動の永遠の母体になるという結果をも招く。もちろんこのような幼稚な傾向や衝動は意識にとってはまったく歓迎すべからざる邪魔者であり、意識はこれを徹底して抑圧しようと努める。しかし抑圧が徹底していればいるだけ却ってますます「子供の国」から、心の源泉から遠ざかることになり、その結果本能の喪失はさらに嵩じて心そのものの喪失を惹き起しかねない。そうなると当然の成り行きとして意識は幼稚さにすっかり呑み尽くされるか、あるいは老人じみたシニカルな態度や苦い諦念によって幼稚さの襲来に無益な抵抗を試みるか、二つに一つということになる。それゆえわれわれは、現代の意識の理性的根本態度は確かに否定し難い数々の成果を生みはしたが、人間的な多くの側面においては幼稚で適応力を欠き、そのため生に敵対するものになってしまっているということを見逃してはならない。生は乾涸び、押えつけられ、そのため源泉を発見しようと躍起

図19　道案内の女としての「心」。
ダンテ『神曲・煉獄篇』第四歌のために描
かれたブレイク（1757—1827年）の水彩画

になっている。しかし意識がもし「子供の国」に引き返して、そこで以前のように無意識の指示を受けようとしないならば、源泉を見つけることはできないだろう。幼稚な態度をとるのは、余りにも長い間子供であり続ける人間だけではない。幼児期からすでに離れてしまっていて、幼児期はもう見えないから、見えないものはもはや存在しないのだと考えている人間もまたそうなのである。しかし「子供の国」に引き返そうとすると、幼稚になりはしないかという不安に襲われる。それは彼が、根源的に心的なものはすべからく二重の顔を持っているということを知らないからである。一つの顔は前方を見、もう一つの顔は後方を見ている。根源的に心的なものはあらゆる生の現実がそうであるように二重の意味を持っており、それゆえ象徴的なのである。

われわれは意識においては一つの山の頂上に立っている。そしてこの頂上を越えて行けばもっと高い頂きに通ずる道が向う側にあるにちがいないと子供っぽく思い込んでいる。そのような道は幻の虹の橋である。次の頂きに達するには、道が最初に分岐し始めるあの国へ、「子供の国」へ先ず戻らなくてはならない。

11 夢

ある声が言う、「お前は何といってもまだ子供だからな」と。

この夢は、分化した意識といえども決して幼稚さを完全に脱したわけではないという事実を、認めさせようとしている。だから子供の世界に引き返す必要があるぞと言っているのである。

父親と母親と一緒に多くの梯子を危なっかしい足取りで昇ったり降りたりしながら旅を続ける。

幼児的意識は常に父親と母親とに結びついており、決してそれだけで一人立ちしていることはない。幼児期への帰還とは常に父親と母親の許へ還ること、すなわち両親によって代理される心的な非自我《ノン・エゴ》（Non-Ego）と、その長く重い歴史とへ還っていって、それを完全に自分の身に引受けることである。退行（Regression）とは歴史的、遺伝的なもろもろの決定要素への解体の謂であって、これらの決定要素の桎梏を脱するには艱難辛苦ただひたすら大きな努力を払う以外にない。心の先史とはまさしく重き精神の歴史に他ならず、それは肉体も重さもない知性のように必要ならばいつでも飛翔するというわけにはいかないがゆえに、階段や梯子を必要とするのである。種々の歴史的決定要素への解体はいわば道に迷い方向を見失うのも同然であって、そうなると正しいものさえも誤っているように見え、不安な気持にさせられてしまう。

すでに触れたように、階段および梯子のモチーフ（図14、15参照）は心の変容過程とこの過程の諸転回点を暗示している。ゾシモスに見られる光と闇の十五階段を上昇したり下降したりするという例は、その古典的な例と言えるものである（一七）。

もちろんわれわれは幼児期を充分探究し尽すことなしには幼児期から解き放たれるわけにはいかない。これはフロイトの諸研究によって夙に知られているところである。しかし幼児期の探究とはいっても単なる知的な知識では何にもならないのであって、本当に効果があるのは再び心のうちに想い起すこと、換言すれば再体験することだけである。歳月は矢のように流れ現在只今発見したばかりの世界が圧倒的な力で侵入してくるため多くのことが放りっぱなしにされている。放りっぱなしにしているということはそれから解き放たれているということではなく、ただ遠ざかっているということにすぎない。従って何年も後になって再び幼時の記憶へ還ってゆくと、そこには自分の人格のまだ生気に充ち溢れている数々の断片が見出され、それらの断片が深く心に沁みわたり、ありし日の感情で再び心が一杯になるのに気づく。しかしそれらの断片はそれだけではまだ幼児期そのままの状態にあるから、強烈で直截的である。それらの断片は成人の意識と結びついてはじめて幼児的様相を失い、修正されうる。とにかくいつの場合でも先ず最初にこのような「個人的無意識 das persönliche Unbewußte」が処理されなければならない。つまり意識化されなければならない。さもなくば集合的無意識への扉を開くことは不可能である。父親と母親と共に多くの梯子を昇ったり降りたりする旅は、いまなお意識に統合されていない幼児的諸内容のこのような意識化に等しいものと見なすことができる。

13　夢

父親が心配げに「これは七番目の男だ Das ist der Siebente!」と叫ぶ。(訳注5)

多くの梯子を昇ったり降りたりする旅を続けているうちに「七番目の男」と呼びうるようなある出来事が起ったことは明らかである(図20参照)。「七」は最高の段階に対応するもので、従って加入儀礼の観点から見れば憧憬や願望の的ということになろう(図28参照)。しかしながら伝統的な精神の立場からすれば「太陽化」は危険極まりない、神秘的な、従って狂気すれすれの観念だということになる。なぜなら「太陽化」などという馬鹿

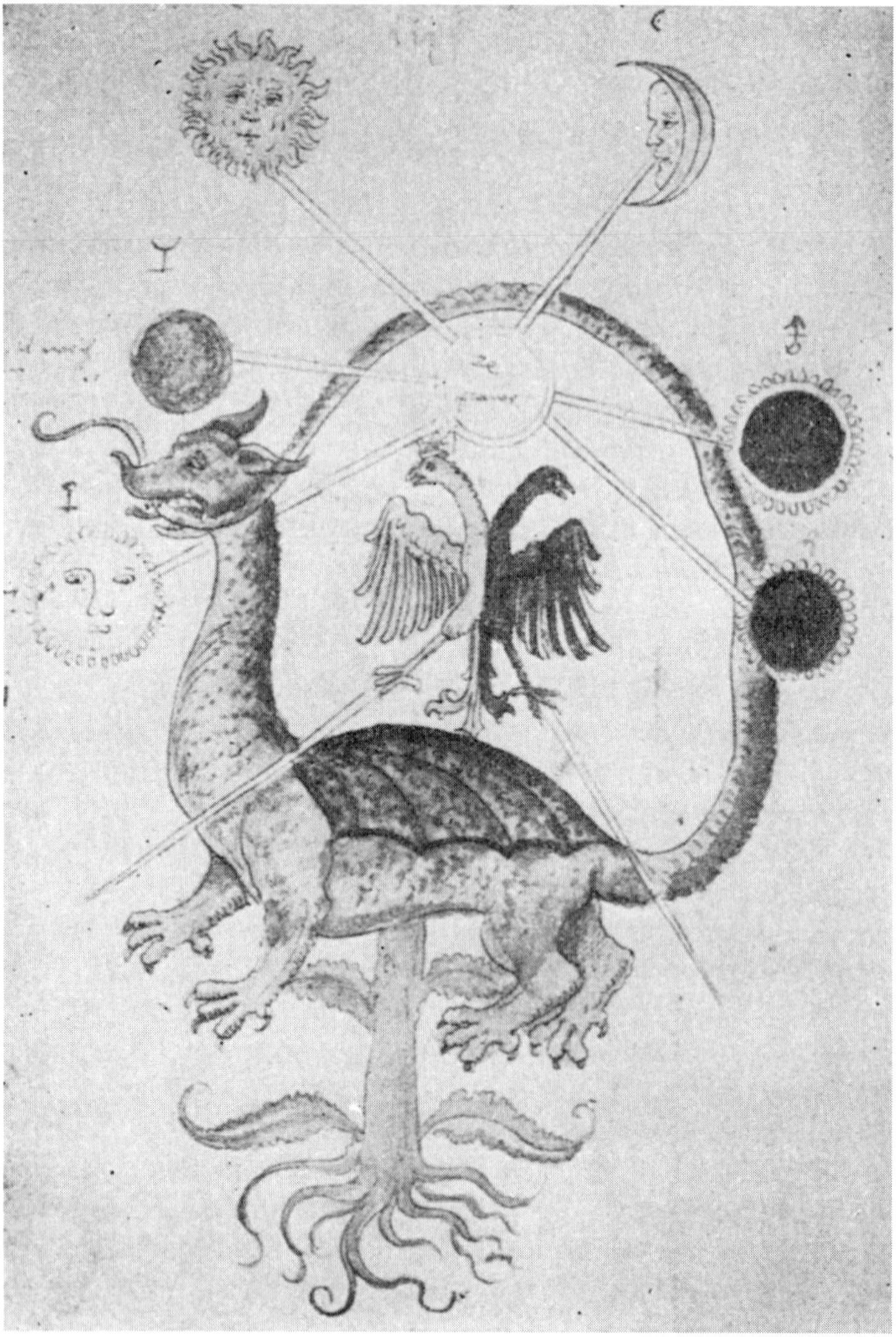

図20　六つの遊星が七つめの遊星において，すなわちウロボロスと紅白（両性具有）の双頭の鷲で表された水星において，一つに結びついているところ。
偽トマス・アクィナス著『錬金術について』（1520年）より

げたことは昔の、闇に閉ざされた、無知蒙昧の迷信の時代にのみ思いつくことであって、文明の洗礼を受けたわれわれの時代の、明晰で澄みきった精神世界ではそのような訳の判らない事柄は疾っくの昔に克服されている――それも、「太陽化」だの「イルミナティオ」などと言っている照明信奉者は現在ではもはや精神病院にしか居場所を見出すことができないというくらいにまで克服されているからだというのである。そういうわけで父親が不安に駆られて心配げな様子を見せるのは何ら不思議ではない。それはちょうど、にわとりがあひるの卵を抱いてやっと孵化させたのにその雛が水の中で泳ぎたがるのを見て絶望するようなものである。以上は「七番目の男」が照明の最高の段階を意味するという解釈であるが、もしこの解釈が正しければ、個人的無意識の統合過程は原則的には終りに達したということになる。そしてもしそうであればこのあと集合的無意識の扉が開き始めるわけで、これによって伝統的精神の代表者としての父親の心配も充分に説明がつくことになる。

図21　冥府の七つの遊星の神々。
J・ミューリウス『改革された哲学』（1622年）

しかしいずれにしても、無意識の原初の薄明に回帰するということは、父親たちの貴重な成果、すなわち意識の知的分化を完全に放棄するということを意味しはしない。肝腎なのは、人間が知性にとって代るということである。けれどもこの人間は夢見者が夢の中で見ているようなそれではなく、もっと完成された、もっと完全なそれである。これはしかし、夢見者にとっては今はまだ困難に、いや不可能にさえ思われようが、自己の人格領域の中にありとあらゆるものを受容れなければならないということを意味している。「これは七番目の男だ」と心配そうに叫ぶ父親は、実は夢見者自身の心的構成要素であって、父親の心配は夢見者自身のそれなのである。従って解釈上考慮しなければならないのは、「七番目の男」はたとえば頂上を示すだけでなく、同時に何か不吉なものを意味してはいないかという点である。このモチーフはたとえば親指太郎と人喰い鬼の童話の中に出てくる。親指太郎は七人兄弟の一番末の弟、すなわち七番目である。彼の侏儒のような姿と抜け目のないところはなるほど無邪気ではあるが、しかし彼は兄弟を人喰い鬼の小屋につれてゆく人物であり、このことによって幸福をもたらす者であると同時に不幸をもたらす者であるという危険な二重の性質を表している。換言すれば彼は人喰い鬼でもあるのだ。「七」という数字は古来、七つの遊星の神を表してきた（図20参照）。つまり「七」はピラミッド文書がパウト・ネテル（paut neteru・神々の集い＝Göttergesellschaft）[一八]（図21、23参照）と呼んでいるところのものを構成する数なのである。ところで一つの集いないし一組は普通「九」という数で表されるが、にもかかわらずそれが九ではなくて十になったり、それ以上の数になったりすることがよくある。そこでマスペロはこう言っている、九つで一組をなしているものの特に最初のものと最後のものは発展可能性を有している、もしくは二重に数えられることがある、しかもその場合九という元の数は損われることなくやはり九のままであると。[一九] これと同様のことがギリシア・ローマおよびバビロニアの神々の古典的な「パウト」（集い）にも起った。それは古典時代が過ぎ去ってこれらの神々がデーモンに格下げされ、一部は遙かな天空の星の中に、一部は地中の金属の中におしやられた時期のことである。すなわちこの期を境としてヘルメス＝メルクリウスは地上的啓示神にして金属の精という二重の性質を帯びるようになり、いわばヘルマプロディトス的存在と考えられるようになったのである（図22参照）。ヘルメス－メルクリウスは水星としては太陽に最も近く、それゆえ黄金《きん》に最も縁が深い。しかし水銀としては黄金《きん》を溶かして腐蝕させ、黄金《きん》から太陽の輝きを奪い去る。ヘルメス－メルクリウスはかく

図22　「哲学者の卵」（錬金術の容器）の中にメルクリウスがいて，「息子」として太陽と月の上に立っている。これによってメルクリウスの二重性が示されている。鳥の群は精神化（霊化）を暗示しており，焼けつくような太陽の光が容器の中の「ホムンクルス」（人造小人）の成育を促している。
『沈黙の書』（1677年）

して中世全体を通じて自然哲学的思索の謎めいた対象の位置を占め続けた。それはある時は仕え助ける精神、いわゆる「パレドロス πάρεδρος」（字義通りの意味は同席者、仲間）あるいは「ファミリアリス familiaris」（家僕）であり、またある時は「セルウス servus」（奴隷）[訳注6]あるいは「ケルウス・フギティウス cervus fugitivus」（逃亡奴隷、または逃足のはやい鹿）、すなわち逃げようと機を窺い、欺き、からかって錬金術師を絶望させるコーボルト[二〇]（小妖魔）であった。そしてこのコーボルトは種々の属性を悪魔と共有していたのであって――たとえば龍やライオンや鷲や烏などの姿をして

いるというのはその最も顕著な例である――、その意味でもこれが悪魔的な存在であったことは明らかである。ヘルメス－メルクリウスは錬金術の神々の序列においては、「第一質料《プリマ・マテリア》」としては最下位の神であり、「賢者の石」としては最上位の神である。「メルクリウスの精 spiritus mercurialis」（図23参照）は錬金術師の正しき導き手（Führer・ヘルメス・プシュコポンポス、図146参照）であると同時に道を誤らせる誘惑者（Verführer）であり、錬金術師の幸福にして破滅なのである。「メルクリウスの精」はこのような二重の性質を有しているがゆえに、単に七番目のものであるというばかりでなく、同時に八番目のものにも、すなわち「まだ誰も考えたこともない」オリュンポス山の八番目の神（『ファウスト』第二部、八一九八―九行）にもなりうるのである。

ここで中世の錬金術のような遠く隔った領域を持出してきたことに対して、読者はあるいは奇異の感を懐かれるかもしれない。しかしこの夢とあの「黒魔術」とは決してわれわれが思っているほど無縁ではないのである。それというのも夢見者は教養のある人だから、たぶん『ファウスト』を読んでいるにちがいないと思われるからである。そして他ならぬこの『ファウスト』という作品こそは、今日では教養ある人といえどもはっきりそれと気づかないかも知れないが、始めから終りまで錬金術的ドラマなのである。われわれの意識は何もかも理解してみずからのうちに蔵めておくというわけにはいかないけれども、しかし無意識は「太古の聖なる」不可思議をみずからの内にしっかりと刻み込んでいて、適当な機会があればそれを想い出すのである。『ファウスト』を読んだ時の夢見者はたぶん、フォン・クレッテンベルク嬢と一緒にテオフラストゥス・パラケルススを読んだ時のゲーテ(三二)のような状態にあったのだろう。夢見者は七と八の秘密に充ちた入れ替わりに出会ったとき、意識においてはそれが何を意味しているか判らなかったが、それを心の奥深くにしっかりと刻み込んだにちがいない(訳注7)――こういうふうに推測することができると思う。『ファウスト』の記憶というわれわれの推測が的外れでないことは次の夢によって明らかになるだろう。

14 夢

夢見者はアメリカにいて、尖り鬚をはやした男を一人雇いたいと思い、探している。聞くところによれば、誰もがそのような雇人を一人使っているということである。

アメリカは実際的で率直な国柄であり、ヨーロッパの過度の形式というものを知らない。この国でなら知性を雇人として使うのは実際的見地からして当然のことであろう。これは確かに知性の権威を貶めるもののように思われるし、その点で由々しいことであるかも知れない。それゆえ、誰もが(アメリカではそうであるように)同じようにしていると判れば安心なのである。「尖り鬚の男」はファウストが「雇った」古くからおなじみのメフィストである。メフィストは、ファウストがメフィストの提言に従って過去の魂(心)の渾沌の闇の中へ降りて行き、渦巻く渾沌の中から生じ来たった波瀾と危険の人生をみずからに引受けたにもかかわらず、最終的にはファウストに勝利を収めることができなかった。

後で質問して判ったことだが、夢見者自身、「尖り鬚の男」にメフィストーフェレス的性質のあることを認めた。知力のそなえているあの敏捷さ、その発明の才、学問的資質、これらはすべて占星術においてはメルクリウス(水星)の属性とされている。従って「尖り鬚の男」が夢に現れたということは、「ファミリアリス」として

図23　神秘の器。この中で二つの本性が結びついて一つになっている（太陽と月が結びついてヘルメスの蛇杖に）。そしてそこから「両性具有の息子」，つまりヘルメス・プシュコポンポスが生れ出ている。傍らに並んでいるのは六つの遊星の神々。
『エジプト人の秘密の形象』（18世紀）より

の、すなわち幾分危険ではあるが仕え助ける精神である「ファミリアリス」としての知性が、現れたということに他ならない。かくして知性は、最初に占めていた最上位の地位から第二番目の地位に格下げされ、同時にデーモンの烙印を押されたのである。しかし知性がここで初めてデモーニッシュになったというわけではむろんない。知性はすでに以前からデモーニッシュだったのだが、夢見者はこれまでは、暗黙のうちに最高裁判所として承認されている知性に、自分が取憑かれていることに気づかなかったというだけの話である。今や夢見者は、以前は彼の心の営みの争うべからざる絶対的支配者として君臨していたこの機能を、幾分近寄って観察してみることができるようになった。いわば彼は、ファウストと共に「さては、これが尨犬の正体だったか」（『ファウスト』一三二三行）という科白を吐いてもよいところである。メフィストーフェレスは、全体のヒエラルヒーから解き放たれて独立と絶対的支配とをたのしんでいるあらゆる心的機能の悪魔的な様相そのものなのである（図36参照）。そしてこの様相は、この夢の場合

図24　メルクリウスの司るさまざまな仕事。
『テュービンゲン古写本』(1400年頃)

のようにその機能が分離ないし擬人化されない限り、知覚されることはない。

面白いことに「尖り鬚の男」は錬金術の文献《テクスト》にも出てくる。一六二五年刊の『賢者の石に関する黄金論説』(二二)の中の「寓言 Parabola」の一つの中に出てくる。この寓言に関してはヘルベルト・ジルベラーが『神話とその象徴とにおける諸問題』(一九一四年)(二三)の中で心理学的考察を加えている。すなわち、白鬚の老哲学者たちの集いに黒鬚の若者がひとり加わっているというのがその部分である。ジルベラーはこの黒鬚の若者を悪魔と見なしてよいものかどうか心を決めかねている。

水銀としてのメルクリウスは、知性の「液体的 liquid」な、すなわち流動する、活動する性質を表現するにはもってこいのものである(図24参照)。それゆえ錬金術師たちのあいだでは、メルクリウスはある時は「精 spiritus」であるが、またある時には「水」、すなわち「生ける銀 argentum vivum」に他ならないところの、いわゆる「永遠なる水 aqua permanens」であった。

15 夢

母親が一つの盥《たらい》(訳注8)から別の盥へと水を移しかえている(夢見者は28の「幻覚像」の際にはじめて、別の盥が姉〔妹〕(訳注9)のそれであったことを想い出した)。この行為は大変厳粛に行われる。というのもこの行為は周囲にとっても極めて重大な意味を持っているからである。それから夢見者は父親に追い出される。(訳注10)

われわれはここで再び交換のモチーフに出会う(1の夢を参照)。あるものが他のものの場所に移しかえられる。「父親」はすでに背景に斥けられて、今や「母親」が行動を開始する。父親が集合的意識を代表しているのに対し、母親は集合的無意識を、生命の水の源泉（二四）を代表している（図25参照。これに関してはマリアの附随物としての「泉 πηγή」（二五）、すなわち「封じられた泉 fons signatus」（二六）〔図26参照〕等の母性的意義について知ることも参考になる）。従って母親が水を移しかえるというのは、無意識が、生命力の場を移しかえることを意味する。これは心的立場の変更を暗示している。夢見者が後から想い出した事実によって、いまや誰が生命の泉の源となるかを知ることができる。それは姉（妹）である。母親は息子（夢見者）より上位に位置するものであるが、姉（妹）は息子（夢見者）と同等の位置にある。つまり知性の格下げによって、夢見者の心は無意識の優位から、従ってまた幼児性から解放されるのである。なるほど姉（妹）はまだ過去の名残りにはちがいない。しかし後の夢から明瞭に知られるように、この姉（妹）は実はアニマ像の体現者なのである。それゆえわれわれは、生命の水を姉（妹）の上に移し置くということは根本的には母親が「アニマ」によって置きかえられる（二七）ということを意味するものと考えて差支えなかろう。

かくして今アニマは生命の供給源、生の源となり、心的現実となり、父性世界に厳しく対立する。ところで誰が一体、精神の健康を危険に曝すことなしに、人生を送るためには無意識の道案内はなくてはならないものだと敢えて断言できるであろうか――尤も無意識の道案内とはどういうことであるか多少なりとも想像しうる人がいるとしての話である。しかしこれがどういうことであるか幾分かでも想像しうる人があるとすれば、無意識の道案内を受けるというこの転換が伝統的精神を、中でも教会という形態において地上的衣を纏っているあの精神をいかに甚しく侮辱するものであるか、即座に理解するであろう。たとえばかつて錬金術師たちが故意に秘密の業に走ったきっかけとなったもの、ありとあらゆる異教的営為の背景となったもの、それこそ心的立場のこの微妙

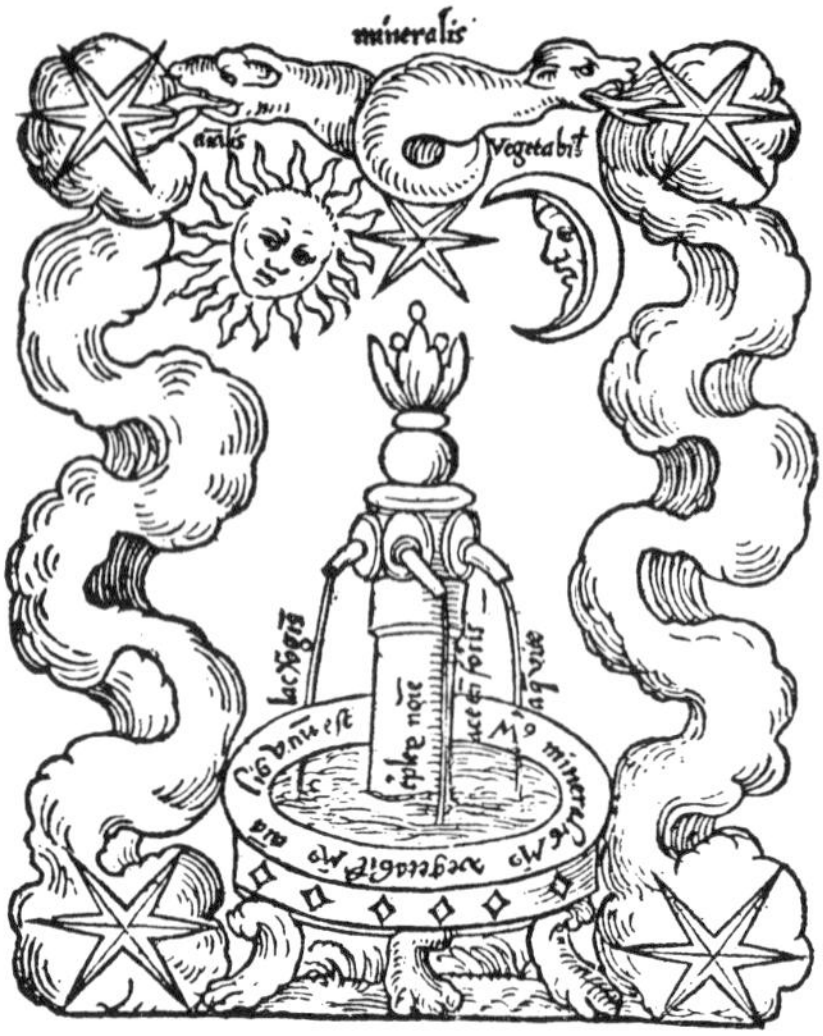

図25　「メルクリウスの泉」としての生命の泉。『哲学者の薔薇園』(1550年)

な転換に他ならなかったのである。それゆえ夢の中で、水を移しかえるという行為の後、父親が息子を追い出すのは理の当然である。つまりこれは破門以外の何ものでもない（夢見者は実はカトリック教徒なのである）。先にも触れたように、心の現実性を認め、少くともそれを生の決定に与る倫理的要因だと考えることは、何世紀もの長いあいだ制度や理性によって外部から心の本質を規制してきた伝統的精神を侮辱することである。しかしこれは、理性なき本能が外側にある堅固な秩序に反抗したというのではない――なぜなら本能それ自体がすでに、その内的法則に従って極めて堅固な構造を持った存在であるからであり、さらにまた統制されたあらゆる秩序の創造的根源、その生みの親だからである。が、実は、この根源が創造的であるというまさにその理由のゆえに、この根源から生まれる一切の秩序は――たといその秩序が「最高の神的な」形式をとっていようとも――ことごとく移り変り過ぎ去って行くものに他ならないのである。秩序の形成と秩序の解体とは、外見上はいかにもその逆に見えるかも知れないが、しかし根本的には決して人間の意のままにできるものではない。みずからを棄てることのできるもののみが生きる――ここに生の秘密が存するのである。これらの事柄を理解するのは並大抵のことではなく、そのためいわば人目につかずに済んでいるが、これは却ってよいことであり、気づかぬ方が仕合せかも知れない。というのも柔弱な精神の持主はこのような事実に気づくと実に易々と惑わされ、混乱に陥ってし

図26　マリアと，それを囲むマリアの象徴的附属物の数々（垣根をめぐらした四角の庭，円形の宮殿，塔，門，釣瓶井戸，噴水，そして棕櫚と糸杉〔生命の樹々〕，これらはことごとく女性的なるものの象徴である）。17世紀の信心画

図27　太陽と月の結合が浴場に影響をおよぼし，生命を甦えらせる（若返りの）効力を与えている。
ミラノのアンブロシアナ文庫，古写本Ⅰより

まうからである。教義《ドグマ》は、それが教会のそれであろうが、哲学のそれであろうが、また学問のそれであろうが、このような事態に陥らないための効果的な防壁をなしている。従って破門は、社会的見地からこれを見れば、必然にして有益な帰結だと言える。

母親、つまり無意識が、アニマの盥に注ぐ水は、心の本質の生きて動くさまを表す見事な象徴である（図152をも参照）。昔の錬金術師たちはそれを表すために倦むことなく表現力に富んださまざまの同意語を考え出した。彼らは「われらが水 aqua nostra」を「生けるメルクリウス mercurius vivus」や「生ける銀 argentum vivum」や「熱き酒 vinum ardens」や「生命の水 aqua vitae」や「月の液 succus lunariae」等々の言葉で言い換えた。このような表現を用いることによって錬金術師たちは、抽象的な精神の宿命であるあの形態の欠如とは対照的に、実体を持った生きて動く存在の特質を何とかして言い表そうとしたのである。「月の液」という表現は、水の源泉が、従って心の源泉が夜と関係があることを充分に物語っているし、「われらが水」も「生けるメルクリウス」

（水銀）も、源泉が地上的なものであることを遺憾なく示している（図27参照）。「泉の酢 acetum fontis」という表現も見られるが、これは一方ではすべての生成物を溶解し、そうすることによって他方ではすべての形成物の中で最も恒久的なもの、すなわち秘密に充ちた「石 lapis《ラピス》」を生ぜしむるところの、強力な硝酸（Scheidewasser〔直訳すれば「分離水」ないし「分離液」〕）である。

このような類推はおそらくこじつけのように映ずるだろう。だがそういう疑念を懐かれる方には、ここで逸早く、この象徴が再び取上げられる第三章の13と14の夢のところを御覧になるようお奨めしたい。（二八）ところで目下の夢において夢見者自身が知覚しているところの、水を移しかえるという行為の「周囲」に対する重要性は、この夢の普遍的な広がり、すなわち集合的な意味を暗示している。と同時に、それによって夢見者の根本態度に多大の影響を与えるような何らかの決断がなされたという事実をも暗示している。

「教会の外には何の救いもない extra eccleciam nulla salus」ということは、制度というものが安全で歩きやすい道であり、この道ははっきり目に見ることのできる、ないしははっきりそれと判る目的地に向っているという事実、従って一歩外に出れば道も目的地も見出しえないという事実にもとづくものである。このように道も目的地もない渾沌に迷い込むことが精神と人格の革新にとって、それなくしては何一つ成就することのできない必須不可欠の条件（conditio sine qua non）であるとしても、それが精神に与える打撃の大きさを低く見積ってはならない。

16 夢

一枚のクラブのエースがある。その傍らに7の札が一枚現れる。

エースは数字の1としては最低のカードであるが、価値の点においては最高のカードでもある。クラブのエースはその十字の形によってキリスト教の象徴を暗示している[二九]。スイスのドイツ語においてはクラブはそのため「十字架 Chrüüz」とも呼ばれる。また三枚葉であることは、一なる神の三位一体を暗示するものである。最低にして最高のものは、始めにして終りであり、アルファにしてオメガである。

クラブのエースが現れる前ではなく、後に7の札が現れる。従ってこの夢の文章はたぶん、「キリスト教の神の概念、しかるのちに七（七つの段階）」と言おうとしているのであろう。七つの段階は「変容」を象徴している（図28参照）。この変容過程は十字架という三位一体象徴に始まり、7と13の夢の中で太古《アルカイック》の形態をかりて暗示されたところに従えば「太陽化」で頂点に達するものと思われる。しかしこの結末はこの夢では示されていない。ところでわれわれは中世にはもう一つ別の変容過程のあったことを知っている。すなわちかの背教者ユリアヌスもこれを試みて失敗に終ったところの古代の太陽神（ヘリオス）への退行がそれである。それは他ならぬあの「十字架を経て薔薇へ per crucem ad rosam」というスローガンによって表現された薔薇への移行過程であって、これは中世後期の「薔薇十字」に集約された。薔薇十字においては、太陽の性質は天空の太陽から下降して、太陽の顔の地上における反映、すなわち花の上に移し置かれる（図29参照。太陽の性質は中国の錬金術の「黄金の花」〔金華〕のうちにもまだ保持されている[三〇]。ロマン派のあの「青い花」はこの「薔薇」の最後の感傷的な名残りであろう。「青い花」はなるほど真にロマン派らしく、崩壊した中世の回廊附修道院を懐古してはいるが、同時にその愛らしい世俗性のゆえに控え目な新発見でもあった。ところで太陽の性質がこのような下降の

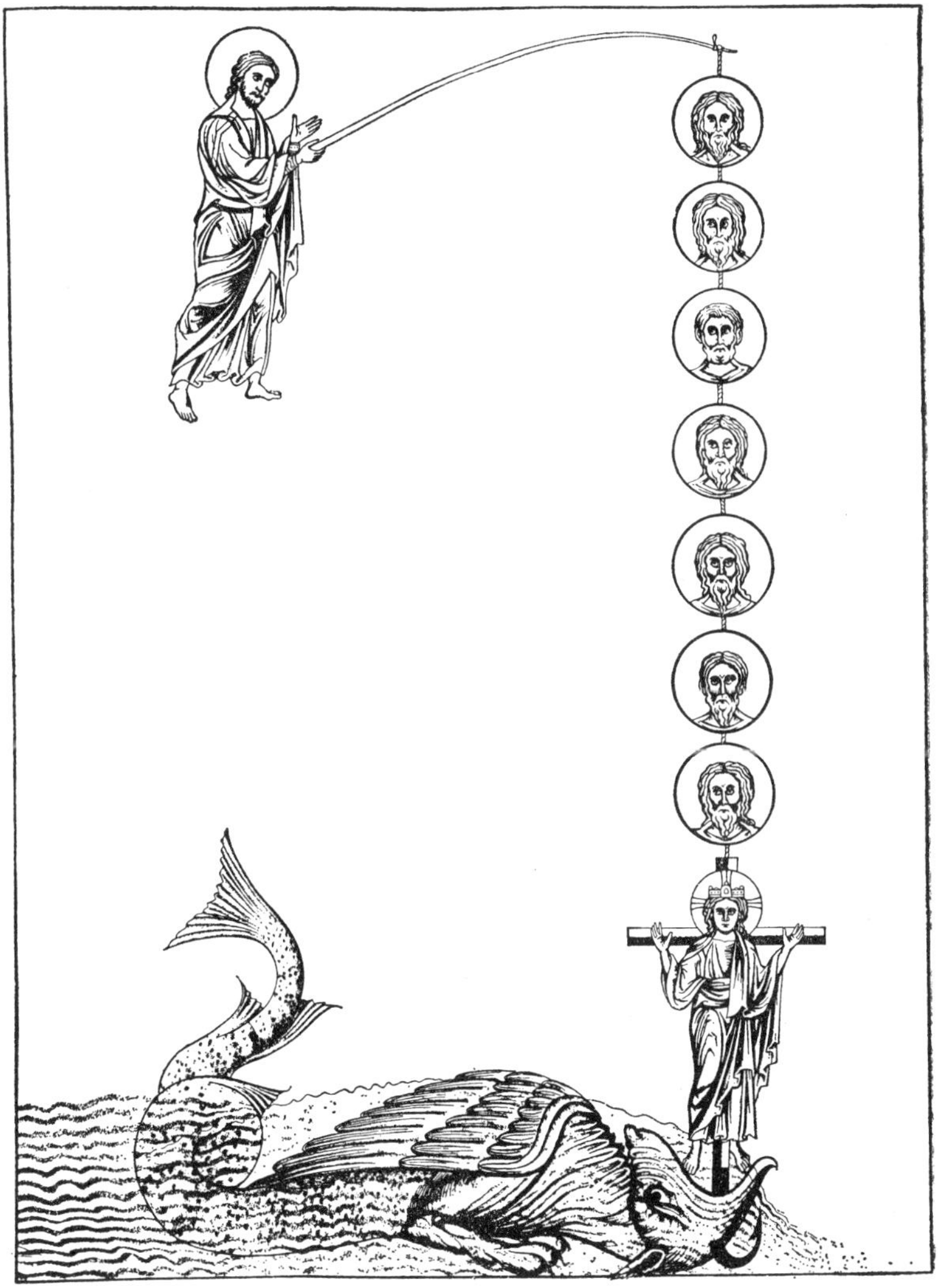

図28　十字架を餌に，エッサイ一族の七つの部分に分かたれた釣糸を持つ釣竿で，レヴィアタン（旧約ヨブ記第41章1節参照）を捕える図。
フォン・ランツベルク『快楽の園』（1180年頃）より

図29　七花弁の薔薇。七つの遊星や七つの変容段階などの寓喩。フラッド『至高善』（1629年）の題扉図

運命を辿らねばならなかっただけでなく、太陽の黄金《きん》色の輝きもまた同様の運命を甘受しなければならなかった。すなわちそれは地上の黄金《きん》の輝きの中に自己の反映を見出すことになったのである。そしてこの黄金《きん》は「われらが黄金《きん》」と呼ばれ、少くとも比較的繊細な精神の持主にとっては金属としての卑俗な物質性を免れているものであった。(三二) それはこのような人々にとっては、紛れもなく象徴的性質のものであって、それゆえ「透明なる vitreum」とか「哲学の philosophicum」とかいった形容詞を附されて言い表されたのである。尤も黄金《きん》には最高の哲学的価値は与えられなかったが、これは、その輝きが余りにも太陽のそれに似すぎていたためであると思われる。こうして結局最高の哲学的価値は「賢者の石」のものとなった。というのも変化したものより変化させるものの方が高く見られたからであって、変化させるというのは他ならぬ「奇蹟の石」の魔術的性質の一つを示すものであった。『哲学者の薔薇園』にはこうある。「なんとなればわれらが石、すなわち黄金《きん》より上位にありて黄金《きん》を凌駕せし西洋の生ける水銀は、生かすも殺すも自由自在なり」(二二一頁)。「石」の哲学的意義に関しては、ヘルメスの言とされている次の部分が特に参考になる。「賢者の息子らよ、比類なく価値高きこの石の語るところをしかと弁えよ、〈……わが光はなべての光に勝り、わが価値はなべての価

値をよせつけず……光われを生むなり、しかれども闇またわが本性より出来るなり……〉」（二三九頁）(三二)。

17　夢

長い散歩。夢見者は道端に青い花を見つける。

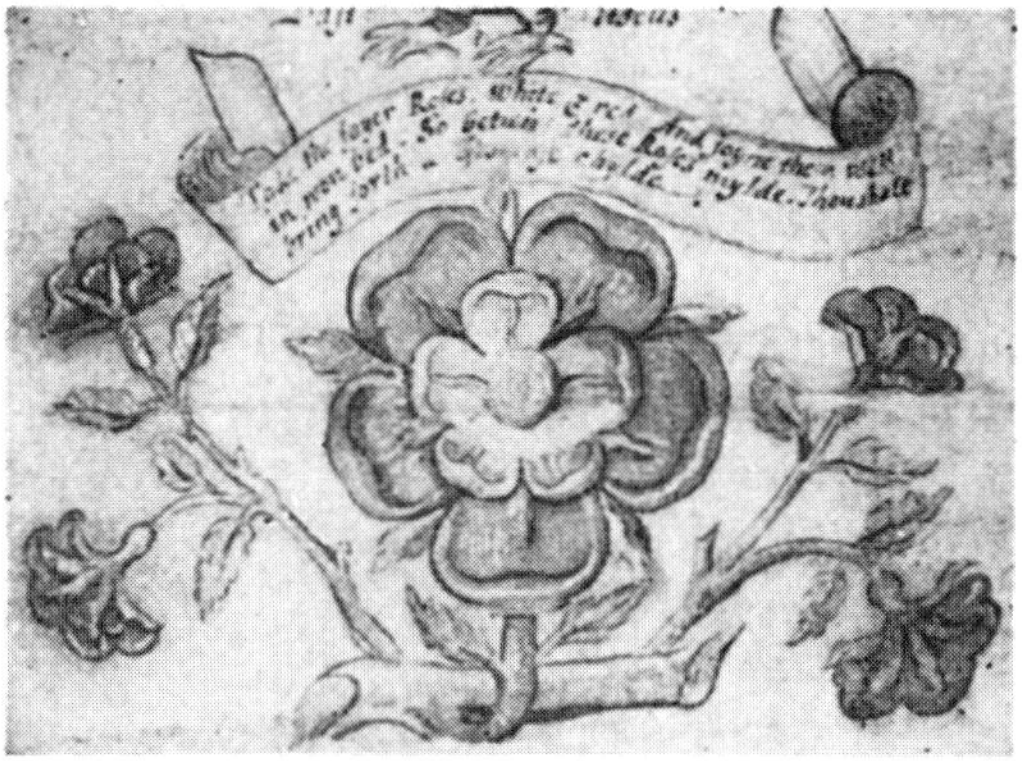

図30　錬金術の「黄金の花」である紅白の薔薇。ここで「哲学者の息子」が誕生する。リプリー・スクロウル No 1（1588年）

散歩は目的のない道をあちこち歩きまわることである。従ってそれは、探すことであると同時に変化することである。そうやって歩いているうちに、道端に自然の偶然の子である青い花が何気なく咲いているのが目にとまる。それは恰も、知識によって得られた世界像と現実的世界像とが苦痛に充ちた分離を経験することになる以前の少年時代に、いやむしろ、そのような分離がまさに始まったばかりで、眼差しはすでに背後に向けられて過ぎ去ったものを見つめ始めていた少年時代に心のうちに芽生えたロマン主義的・抒情的なものを、やさしく想い出させるとでもいった風情である。事実それは、安全な道を奪われ、人間的幸福に与っているという感情を失ってしまった者に過去のある場所を示し、そこでならお前は心の友や同胞《はらから》に出会うことができ、お前のうちで伸び展ってゆきたいと願っているあの芽を見出すことができるのだと話しかけている無意識の親しげな合図、神秘な合図のように見える。しかし夢見者は目下のところまだ次の事実には全然気づいていない。この花にはかつては太陽の黄金《きん》の輝きがそなわっていたのであって、それゆえこの清純な花は遙かに溯ってあの忌わしい錬金術に、あの異教的・瀆神的な「太陽化」に結びつくものであるという事実がそれである。「錬金術の黄金《きん》の花」（図30参照）はつまり、場合によっては青い花、すなわち「両性具有のサファイア色の花」でもあったのである。[三三]

18　夢

一人の男が掌に数枚の金貨をのせて夢見者に差出す。しかし夢見者は怒ってそれを床に投げつける。そしてすぐその後で、この行為を深く後悔する。それから、仕切られた場所で見世物演芸（Variétévorstellung〔原義は雑多なものの上演〕）が行われている。

17の夢では隠されていた青い花の正体がこの夢でははっきり現れている。「黄金《きん》」が差出されるが、夢見者は怒りをもって撥ね付ける。「哲学者の黄金《きん》」を誤解したためだということはもちろん容易に察しがつく。しかし誤解と殆ど時を同じくして、差出された貴重な秘密を投げ捨て、謎めいた問いかけに正しく応えなかったことに対する後悔の念が湧いてくる。面白いことにマイリンクの小説『ゴーレム』の主人公も類似の事態を経験する。彼は幽霊に一握りの穀粒を差出されてそれを投げ捨てた時に同じように後悔の念を覚えるのである。黄色い金属の卑俗な物質性——憎らしいことにそこには通貨の基礎をなすというおまけまでついている——と穀粒の見栄えのなさを考えれば、投げ捨てるのももっともだと思われる。だからこそまた「石《ラピス》」を発見するのは大変難しいのである。まさしくそれが「貧相 exilis」である、つまり見栄えがしないからであり、それが「道に投げ捨てられている in via eiectus invenitur」からであり、「平地であろうが山であろうが川であろうが in planitie, in montibus et aquis」到る所で見られる極めて安っぽいものだからである。[三四]「石《ラピス》」のこのような「ありふれた」姿は、シュピッテラー〔一八四五年―一九二四年、スイスの作家〕の『プロメテウスとエピメテウス』に出てくる宝石のそれでもあって、[三五]そのため世智にたけた人々も誰ひとり宝石の存在に気づかないのである。しかし「道に投げ捨てられている石」といえども「礎石 lapis angularis」に変じうるかも知れないのであって、夢見者の深い後悔の念はこのような可能性を予感したためである。

　黄金《きん》が鋳造されて金貨になる、つまり形を与えられ、模様をほどこされ、値段をつけられるということは、黄《き》金《ん》の外観に通俗的性質を与える一因となっている。黄金《きん》を金貨にするということを心の問題にあてはめれば、ニーチェが『ツァラトゥーストラはかく語りき』の中で非難していること、つまり徳性に名前をつけることだと見て差支えなかろう。心の本質は形を与えられ名前をつけられることによって、鋳造され値段をつけられた諸要素へと解消されてしまう。しかしこういうことが可能なのは、心の本質が生来雑多なものであり、統合されていない遺伝的諸要素の寄せ集めであるからに他ならない。自然のままの人間は決して個我ではなく、群衆あるいは群衆の一かけら、自分の自我さえ意のままにすることのできない集合的存在なのだ。だからこそ人間は太古の昔から、自分を「何ものか」にしてくれる、そしてそれによって動物同然の集合的な心から、すなわち単なる雑多なものの寄せ集めの状態から引き離してくれる変容の秘儀を必要としてきたのである。

　しかし見栄えのしない雑多な状態にある「あるがままの gegeben」〔原義は与えられた〕人間が投げ捨てられ

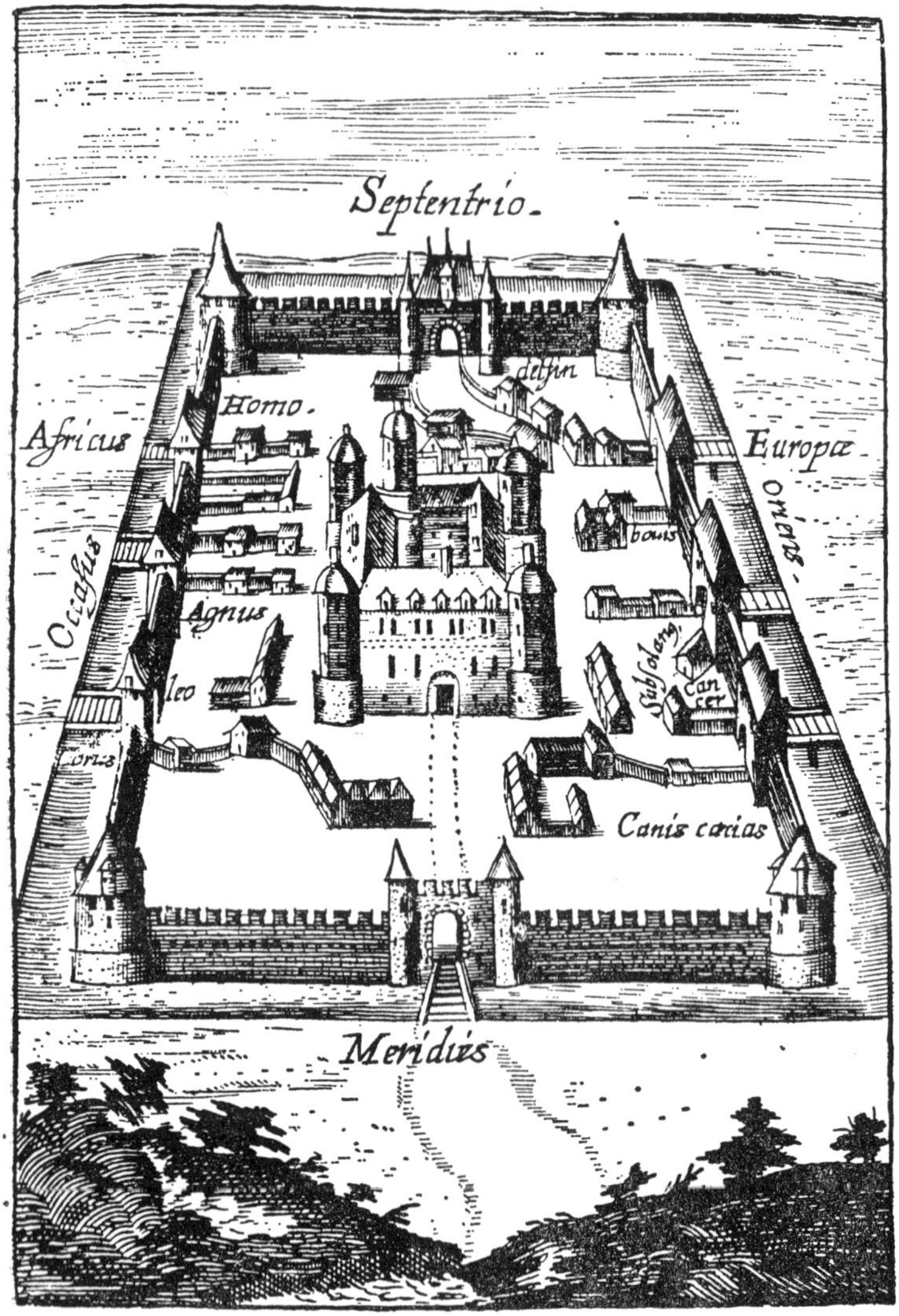

図31　大地の中心をなす象徴的な都市。周囲に巡らされた四角形の守護壁が聖域《テメノス》であることを示している。マイアー『道案内』（1651年）より

るならば、それら雑多なものの統合も、つまり個我化も不可能になる。[三六] これは精神的な死である。人生はそれを単に生きるというだけでは真の人生とはいえない。それが自覚的に生きられてはじめて人生は人生となるのである。真の人生を経験することができるのは統一された人格のみであって、部分的な様相に分割された単なる現象としての人格には、なるほどこれも人間という名で呼ばれてはいるが、それは不可能である。雑多な状態の危険はすでに4の夢で暗示されており、5の夢がこれを補償している。つまり5の夢では蛇が夢見者を守護する魔法の円を描き、それによって禁制の領域（図13をも参照）、すなわち一種の聖域《テメノス》（図31参照）を作り出しているのである。この18の夢でも同じような状況の下で同じように聖域《テメノス》の象徴が現れる。聖域《テメノス》はここでは見世物演芸の行われる仕切られた場所という形をとって、「多くの人々」を雑多なものの統一としての見世物演芸の下に、すなわち一つの統一的行動の下に集めている。それは見た目には愉快な集りである。がしかし、その娯しげな様相はやがては消え去るだろう。山羊の劇が「悲劇」に変ずるのである。サテュロス劇はあらゆる点から類推して一種の神秘的儀式と見なすことができる。そしてその目的は、いずこにおいてもそうであるように、人間を過去に溯って、自然が生み出した祖先の系列に結びつけること、ということはつまりそうすることによって生命の泉に結びつけることであると考えて差支えなかろう。これはたとえば、エレウシスの秘儀[訳注11]における婦人たちの猥談（αἰσχρολογία）が大地の生産力にとって好都合だと考えられたことと似ている[三七]（ブバスティスのイシス祭における見世物演芸に関するヘロドトスの報告[三八]をもあわせて参照されたい）。

しかしテメノスの補償的意義について夢見者に話してみても、現在の段階ではぼんやりとしていて、何のことかよく判らないだろう。過去との関連、すなわち歴史的相関関係を投げ捨てる（拒絶する）ことによって生じた精神的死の危険の方が、言うまでもなく、はるかに強く彼の心をとらえているからである。

19　幻覚像

一個の髑髏。夢見者はそれを蹴とばそうとする。だができない。頭蓋は次第に赤い球に変ってゆき、それから光を放つ女性の首となる。

髑髏を前にしたファウストおよびハムレットの独白に接すると、われわれは生が「青白き思考 des Gedankens Blasse」に完全に蔽われてしまっている時の人間存在の恐ろしい無意味さをはっきりと思い知らされる。18の夢で夢見者をして誤解しやすい。つまり見栄えのしない申し出を拒絶させたところのもの、これは実は「青白き思考」、つまりもろもろの伝統的な考え方や判断に他ならなかったのである。ところで夢見者が髑髏という無気味な幻想を追い払おうとすると、それは赤い球に変ずる。赤い球は昇る太陽を暗示すると思われる。というのもそれは間もなく、7の幻覚像を即座に想起させるところの、光を放つ女性の首に変ずるからである。明らかにここでエナンティオドロミー[三九]が起ったのである。すなわち拒絶した（投げ捨てた）後で無意識が却って一段と強力に浮び上がってきたのである。最初は先ず、個我の統一と神性とを表す古代の象徴である太陽という形で浮び上ってき、ついで無意識の擬人化である見知らぬ女性のモチーフに移行する。このモチーフに含まれているのはむろんアニマの元型だけではない。そこには、一個の人間的人格であると同時に心を容れる容器でもある現実の女性への関係も含まれていると見なければならない（15の夢の「姉（妹）の盥」を想起せよ）。

新プラトン派の哲学では心は紛れもなく球状のものと関係がある。心の実体は、火天の上に位置するところの、四大によって構成された同心円状の領域の周りにある[四〇]。

20　幻覚像

一つの球体 Globus がある。その上に一人の見知らぬ女性が立って、太陽を拝んでいる。

この印象は7の幻覚像を拡大したものである。18の夢における拒絶は明らかに、18の夢にいたる発展の全過程の拒否を意味している。それゆえ初期の諸象徴が、もちろん増幅された形においてではあるが、いま再び登場することになる。このようなエナンティオドロミーは夢の系列全体を支配する特色である。意識の介入がなければ無意識は、永遠に寄せては引く波のようにただ徒らに波動を繰返すのみであろう。それはちょうど、九年と九カ月と九夜を費してようやく地上に現れ出ることができる宝が、しかしもし現れ出た最後の夜に発見されなければ再び地下に沈んで、また最初から地表への運動を繰返すという話に似ている。

球体（Globus）は赤い球（rote Kugel）という観念に発していると思われる。赤い球が太陽であるのに対して、この球体はむしろ地球の像であり、そこにアニマが立って、太陽を拝んでいるのである（図32参照）。つまりここでは太陽とアニマとは区別されており、これは太陽とアニマとは個別の原理を表すという事実を示している。つまりアニマは無意識の擬人化であるが、太陽は（「太陽化」からも判るように）生命の泉と人間の究極的全体性との象徴なのである。ところで太陽は今日でもなおわれわれに非常に近しく感じられる古代の象徴のひとつである。われわれは、初期のキリスト教徒たちが「昇る太陽 *ἥλιος ἀνατολῆς*」とキリストとをなかなか区別できなかったということも、よく知っている。[四一] 夢見者のアニマもいまだに太陽崇拝者であるように見える。つまりアニマは本質的に古代の特色を帯びているのである。しかもそれは、合理的根本態度をとる意識が全然と言っていいくらいアニマに関心を示さず、アニマが現代化すること（キリスト教化することと言った方が的確であろう）を許さなかった結果である。のみならず、中世のキリスト教の時代にスコラ的訓練によって始まった知性の分化が、アニマを古代へ追い帰すのに一役かったと考えられる。その証拠はルネッサンスに充分見出される。最も顕著な証拠はポリフィロの「夢の恋愛合戦 Hypnerotomachie」であって（四二）、ポリフィロは女王ヴィーナスの許

図32　「太陽と月との結合」。白衣の乙女は月（？）の上に立っている。トリスモジン『太陽の光彩』（1582年）より

で彼のアニマである貴婦人ポリアに出会うが、これはキリスト教精神に全然煩わされることなく古代の「道徳 virtutes」に浸り切ることができた賜物である（その意味でルネッサンス期の人々がこれを一種の神秘的な書物と見たのも当然だと言える）[四三]。話を元に戻せばつまり、われわれは古代的性格のこのようなアニマの登場によって一挙に古代世界に舞い戻ることになるのである。このようなエナンティオドロミーは先にも触れたように、18の夢の意識の拒絶を契機として出てきたわけであって、従ってもし、この拒絶を結果から判断して、古代への尋常ならざる危険な退行を回避しようとする試みであると説明する人がいたとしても、私は間違っているとは思わない。そして錬金術哲学の諸文献を見る限り、その根本的教説はまっすぐ古代後期の諸説混合主義に溯行しているのであって、これはたとえばルスカが『賢者の群』の例に即して余すところなく立証しているところである。錬金術のもろもろの暗示に即座に古代の息吹きを感じ取ることができるのも、それゆえにまた心の異教的な前段階への退行を推測しうるのも、そのためである。

　ところで夢見者は、以上説明したすべての事柄に意識的には全然気づいていないということをここではっきり言っておくのも無駄ではあるまい。しかし彼は無意識においてはこのような歴史的関連の網の目の中に入り込んでいくのであって、かくして夢の中では、このような特異な精神史的諸現象に精通しているかのように振舞うのである。結局彼は、中世の錬金術師や古代の新プラトン主義者と同じように、心の自律的な発展を無意識的に代表する人間だと言ってよかろう。従ってわれわれは、彼の無意識を素材にして「控え目に cum grano salis」、たとえば、錬金術の文献のような現実に存在する諸文献を素材にする場合と同じような工合に、心の物語を編み出すことができようかと思う。

21　幻覚像

夢見者はニンフたちに取り囲まれている。一つの声が「あら私たちはいつだって居たんですよ。あなたが私たちに気づかなかっただけですわ」と言うのが聞こえる（図33参照）。

ここでは退行現象はさらに溯って、紛れもない古代の表象にまでいたる。同時に4の夢の状況が再び取上げられ、それと共に19の夢の補償的エナンティオドロミーを生ぜしめた18の夢の拒絶の状況も取上げられている。もちろんこの幻覚像の内容は、常に存在し続けていたがこれまで気づかれずにいたある事柄が重要なのだという幻覚的認識によって、増幅されている。この認識によって無意識の心と意識とが共存関係にあるものとして結びつけられる。夢を見ている者が「声」という現象に出会う場合、それは常に、「彼みずから言いたる *αὐτὸς ἔφα*」(四四)という明白で議論の余地のない性質を有している。ということはつまり、声はもはやいかようにも疑いえないある真理ないしある制約を語っているということである。遙かなる時代との接触、つまり心の深層との接触が始まったという事実は、こうして夢見者の無意識的人格によって承認され、比較的確かな実感となって意識にも伝えられる。

20の幻覚像に現れた幻想は太陽崇拝者としてのアニマを表現している。あの幻想においてはアニマはいわば球（あるいは球体）の中から現れ出たと言ってよい（図32参照）。最初の球体はしかし頭蓋である。昔の考えに従えば、頭あるいは脳は「知的な魂《アニマ》 anima intellectualis」の棲家である。それゆえ錬金術の容器は頭のようにまるいものでなければならなかった。なぜならそれによって容器から生まれるものが同じように「まるい」ものに、すなわち「宇宙の魂《アニマ》」と同様単純にして完全なものになるためである。(四五) 錬金術作業のクライマックスは、

図33　乙女たちに囲まれるポリフィロ。
『ポリフィロの夢』（1600年）より

最初（「球状物質 materia globosa」として——図34および図115、164、165を参照）と最後に（黄金《きん》として）現れることになっている「まるいもの」の製造である。常に存在し続けるもの（「いつだって居たんですよ」）が暗示しているのはたぶんこの「まるいもの」のことであると考えられる。ところでこの幻想の退行的性質は、4の夢の場合と同じように再び多くの（雑多な）女性像が登場するという点にも示されている。しかもここに登場する女性像は4の夢の場合とは違って古代的色彩を帯びており、これは20の視覚的印象と同様に歴史的退行（過去への退行）を示すものである。アニマが多くのものの姿に分解するということは、定かならぬものへと、すなわち無意識へと溶解するということであって、そこからわれわれは、歴史的退行と平行して意識の相関的な溶解が進んでいると推測することができる（こういう現象は精神分

図34 「まるいもの」(黒い太陽・sol niger)の上に立つ「黒い人」(ニグレド・nigredo)。
ミューリウス『改革された哲学』(1622年)

裂症に最も顕著に現れる」。意識の溶解、ピエール・ジャネの言葉を用いれば「意識水準の低下 abaissement du niveau mental」は、原始的な精神状態に近づくことである。因にこの幻覚像に見られるニンフたちの光景に類似したものとしては、パラケルススが『長き生について』[四六]という論文の中で個体化過程の始源の状況として言及している「ニンフの国 regio nymphidica」を挙げることができる。[四七]

22　幻覚像

原始林の中。一頭の象が威嚇するような様子をしている。それから棍棒を持った大きな類人猿、あるいは熊ないし穴居人と思しきものが現れ、夢見者に襲いかかろうとする(図35参照)。

突然「尖り鬚」が出てきて襲いかかろうとしているものを凝っと見つめると、それはその視線で呪縛されてしまう。しかし夢見者は不安でたまらない。「すべては光によって支配されなければならない」という声が聞こえる。

21の幻覚像でニンフたちという多くの要素への分解が生じたことにはすでに触れたが、ここではそれがさらに、もっと原始的な諸要素に分解してしまう。つまり心的雰囲気の活性化が著しくその度合いを高めたわけで、そこからわれわれは、夢見者の周囲の人々からの孤立の程度もこれに比例して高まったと推論せざるをえない。なぜ孤立の程度が高まったかという点については、難なく21の幻覚像にその原因を求めることができる。なぜならそこで夢見者は無意識との結びつきを事実として確認し、受容れたからである。つまり無意識との結びつきという事実は、意識の立場からすれば極めて非合理的なものであって、そのため不安に怯えながらも守らなければならない秘密と化すのである。むろんこの秘密を打ち明けて無意識との結びつきが事実存在するのだと言ってもいわゆる理性的な人間には判ってもらえない。だからこそそれは秘密でなければならないのだ。もしそれを本当に打ち明ければ、途方もない馬鹿者だという烙印を押されるのがおちであろう。そういうわけでエネルギーの周囲への、外部への流出は著しく制限されており、過剰なエネルギーは無意識の側にまわる。従って無意識の諸形象の自律性が異常に高まり、ついには攻撃的となって現実的な不安感を招来する。前には娯しいものであった無意識の諸形象の見世物演芸は、いまや不快なものとなり始める。古代のニンフたちであれば、その美しい姿のおかげで、まだ容易に受容れることができる。なぜならその優美な姿の背後に古代のディオニュソス的秘密、あのサテュロス劇、サテュロス劇の悲劇との相関関係、動物に化した神を引き裂く血腥い儀式を予感することは絶対

図35　中世（15世紀）の人々の考えた「原始人」。
ヴァチカン古写本より

に不可能だからである——ヨーロッパのギムナジウム教師の古代観の弱点を完膚なきまでに発いて見せるためにニーチェのごとき人物を必要としたという事実を考えれば、それも当然のことである。ニーチェにとってディオニュソスが何を意味していたか、われわれはこれをはっきり肝に銘じなければならない。われわれはニーチェ自身がそれについて言っていることを——いやそれだけでなく、彼自身の身にふりかかったことを真剣に受け止めなくてはならないのだ。疑いもなくニーチェは、彼の悲劇的な病いの初期の段階でザグレウス[訳注12]の陰惨な運命が自分の身を襲ったのだということを知っていたのである。ディオニュソスは、あらゆる人間的特殊性を原初の心の動物的神性へと情熱的に溶解してしまう深淵なのだ——それは祝福に充ちていると同時に戦慄に充ちた体験であって、文化という垣根で保護されている人類はこの体験から逃げおおせたと思い込んでいるが、それも新たな血の陶酔が惹き起されるまでの話である。いまや再び人類は血の狂宴に酔い始めている。そして善良な人間のすべてがこのことを怪しみ、この責任は大資本や軍事産業やユダヤ人やフリーメイスンにあるのだと非難の声をあげている。[四八]
救いの神として、「機械仕掛けの神 deus ex machina」として、間一髪のところで夢見者の前に友たる「尖り鬚」が登場し、危害を加えようと迫ってくるいかにも獰猛な感じの猿人を呪縛する。古代のワルプルギスの夜の妖怪たちに好奇の眼を向けるファウストがびくびくした様子を見せずに落着き払っていられるのは、実は現実主義的立場（matter-of-fact-Standpunkt）に立つメフィストがいつでも救いの手を差し伸べるという恰好で傍らに控えているおかげなのである。実際、学問的思索や哲学的瞑想に耽っているある瞬間に遅きに失しないようこ

図36　大気の霊にして反神的な知性としての悪魔。
ドラクロワ（1798—1863年）の『ファウスト』第一部のための挿画

の悪評嘖々たる知性のことを想い出してみる必要のある人がかなりいるのではあるまいか。知性を悪しざまに罵る者を見ると、知性は何のために存在し、何ゆえ人類は途方もない苦労を重ねてこの武器を鍛えてきたのか、これを知りうるような経験をまだ一度もしたことがないのではないかと疑いたくなる。なるほど知性は悪魔である（図36参照）。しかしこの悪魔は「渾沌《カオス》の不思議な息子 des Chaos wunderlicher Sohn」であって、自分の母である渾沌と器用に附合う術にかけては誰にもひけをとらない。ディオニュソス体験は、職探しをしている悪魔に充分な仕事を与える。というのもこ

れから開始される無意識との確執抗争はあのヘラクレスの仕事にも充分匹敵する大事業だからである。知性が何世紀にも亙って取組みながらなお解決しおおせず、すでにこれまでに何度も、骨休めにもっと手軽な仕事をやろうと休暇をとらなければならなかったほどの手に負えない諸問題――私の目に映ずる無意識との対決の世界はそういう諸問題の渦巻く世界である。だからこそ非常にしばしば、それも非常に長きに亙って心は人々から忘れ去られたのであり、だからこそ知性は「隠秘的」とか「神秘的」とかいうレッテルを魔除けの呪文のように貼りまわり、聡明な人々までもがそういうレッテルに何かもっともらしい意味が含まれているのだと思い込むように仕向けているのである。

声が断を下すかのように「すべては光によって支配されなければならない」と宣言する。これはたぶん、意識の真の洞察力、真摯な努力によって獲得された本物の「イルミナティオ」のことを指しているのであろう。その言わんとするところはこうであろう。無意識の暗黒の深淵を無知や詭弁――これは月並みな不安からきているのであって、それを隠そうとしても無駄である――によって否定するような真似はもはやすべきではない、いや何よりも似而非学問的な合理的説明によって片付けてしまったかのようなふりをしてはならない。心の中にはわれわれが不充分にしか、あるいは全然知らないものがいろいろ存在しているのだ。そしてそれらのものは少くとも、この自然界のあらゆる事物、究極のところではわれわれの理解を越えている、にもかかわらずわれわれの肉体に極めて執拗に影響を与え続けているあらゆる自然界の事物と同程度には現実性をそなえているのだ。事実、自分の研究対象について、これは非現実で実体がないとか、これは「単なる……にすぎない」とか言っているような研究で、真の認識に達した例はこれまで一度もないと言ってよかろう。

知性の活発な干渉が始まるとともに、無意識過程は新たな段階を迎える。すなわち、見知らぬ女性（アニマ）、

図37　息子の龍を手に，金（太陽）と銀（月）
の泉の上に立つ処女の姿をしたメルクリウス。
偽トマス・アクィナス『錬金術について』（1520年）より

見知らぬ男（影）、老賢者（マナ人格 Manapersönlichkeit）（四九） などの無意識の諸形象と意識との対決が、そして「個我」の諸象徴と意識との対決が始まる。次章で扱われるのはこの個我の諸象徴である。

図38　七つの花弁を持つ花。
ボスキウス『象徴の術』（1702年）より

原注

一　海は、幻想ないし幻覚（すなわち無意識内容の侵入）の最も生じやすい場所の一つである。たとえば旧約外典第四エズラ書第十一章一節の雄大な鷲の幻想は海から生じたものであり、第十三章三節、二十五節、五十一節の「人間《アントロポス》」ἄνθρωπος の幻想は「海の心臓」から生じたものである。海に関してはたとえば第十三章五十一節でこう言われている。「海底深く潜むものを何人も究め知ることあたわざるがごとく、地上に生きる者何人もわが息子を見ることあたわず」。〔第四エズラ書はエズラ第二書とも称される。邦訳は『アポクリファー』（日本聖公会出版事業部）中にある。ここに五十一節として引用されている部分は五十二節に出ている〕。

二　フローベール『聖アントワーヌの誘惑』を参照。

三　ベロアルド・ドゥ・ヴェルヴィル編『ポリフィロの夢』一六〇〇年（原作はイタリア人フランチェスコ・コロンナの『ポリフィロの夢の恋愛合戦』、一四六七年完成、一四九九年出版）を参照（図4）。François Béroalde De Verville: Le Songe de Poliphile. Paris 1600.〔Francesco Colonna: Hypnerotomachia Poliphili……Venedig 1499.〕

四　ネキュイア（νέκυια）はネキュス（νέκυς 屍体）という語から派生した言葉で、『オデュッセイア』第十一歌のタイトルとして使われている。これは冥府《ハデス》から死者たちを呼び出すための生贄のことである（『オデュッセイア』邦訳（筑摩世界文学大系第　巻）では「招魂」と訳されている）。それゆえネキュイアは冥府行、すなわち死者の国への下降を表すのにぴったりした言葉であり、ディーテリヒも、ペテロ福音書の黙示録断片を含むアクミム古写本の注釈に際してこの言葉を同様の意味で使用している（A・ディーテリヒ『ネキュイア。新たに発見されたペトロ黙示録解釈のための諸考察』Albrecht Dieterich: Nekyia: Beiträge zur Erklärung der neuentdeckten Petrusapokalypse. 2. Aufl. Leipzig 1913.）。ネキュイアないし冥府行の典型的なものとしては『神曲』、『ファウスト』第二部の中の「古代のワルプルギスの夜」、聖書外典のキリストの地獄行などを挙げることができる。

五　パラケルススのメロジーナ（メルジーネ Melosina）に関する詳細は拙著『パラケルスス論。医者にして哲学者テオフラストゥスに関する二つの講義』参照（全集版第十三巻『精神現象としてのパラケルスス』）。C. G. Jung: Paracelsica: Zwei Vorlesungen über den Arzt und Philosophen Theophrastus. Zürich 1942. 〔„Paracelsus als geistige Erscheinung" in: Ges. Werke XIII, Paragr. 179f. und 214ff.〕

六　クヌーヘル『祭礼、呪術、法慣習の変遷』Eduard Fritz Knuchel: Die Umwandlung in Kult, Magie und Rechtsgebrauch. (Schriften der Schweiz. Gesellschaft für Volkskunde XV) Basel 1919.

七　聖域《テメノス》は神にささげられた、他から隔離された一区域のことで、林苑であることが多い。

八　「アニマ」という概念に関しては拙著『自我と無意識の関係』を参照（Ges. Werke Ⅶ Paragr. 296 ff.）。

九　ゾシモス（Zosimos）は紀元三世紀頃に生きていた人物である。ライツェンシュタイン『ポイマンドレス』Richard Reitzenstein: Poimandres. Studien zur griechisch-ägyptischer und frühchristlichen Literatur. Leipzig 1904. およびベルテロ『古代ギリシア錬金術集成』Marcellin Berthelot: Collection des anciens alchimistes grecs. Paris 1887/88, Ⅱ, Ⅰ, 2. を参照。

一〇　梯子のモチーフをここで例に出したが、これは11および12の夢で裏付を得ることになる。ヤコブの梯子（図14）をも参照されたい。

一一　「魂は太陽の軌道を通って降りてくるとされている」（フィルミクス・マテルヌス『世俗的宗教の誤謬に関する書』Firmicus Maternus Julius: Liber de errore profanarum religionum. 〔Corpus scriptorum ecclesiasticorum Latinorum Ⅱ〕 Wien 1867）。

一二　アプレイウス『黄金のろば』を参照（邦訳・岩波文庫『黄金のろば』下巻、巻の十一参照）。

一三　J・ルスカ『賢者の群』Julius Ruska: Turba Philosophorum. Ein Beitrag zur Geschichte der Alchemie. Berlin 1931. を参照。

一四　拙著『心理学的類型』の「定義」58の「無意識」の項を参照。C.G. Jung : Psychologische Typen. Zürich 1921. Neueste Aufl. 1950.〔Ges. Werke Ⅵ 1960 und 1970.〕Definition 58 „Das Unbewußte“〔邦訳、ユング著作集（日本教文社）第一巻所収〕

一五　キリスト教の羊の象徴の直接の源泉はエノク書第八十九章十節以下に見られる（エノク黙示録はキリスト生誕の前世紀の初頭に成立した）。ドイツ語版・カウチュ編訳『旧約外典・偽典』を参照。 Die Apokryphen und Pseudoepigraphen des Alten Testaments. Übersetzt und hg. von E. Kautzsch. 2 Bde. Tübingen 1900. Neuaufl. 1921.

一六　エノク書では統率者ないし指導者も羊または牡羊として現れている（第八十九章四十八節）。

一七　ベルトロ『古代ギリシア錬金術集成』Ⅲ，1，2. あわせて拙論『ゾシモスの幻想に関する若干の考察』C. G. Jung: Einige Bemerkungen zu den Visionen des Zosimos. In: Eranos Jahrbuch V（1937），Zürich 1938. Erweiterte Neuausgabe in : Von den Wurzeln des Bewußtseins, Zürich 1954.〔Dieser Aufsatz in : Ges. Werke XIII〕を参照。

一八　W・バッジはパウト・ネテルを company of the gods（神々の集い）と訳している（バッジ『エジプト人の神々』E. A. Wallis Budge : The Gods of Egyptians. 2 Bde. London 1904，Ⅰ，S. 87）

一九　マスペロ『神話研究』Gaston Camille Charles Maspero : Etudes de mythologie et d'archéologie égyptiennes. 7 Bde. Paris 1893―1913，Ⅱ，S. 245.

二〇　『メルクリウスと錬金術師と自然との対話』の中の錬金術師とメルクリウスの愉快な対話を参照。 Dialogus Mercurii, alchymistae, et naturae（『化学の劇場』THEATRUM CHEMICUM〔巻末「錬金術テクスト集成一覧」参照〕Bd. Ⅳ，XXI）

二一　ゲーテ『詩と真実』第二部第八章を参照〔邦訳、ゲーテ全集（人文書院）第九巻〕。

二二　Güldener Tractat vom Philosophischen Stein. これは『薔薇十字結社の神秘的諸形象』の中に収録されている（Geheime Figuren der Rosenkreuzer aus dem 16ten und 17ten Jahrhunderte. 2 Bde. Altona 1785/88.）。

二三　Herbert Silberer : Probleme der Mystik und ihrer Symbolik. Wien und Leipzig 1914.

二四　源泉としての水に関しては、たとえばエジプトの天地創造神話を参照。

二五　ヴィルト『オリエント歴代記より』 Albrecht Wirth : Aus orientalischen Chroniken. Frankfurt a. Main 1894，S. 199.

二六　旧約聖書雅歌第四章十二節。

二七　これはもともとごく当り前の生のプロセスであるが、しかし普通は完全に無意識裡に進行する。アニマは人間の心に常に存在する元型である（拙著『心理学的類型』の中の定義 49「心 Seele」と 50「心の像 Seelenbild」および『自我と無意識の関係』を参照）。母親はアニマ像の最初の担い手であって、そのため母親は息子にとって魅惑的な存在となるのである。アニマ像はその後、姉妹やそれに似たいろいろな形象を経て愛する女に移し置かれることになる。

二八　私がここで水の象徴に関して引用しているさまざまな比喩的表現は大部分十二世紀から十七世紀にかけてのラテン語文献から採られたものである。特に興味深い文献の一つは『哲学者の薔薇園』Rosarium Philosophorum である。著者は不明であるが、哲学者であることは間違いない。しかもこの哲学者は、肝腎なのは普通の意味で黄金《きん》を造り出すことではなく、「哲学的」な秘密を解き明かすことであるということを意識しているように見受けられる。『哲学者の薔薇園』は最初は『哲学者の薔薇園。真の準備手段にもとづく賢者の石の錬金術第二部、錬金術の完全なる進歩のために』Rosarium Philosophorum. Secunda pars alchimiae de lapide philosophorum vero modo praeparando, continens exactam eius scientiae progressionem. という表題の下に出版された。これはその後『霊妙化学叢書』第二巻の中に収められている（BIBLIOTHECA CHEMICA CURIOSA〔巻末「錬金術テクスト集成一覧」参照〕Ⅱ, X.)。さらにまた『錬金の術叢書』第二巻の中にも収められている（ARTIS AURIFRAE〔巻末「錬金術テクスト集成一覧」参照〕Bd. Ⅱ, XⅡ.)。私の引用は大抵この後の方の版に拠っている〔『哲学者の薔薇園』は以下『薔薇園』と略記〕。

二九　23の夢、およびその説明部分の最終パラグラフを参照。

三〇　同様に錬金術の「黄金の花 Goldblume」（図30）にも太陽の性質が保持されている。アドルフス『隠秘哲学』を参照（Senior Adolphus : Occulta philosophia. In : Adolphus. Azoth, sive Aureliae occultae philosophorum usw., Frankfurt a. Main 1613)。Goldblume という語は、同じく黄金の花を示すところのギリシア語 χρυσάνθεμον（ベルトロ『古代ギリシア錬金術集成』Ⅲ. XLIX, 19）および χρυσάνθιον に由来する。ギリシア語のこの花は、錬金術師たちによって頻繁に引用されているホメロスのモーリュ（μῶλυ）、オデュッセウスがヘルメスから貰うあの霊草モーリュと同じような一種の魔法の植物である。黄金の花は黄金《きん》のうち最も高貴で最も純度の高いものである。黄鉄鉱もまたこの名で呼ばれる（フォン・リップマン『錬金術の発生と伝播』を参照。Edmund O. von Lippmann : Entstehung und Ausbreitung der Alchemie. 3 Bde. Berlin 1919—1954, Ⅰ, S. 70.)。「永遠なる水 aqua permanens」の力は「花」と表現されている（ルスカ編『賢者の群』S. 204, 20)。後代の人々は神秘的な変容物質を表すものとして「フロース flos〔花〕」という語を用いている（『立昇る曙光』の中の「黄色い花《フロース》 flos citrinus」——Aurora consurgens. Ein dem Thomas von Aquin zugeschriebenes Dokument der alchemistischen Gegensatzproblematik. Hg. und kommentiert von Marie-Louise von Franz als dritter Teil von C. G. Jung, Mysterium Coniunctionis. Zürich 1957. 〔Aurora Ⅰ〕——、『化学の術』ARS CHEMICA〔巻末「錬金術テクスト集成一覧」参照〕Ⅲの『合一の集い』の中の「大気の黄金の花《フロース》 flos aeris aureus」——Consilium coniugii de massa solis et lunae, S. 167.——、『化学の劇場』V, XXVの『賢者の寓喩』の中の「花《フロース》は豊かな水なり flos est aqua nummosa」〔メリクリウスのこと〕——Allegoria sapientum, S. 81——、ミューリウス『改革された哲学』の中の「作業の花《フロース》は石なり flos eius 〈operis〉 est lapis」—— Johann Daniel Mylius : Philosophia reformata continens libros binos. Frankfurt 1622, S. 30——など)。

三一　「われらが黄金《きん》は卑賤なる黄金《きん》にあらず」という言葉が『薔薇園』の中に見られる（『錬金の術叢書』Ⅱ, S. 220)。

三二　『薔薇園』の中のヘルメスからの引用文の特色については第三章の原注一八を参照。

三三　『ケルンの大司教ヘルマンヌスへの手紙』Epistola ad Hermannum Archiepiscopum Coloniensem.（『化学の劇場』V, S. 899）

三四　引用箇所はヘルメスの『黄金論説』からであるが、そこにはさらに、「糞の上に投げ捨てられている……下らない、軽蔑すべき」という言葉も見られる。

三五　Carl Spitteler : Prometheus und Epimetheus. Ein Gleichnis. Jena 1923. この点については拙著『心理学的類型』S. 241 ff. を参照（Ges. Werke VI, S. 189 ff.)。

三六　こういう言い方をしたからといって、個我が人生の経過を俟ってはじめて作り出されると言っているわけではない。個我は意識されるにすぎない。それ以前から、そもそもの始めから、それはすでに存在しているのである。ただその存在の仕方が潜在的である、つまり無意識的であるということである。この点については今後の叙述ではっきりしてくるはずである。

三七　フカール『エレウシスの秘儀』Paul François Foucart: Les Mystères d'Eleuri. Paris 1874.

三八　ヘロドトス『歴史九書』第二書五八 Herodotus : Historiarum libri Ⅸ. Hg. von H. R. Dietsch und Kallenberg. 2 Bde. Leipzig 1903.—Ⅱ, 58.

三九　この概念については拙著『心理学的類型』の「定義」17「エナンティオドロミー」を参照〔参考までにその一部を引用する。「私がエナンティオドロミーというのは、無意識的な対立が――特に時間的に相前後して――現われてくることである。この特異な現象は次のような場合にはほとんどいたるところにおこる。すなわち、ある極端に一面的な方向が意識的生命を完全に支配しているため、やがてこれと同様に強力な無意識的対立物が形づくられ、これがはじめは意識的行為に加えられる阻害という形で、またのちには意識的方向の中断という形で現われて来る場合がそれである」（『人間のタイプ』高橋義孝訳、日本教文社)〕。

四〇　フライシャー編『人間の魂に関するヘルメス・トリスメギストスの言説』を参照（Heinrich Fleischer〔Hg.〕: Hermes Trismegistus an die menschliche Seele. Arabisch und deutsch. Leipzig 1870, S. 6.)。プラトンの原人間のまるい姿とエムペドクレスの「球」σφαιροσ をも想起されたい。錬金術師たちはプラトンの『ティマイオス』に依拠して、「宇宙の魂《アニマ》 anima mundi」も「物体の魂」も球形であると考えていた。黄金《きん》もまた同様に球形であるとされた(図209参照)。マイアー『自然物質の円形、四角形について』をも参照（Michael(is) Majer : De circulo physico, quadrato, hoc est auro usw. Oppenheim 1616, S. 11ff.)。「まるい元素」と頭蓋ないし首との関連については拙論『ミサにおける変容の象徴』を参照（C. G. Jung : Das Wandlungssymbol in der Messe. In : Eranos Jahrbuch Ⅷ (1940/41). Zürich 1942, Kap. Ⅲ. Erweiterte Neuausgabe in : Von den Wurzeln des Unbewußtseins. Zürich 1954.〔Ges. Werke Ⅺ, S. 219 ff〕)。

四一　太陽が神なのではなく、太陽を創ったものが神なのだとするアウグスティヌスの論証（『ヨハネ福音書講解』Augustinus: In Ioannis evangelium tractatus XXXIV. Tom. III/2 col. 2036-2(43.)と「キリスト教徒」の太陽崇拝を実際に目にしたエウセビウスの証言（『聖者らの天空に対するコンスタンティヌスの祈禱』Eusebius (von Alexandrien): Constantini oratio ad sanctorum coelum. VI. In: Franz Cumont, Textes et monuments figurés relatifs aux mystères de Mithra. 2 Bde. Brüssel 1896/99.）とを参照。

四二　フィールツ・ダーヴィト『ポリフィロの愛の夢——ルネッサンスと現代の心理学のために』を参照（Linda Fierz-David: Der Liebestraum des Poliphilo. Ein Beitrag zur Psychologie der Renaissance und der Moderne. Zürich 1947.）。

四三　フランチェスコ・コロンナの『ポリフィロの夢の恋愛合戦』のフランス語版『ポリフィロの夢』（一六〇〇年）のベロアルド・ドゥ・ヴェルヴィルの序言は、このような見方を非常に明瞭に示している。これに関しての詳細は拙論『精神的現象としてのパラケルスス』を参照。

四四　この「彼みずから言いたる（ことなり）」というギリシア語の表現は、本来ピタゴラスの権威を表すために用いられたものである。

四五　この点に関しては『プラトンの四書』Liber Platonis quantorum（『化学の劇場』V. S. 149ff. und S. 174）を参照。この論文は錬金術の歴史上重要な意味を持つハラン文献であって、現在アラビア語とラテン語の版が遺っている。しかしラテン語版は残念ながら損傷が甚しい。原典の起草された時期は十世紀と考えられる。シュタインシュナイダー『アラビア語文献のヨーロッパ訳』を参照（Moritz Steinschneider: Die europäischen Übersetzungen aus dem Arabischen bis Mitte des 17. Jahrhunderts, S. 44. In: Sitzungsberichte der kaiserlichen Akademie der Wissenschaften in Wien, philosophisch-historische Klasse, 149 und 151. 2 Teile. Wien 1904/05.）。

四六　Paracelsus (Theophrastus Bombastus von Hohenheim): De vita longa. Sudhoff/Matthiesen, III, S. 247ff.

四七　拙著『パラケルスス論』S. 100ff.（『精神的現象としてのパラケルスス』Ges. Werke XIII, Paragr. 214）の論述を参照。

四八　私がこの部分を書いたのは一九三五年の春であった。

四九　これらの概念については拙著『自我と無意識の関係』を参照願いたい。

訳注

1　『ゴーレム』はオーストリア生まれの作家グスタフ・マイリンク（一八六八—一九三二年）の代表的小説。Gustav Meyrink: Der Golem. Roman. Leipzig 1915.（邦訳・今村孝訳・河出書房新社・一九七三年）。

2　セイレンはギリシア神話の半人半鳥の女神たちで、人の心を惑わす歌姫、妖婦。セイレンに関して最もよく知られているのは『オデュッセイア』の船乗の話で、セイレンたちはその魅惑的な歌によって折から彼女たちの棲む島の近くを通りかかった船乗たちを島に惹き寄せ、殺したと伝えられている。セイレンは死者を冥府に導く冥府の女神とも考えられている。ラミアはギリシア民間伝説の子供を攫う妖怪。また子供を誘拐し若者を誘惑して生血を吸い、心臓を喰う美しい女鬼一般の総称でもある。因に、ニンフたちもセイレンたちもラミアたちも揃って『ファウスト』第二部の「古代のワルプルギスの夜」に登場している。

3　諸説混合主義（Synkretismus）とは諸宗教、諸宗派あるいは哲学思想等の混合のことであるが、ここでは特に古代後期のオリエントの諸宗教とローマの諸宗教との混合についていわれている。

4　イルミナティオ（illuminatio）は元来、神の認識や自然の認識は神の光の直接のイルミナティオ（照明）によって可能であるとするアウグスティヌス等の認識原理に用いられた言葉であるが、のち中世神秘主義において極めて神秘的な心霊体験の意味に用いられ照明派（Illuminaten）と総称されるイルミナティオ信奉者を生んだ。

5　七番目の男と訳した der Siebente という語は男という日本語に訳しうるほど明瞭なものではない。七番目の人、者というぐらいの意味、あるいはむしろ七番目の何者かという意味でもある。いずれにしてもこの語は定かでないように訳すのがよいのだが、訳出の都合上一応「七番目の男」と訳しておいた。この夢の部分に限れば、父親の言葉は、「こいつは七番目だ」というような日本語にあたるかと思う。

6　ファミリアリスが家族同様の家付の奴隷を示すのに対してセルウスは政治的、法的意味で言うところの普通の奴隷。いずれにしても両語はここでは象徴的意味において、前者が主人を忠僕のごとく助ける精神を表すものとして、後者が主人の意のままにならぬ精神を表すものとして用いられている。

7　「七と八の入れ替わり」とはユングが前のパラグラフの最後に引用しているオリュンポス山の八番目の神に関する部分を指している。『ファウスト』第二部の「古代のワルプルギスの夜」のその箇所を参考までに記せば次の通りである。

「神は本来七柱なのです」（八一九四行）

……

「オリュンポスへ往って尋ねてみることです。
あそこには、ひょっとすると、
まだ誰も考えたこともない八柱目の神もいらっしゃるかも知れない」（八一九六～八一九八行）

なおパラケルススを読んでいた時のゲーテと同じ状態であったというのは、ゲーテが『詩と真実』の中でパラケルススをはじめとする錬金術的著作を読んだがなかなか晦渋で充分に理解しえなかったということを述べていることと関係していると思われる。ユングとしては、ゲーテがそれを意識的には理解できなかったが心の奥深くに刻み込んでいて、これが後にたとえば『ファウスト』のごとき作品の中に顕現したように、夢見者もまた「七と八の入れ替わり」に対して同じような経過をたどったと言っているのである。

8 「盥」のドイツ語は Becken で、「洗面器」や「水鉢」や「水盤」とも訳しうる。

9 「姉（妹）」のドイツ語は Schwester で、姉か妹の区別はつかない。ここでは便宜的に姉（妹）としておいた。

10 「追い出される」のドイツ語は verstoßen werden で「勘当される」とも訳しうる。

11 エレウシスの秘儀とは、アテナイ北西海岸のエレウシスで行われたアッティカのデメテル女神崇拝の秘儀のことである。この秘儀に関する神話学的・心理学的考察はユングとケレーニイの共著『神話学入門』（邦訳・杉浦忠夫訳・晶文社・一九七五年）に詳しい。

12 オルペウス教でディオニュソスと同一視されている神。ティタンに狙われ、いろいろなものに姿を変えながら逃れていたが、牡牛に身を変じた時捕えられ、八つ裂きにされて、食われる。

第三章　マンダラ象徴

一　マンダラ

すでに述べたように本書において考察対象として取上げた夢は、連続して見られた四〇〇の夢の一系列《シリーズ》のうち、私がマンダラ夢であると判断した夢のすべてである。マンダラ（Mandala　曼陀羅）という術語を選んだのは、この語が、特にラマ教において、さらにまたタントラ経典派のヨーガにおいてヤントラ（Yantra・瞑想の道具・図39）として用いられる儀礼の円ないし魔法の円を表示しているからである。東洋のマンダラは宗教的儀式において長い伝統を有している形像であり、図絵に描かれるばかりでなく、特別の祭礼の折には立体像に作られることもある。(一)

私は一九三八年に、ダージリン近郊のブティア・ブスティ僧院でラマ僧であるリンダム・ゴームチェーンという名の僧院長と、マンダラ（キルコール・khilkor）について話し会う機会を得た。彼はマンダラを次のように説明した。マンダラとは「ミグパ dmigs-pa」、すなわち精神の像（imago mentalis）であって、深い学識を備えたラマ僧のみが想像《イマジネーション》の力によってこれを形成することができる。マンダラには一つとして同じものはなく、個々人によって異なる。また僧院や寺院に掲げられているようなマンダラは大した意味を持たない。なぜならそれらは外的な表現にすぎないからだ。真のマンダラは常に内的な像である。それは、心の平衡が失われている場合とか、ある思想がどうしても心に浮んでこず、経典を繙いてもそれを見出すことができないので、みずからそれを探し出さなければならない場合などに、（能動的な）想像力によって徐々に心の内に形作られるものである。以下がゴームチェーン師の説明であるが、この説明がどれほど当を得たものであるか、今後の私の論述が進むにつれてはっきりしてくると思う。ただ、マンダラというものがまったく個人的な、自由な精神の産物だと言われている点はごく「控エ目ニ」受取られるべきであろう。なぜならラマ教のマンダラにはどう見てもそのすべてに共通するある様式《スタイル》の存することは疑いないし、のみならず、それらはすべてある伝統的構造を有しているからである。たとえば常に四部分構成が、すなわち一種の「円積法 quadratura circuli」が見られるし、その四部分の内容は常にラマ教の教義にもとづいているという点などがそうである。また『シュリー・チャクラ・サンバーラ・タントラ』（二） Schri-

図39　シュリー・ヤントラ

図40　チベットの「宇宙輪」(シドベ・コールロー)。

Chakra-Sambhāra-Tantra というような、「精神の像」に達するための指南書もいろいろ存在している。ところでキルコール（マンダラ）と、仏教思想から見た人間の存在形態の諸変転を示すいわゆる「シドペ・コールロー sidpe-korlo」（宇宙輪、図40）とは、厳密に区別される。シドペ・コールローの場合は真中に三つの宇宙原理、つまり雄鶏（欲望を表す）、蛇（憎悪ないし嫉妬を表す）、豚（無知ないし無自覚〔アビドヤー avidyā・無明〕を表す）があって、三部分構成をなしており、キルコールの四部分構成とは異なっている。これはまさしくあの三と四のジレンマに他ならず、仏教においてもこれがある役割を演じているわけである。この問題には今後の夢の進展過程でもう一度出会うことになるだろう。

図41　メキシコの「大石暦」。

　東洋におけるこのような象徴はもともとは夢や幻想の産物であって、大乗仏教の師僧の誰かが案出したというようなものではないということ、これはまず間違いのないところだと私は考える。いやそれどころか、いわゆるマンダラ象徴は人類の有する最古の宗教的諸象徴の一つであって（図41、42、43、44参照）、旧石器時代にはもう存在していたとも考えられるのである（ローデシアの

図42　マンダラ図の中の，十字架を担う幼児キリスト。スウェーデンのヘルケベルガ教会にあるアルベルトゥス・ピクトーアの壁画（1480年頃）

岩面画を参照）。それはまた、単に時代的に古いというばかりでなく、世界中の到る所に見出される性質のものであるが、この点についてはここでこれ以上述べることは差控えておく。この章ではもっぱら、夢の一系列《シリーズ》という経験的材料にもとづいて、マンダラがいかにして形成されるかを示すにとどめたいと思う。

　宗教的儀式の用に供せられるマンダラは大変重要な意義を有している。この種のマンダラはその中心に原則として最高の宗教的価値を持つ形象が描かれているからである。すなわちシヴァ（Shiva）そのもの——シヴァ神妃であるシャクティ（Shakti）と抱擁合体していることが多い——、もしくはブッダ、アミターバ（Amitābha 阿弥陀仏）、アヴァローキテーシュヴァラ（Avalokiteshvara 観世音菩薩）、もしくは大乗仏教の偉大な師僧の一人が描かれている。あるいは、創造し破壊する神的な諸力の総体を象徴するドールジェー（Dorje 金剛杵）だけが描かれていることもある（図43参照）。さらに、道教の諸説混合主義をもとに成り立っている『黄金の花の秘密』を読めば、この中心部分には、「石《ラピス》」ならびに「生命の霊薬 elixir vitae」（つまり「不老長寿薬 φάρμακον ἀθανασίας」の諸性質に見合う特殊な「錬金術的」諸性質のあることが判る。[三]

宗教的マンダラの中心の、このような高い価値を知っておくことは極めて大切なことである。というのもそれは、個人の心に現れるマンダラ象徴の中心の重要性に一致しているからである。種々さまざまの個人的マンダラはすべて、いわば「形而上的[四]」性質の同一の質をそなえており、私の目に狂いがなければ、この同一の質は、「自我」とは異なる、心的な人格の中心を意味するものなのである。私はこのようなマンダラ象徴の生成過程とそのさまざまな像とを、二十年間、かなりの量の経験的材料に即して観察し続けてきた。私は十四年間はそれについて執筆することも講演することもしなかった。何かを言うことによって拘束が生じ、囚れない観察を続けることが妨げられはしないかと恐れたためである。しかし一九二九年、リヒャルト・ヴィルヘルムが『黄金の花の秘密』のテクストを私に見せてくれた時、それまでの観察から得られた結果を暗示的な形ででも公刊してみようという気になった。随分慎重だと思われるかも知れないが、この種の問題を扱う場合慎重でありすぎるということはないのである。というのも、摸倣衝動と病的としか言いようのない好奇心とのせいで、外国人の書いたものと言えばすぐ自分のものにしたがり異国趣味で身を飾りたがる人種が世間には山のようにいて、この種の「魔術的」モチーフと見ると眼の色を変えて飛びつき、何かといえば判ったような顔つきでそれらを口にするといった光景を嫌というほど見せつけられているからである。この手合ときたら、われとわが心から逃れるためには何でもやる。どんな馬鹿げたことでも厭わない。インドのヨーガをその細部の修練項目にいたるまで実行し、食物の戒律を遵守し、教理を暗記するかと思えば、世界中の神秘的文献の文句を鸚鵡のように繰返しもする——何もかもただひたすら自分自身に目を蔽いたいからであり、自分の心が何らかの有益なものを生み出しうるという信念が微塵も無いからである。こうして心は次第次第にナザレに、何らよきものの生じえない不毛のナザレと化してしまう。そうなると目はますます外に、四方八方に向けられ、どこか余所によいものがありはしないかと目を光

図43　ラマ教のヴァジュラ・マンダラ（金剛曼陀羅)。

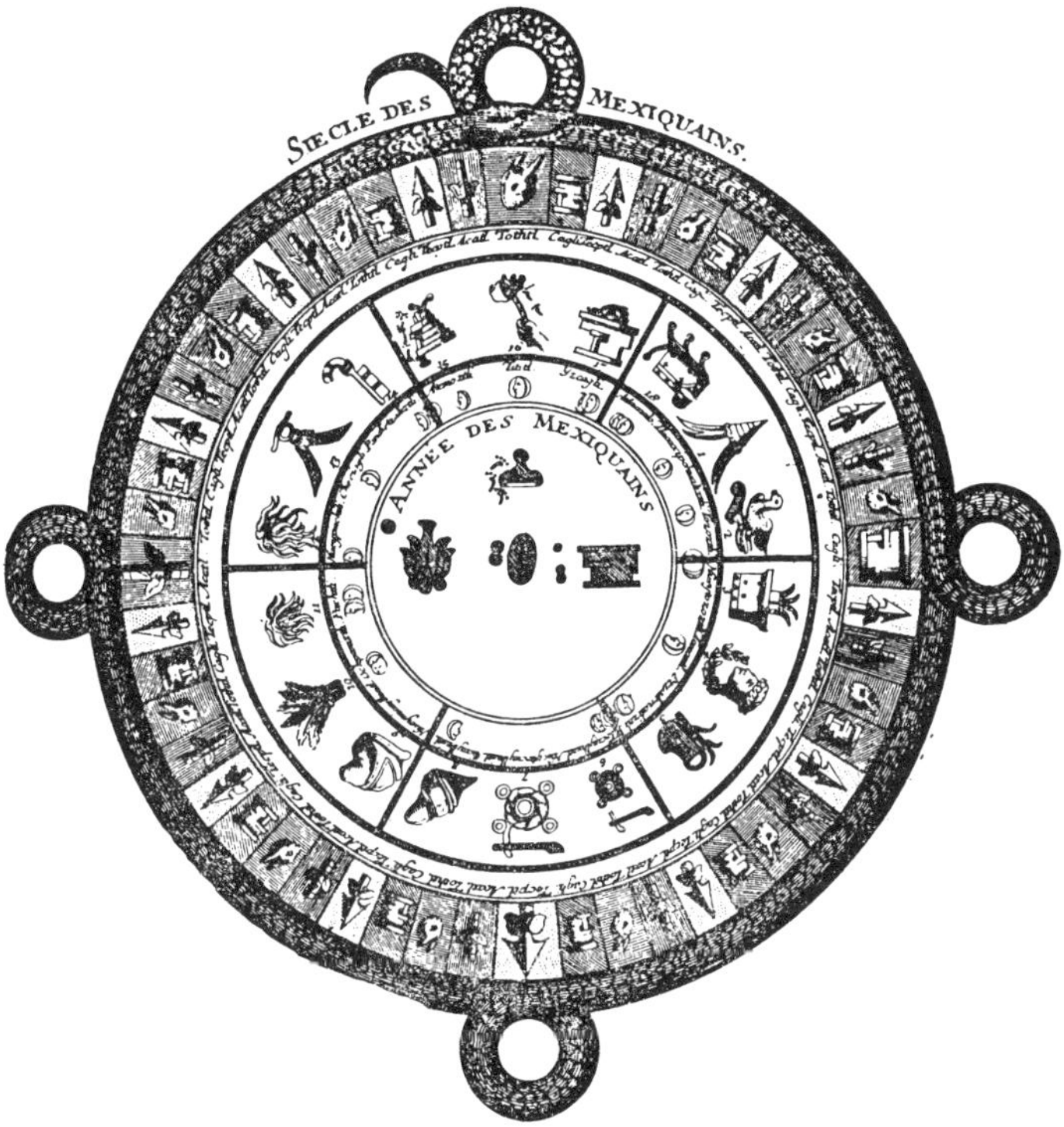

図44　メキシコの暦。

らせる。それも遠いものであればあるほど、珍奇なものであればあるほど結構というわけである。むろん私はこのような連中の好事家的興味に水を差す気は毛頭ない。しかし研究者や専門家のような人たちまでもが同じように眩惑されて、ユングは患者を言うところの「正しい地点」に導くためにヨーガの方法とヨーガの教理とを用い、何とかして患者にマンダラ図を描かせようとしているのだ、というのを聞くと黙っているわけにはいかない。私の著書のどこを一体読んでいるのかと尋ねたい。少々読み違いをしていたなどという罪の軽いことではないのである。どうやらこういう人たちは、人間の心はありとあらゆる悪しき思想の母胎であって、ありとあらゆる邪悪の詰まって

図45　魂の導者としてのヘルメス。ローマ時代の陰刻入りの宝石指輪

いる容器であるという教えに骨の髄まで染まっているものと見える。人間の心がもし本当にそういうものだとすれば、神の創造の御業は悲しむべき失態であったことになるし、そうであれば、われわれはすぐにでもグノーシス派の思想家マルキオンに与して、能無しの創造者デミウルゴスをお払い箱にせずばなるまい。(訳注1)自分で匙を口に持っていくことのできない白痴の子供たちの世話は一切神に任せておくに如くはないということかも知れない。なるほどこれは良心の咎めを受けないで済む一番楽な方法であろう。しかし人間は自分のことは自分で考えるだけの能力と尊厳をそなえている存在であり、自分自身の心のうちに何ものかを生み出す萌芽を宿している存在なのである。(五)心の中で人知れず生起していることを辛抱強く観察することは必ずや有意義であって、もし心が外や上から規制されることがなければ、そこに人間にとって最も重大にして貴重なことが生起するのを見ることができるだろう。私は人間の心で生起する事柄に対して深い尊敬の念を懐いているので、密かな自然の摂理に要らぬ手出しを試み、それを妨げたり歪めたりするような真似はしたくない。こういうわけで私は今回の夢の系列《シリーズ》に取組むにあたっては自分でそれを観察することさえ断念し、私の知識の影響を蒙っていない初心者に観察を任せたのであるが、それもこれも干渉を避けようがために他ならなかった。従って私がここに報告する諸結果は、ある曇りない知性の持主〔夢見者〕の純粋で良心的で正確な自己観察であると言ってよい。彼に対しては示唆も先入見も何ひとつ与えていないし、彼の方もそんなものは受けつけなかったことであろう。それゆえ心的材料の性質に本当に精通している人なら、ここに報告される諸結果が真実であり、そこに何の手も加わっていないということを即座に見て取ることができると思う。

二　夢に現れるマンダラ

完璧を期すためにここでもう一度、すでに言及した初期夢に見られるマンダラ象徴を列記することにする。それは次の五つである。（訳注2）

マンダラ夢1　（5の幻覚像）夢見者の周りにぐるりと円を描いている蛇。

マンダラ夢2　（17の夢）青い花。

マンダラ夢3　（18の夢）掌に金貨を持っている男。見世物演芸のための仕切られた場所。

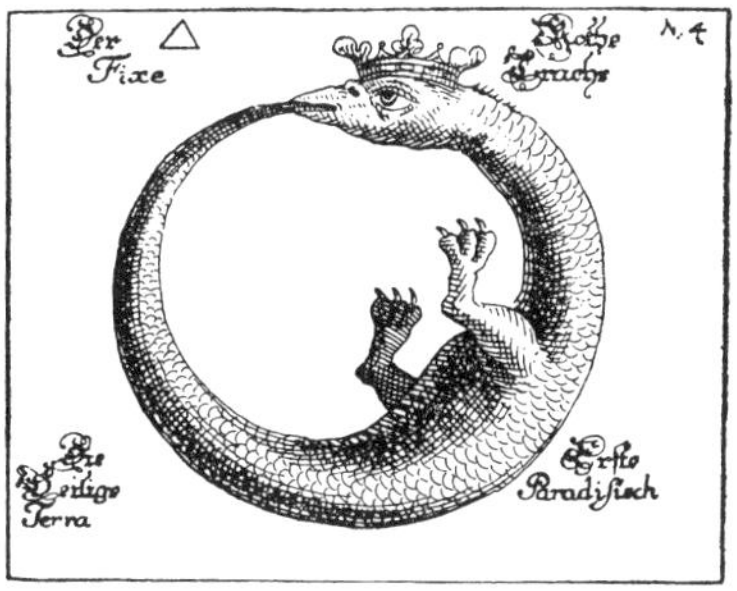

図46　冠を被った，尻尾を咬む龍（ウロボロス）。エレアーツァル『太古の化学作業』（1760年）より

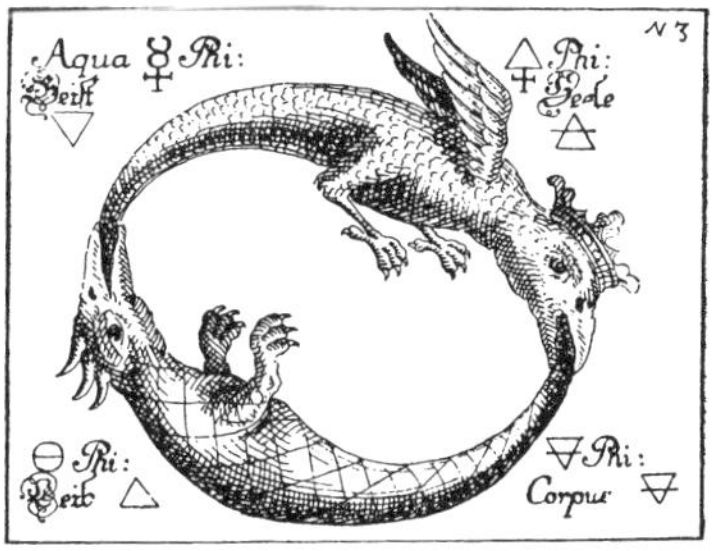

図47　二匹の龍のつくる円。四隅に四大のしるしが見える。エレアーツァル『太古の化学作業』（1760年）より

マンダラ夢4　（19の幻覚像）赤い球。
マンダラ夢5　（20の夢）球体。

マンダラ夢6　**夢**
ある見知らぬ女が夢見者を追いまわしている。夢見者はいつまでも円を描いて走り続ける。

マンダラ夢1の蛇は予見的性格のものであったことが判る。夢の中のある形象が無意識のある側面の擬人化である場合、その形象が、後に主体（夢見者）みずから体験することになる行動や苦しみを予め示すということは始終あることであって、この蛇の場合もその例に洩れない。蛇は円運動を暗示するものであり、その円運動に今度は主体自身が巻き込まれるのである。ということはつまり、円運動と見なされうる何ごとかがすでに無意識裡に生じているのであるが、この事象がいま、主体自身がそれに捉えられる程度にまで意識領域に接近してきたということを意味している。見知らぬ女ないしアニマは無意識を代理するものであって、無意識が夢見者を圧迫し続けて遂に円運動に追い込んだのである。円運動を始めたということは、自我とは異なる中心点がすでに潜在的な形で与えられているということである。自我がこの中心点の周りを廻っているのである。

マンダラ夢7　夢

アニマが夢見者に向って、自分のことをちっとも構ってくれないとなじる。時計が一つある。その時計は（?・）時五分前を指している。

状況は前と同じである。つまり無意識がしつこい女のように夢見者に迫り、夢見者を悩ませている。すると時計が現れる。時計の針は回転するから円運動を象徴する。「(?・)時五分前」は、時計によって生活する人間ならどうしても避けられないある種の緊張状態を意味している。針が廻ってその五分が経過すれば何かをやらなければいけないのだ。それはあるいは非常に差迫った用事かも知れない（円運動という象徴——図13参照——は、以下においても明らかになるが、いつも何らかの緊張感と結びついている）。

マンダラ夢8　夢

船に乗っている。夢見者は位置測定の新方法を試みている。しかし彼の測定位置は行き過ぎるかと思えば行き足りぬという工合でうまくいかない。正しい位置はその中間にあるのだ。一枚のカードがあって、それを見ると中心点を持った円が一つ描かれている。

夢見者の取組んでいる仕事は明らかに、中心点を、正しい位置を確認するということである。それは円の中心点である。夢見者はこの夢の内容を紙に書きつけている時に、これより少し前の夢で射的（Scheibenschießen）

図48　「作業《オプス》」の「目的」達成に欠くことのできない「腐敗 puterefactio」。（それゆえ的《まと》を射る射的が描かれている）。
デ・ストルケンベルク『化学の庭』（1624年）より

（図48参照）をしている場面を見たことを急に想い出した。彼の射た矢〔撃った弾丸〕は的の上に行き過ぎるかと思えば下に行き過ぎるという工合でうまくいかなかった、的はその中間にあった、そしてこの二つの夢は何かとても意味深長なものに思われた、と彼は語った。標的（Scheibe）は一つの中心点を持つ円である。海上の位置は、地球の周りを回転しているようにみえる星々との相対的位置関係によって測定される。従ってこの夢は、ある客観的な中心点を相関的に割り出し測定するための行為を表現している。求められている中心点はすなわち、主体〔主観〕の外にある中心点である。

マンダラ夢9　**夢**

振子時計が一つあって、分銅が下降しないのにいつまでも動き続けている。

これは一種の停止することを知らぬ時計である。動力源である分銅〔時方《ときかた》分銅〕が下降しないのに動き続けているということは明らかに摩擦損（Reibungsverlust）が生じていないということであって、従ってこの時計は永久に動くもの（perpetuum mobile）、つまり永久の円運動を行うものである。ここでわれわれは永久という「形而上的」性質に邂逅する。すでに言ったように、私は「形而上的」という語を心理学的観点から用いているのであって、この語本来の意味に用いているわけではない。ということはつまり、この場合の永久は無意識の自己表出の一つの在り方を指しているのであって、無意識の実体的内容を意味しているのではないということである。ところで夢見者の知的判断力にとっては、このような夢の自己表出はむろん不快なものである。がしかし、他ならぬこの不快さがマンダラに特別の意味を与えるのである。意味深長な事柄が非難されるのは、その事柄が理性に反するもののように思われ、その結果理性が苛酷な試煉に立たされるという理由による場合が少くないのである。摩擦損の無い運動は、この時計が宇宙的《コスミック》なものであること、いや超越的なものであることを示しており、そうなるとどうしても、マンダラ象徴において自己を表出する心的現象においては、通常の時空の法則の枠を越えているようなある質が問題になってくる。ここに経験的な自我との完全な異質性が存するのであって、マンダラ象徴に示されるあのもう一つの人格の中心は自我とは異なる次元にあるのである。つまりそれは自我とは異なって「永久」ないし相対的無時間性という性質を有するものだからである。

マンダラ夢10　夢

チューリッヒのペーターホーフシュタット〔聖ペーター寺院附属庭園〕に夢見者と医者と尖鬚の男と人形の

ような婦人とがいる。この婦人は見知らぬ女で、誰にも話しかけないし、誰からも話しかけられない。三人の男のうちの誰の連れだろうかという疑問が起る。

チューリッヒの聖ペーター寺院の塔には吃驚するほど大きな文字盤のついた時計がある。ペーターホーフシュタットは仕切られた場所で、言葉の本来の意味における聖域《テメノス》、つまり教会〔神の家〕に属する区域である。この区域に四人の人間がいる。時計の円は、天の方位と同じように四分の一ずつに分かたれている。夢見者は自我を表し、尖鬚の男は「雇われた」知性（メフィスト）を、「人形のような婦人」はアニマを表す。人形は子供が相手にするもの、つまり子供の対象だから、アニマの非自我的《ノン・エゴ》本性を表現するにはうってつけのものであるし、「誰からも話しかけられない」というのも、対象としてのアニマの特徴をうまく言い当てている。「誰からも話しかけられない」ということは（先のマンダラ夢6および7の場合と同じように）意識と無意識との間の関係の疎遠さを暗示している。「見知らぬ女」が誰の連れかという疑問もまったく同様の暗示である。「医者」もまた非自我《ノン・エゴ》に属するものであって、この医者は、夢見者と私との間にはこの夢が見られた当時はまったく交渉はなかったけれども、私自身に対する暗示を幾分か含んでいるように思われる。[六] これに対して尖鬚の男は自我に属する。ところでここに示されている状況はわれわれにすぐさま機能の図式（図49）を想起させる。意識の根本機能[七]

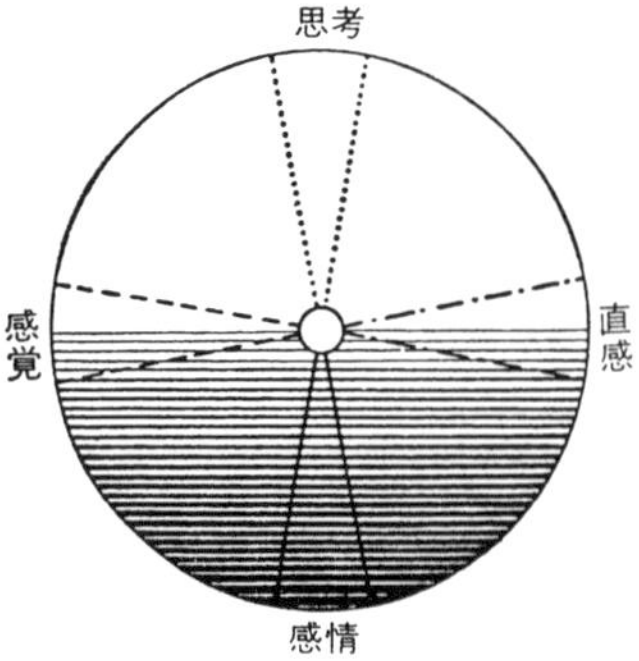

図49　意識の四つの根本機能の図式。ここでは「思考」が主要機能（分化機能）と見なされている。それゆえ明るい方の半円の中央にある。これに反して「感情」は劣等機能として暗い方の半円の中央に位置している。他方，二つの補助機能（「直観」と「感覚」）は，半分は明るく半分は暗い。

を図49のように一つの円を用いて図式化して考えるとすると、次のように言うことができる。原則として、分化の最も進んだ機能は自我の担い手であり、同様に原則として、この機能には一つの補助機能が附随している。これに対していわゆる「劣等」機能は無意識裡にあり、それゆえ非自我《ノン・エゴ》に投影されている。劣等機能にも同じように一つの補助機能が附随している。そういうわけで、夢の四人の人物が四つの機能を、それも全人格（全人格ということは無意識をも含むということである）を構成する成分として表現していると考えることも不可能ではあるまい。人格の総体は自我《エゴ》と非自我《ノン・エゴ》とを足し合わせたものである。従って全体性を示す円の中心点は自我（Ich）を表すものではなく、全人格の核としての個我（Selbst）を表すものである（円の中心は「神の本質」の寓喩《アレゴリー》でもあって、その例は嫌というほど沢山ある）。ウパニシャッド哲学では個我は先ず第一に個人のアートマンであるが、同時に超個人的アートマンとしての宇宙的

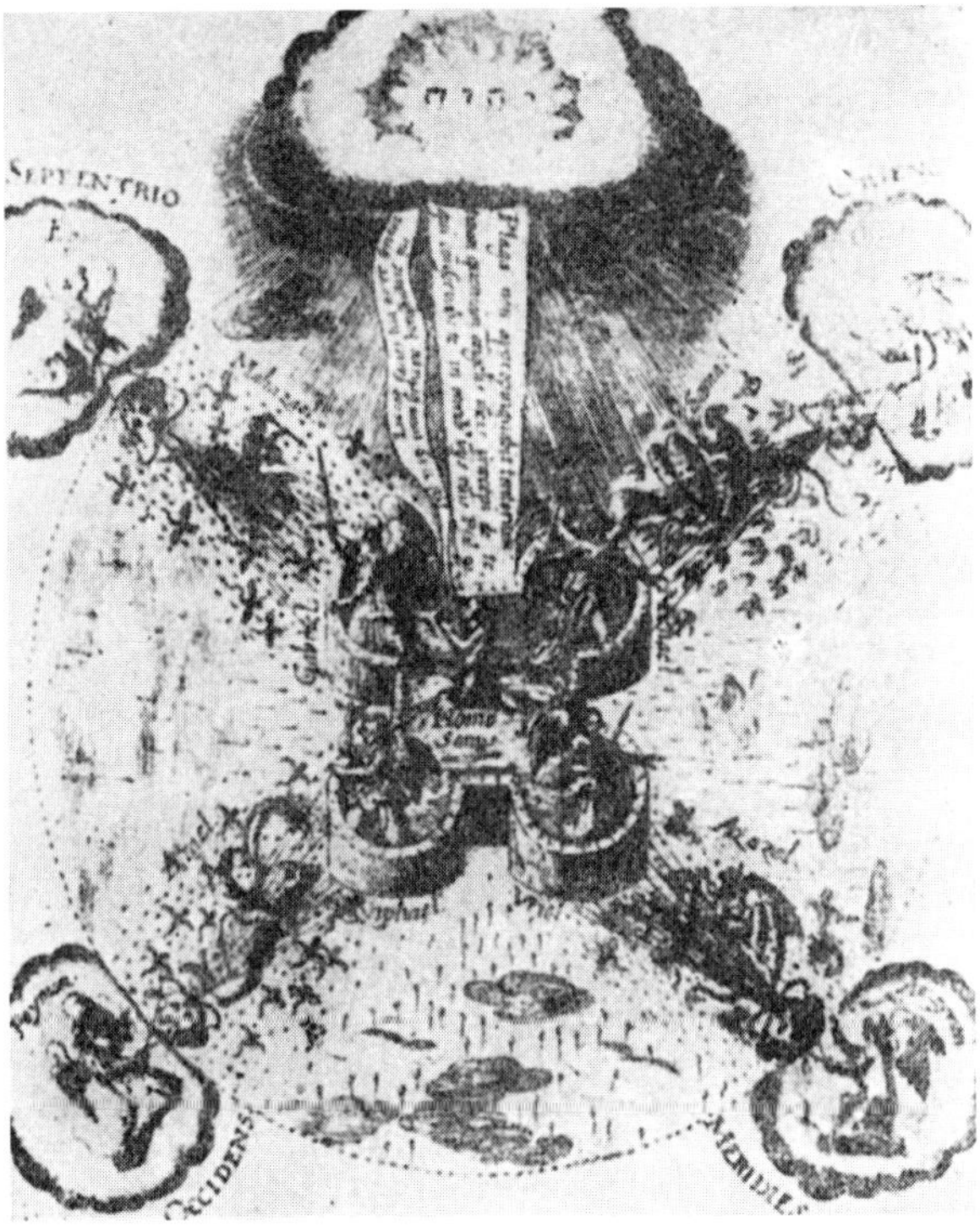

図50　病気の霊を防ぐ城砦。
フラッド『至高善』（1629年）より

・形而上的性質（八）をも有している。

グノーシス説においてもわれわれは同じような諸表象に出会う。ここではブルキアヌス古写本中の一論説（九）に出てくるアントロポス（Anthropos 原人間）、プレロマ（Pleroma 充足）、モナド（Monade 一なるもの・単子）、スピンテル（spinthēr 閃光）という表象を取上げてみよう。この論文の中ではこう言われている。「モノゲネス（Monogenēs）はモナド（モナス μονας）の内に住めり。モナドはセテウス（σηθευς）の中に在れど、何人もその所在を知らぬ場所より来たりぬ。……かかる場所よりモナドは来たりぬ――あらゆる善きもの（αγαθον）を満載せる船のごとく、あらゆる種（γενος）の樹々の充てる、もしくは生い茂れる野のごとく、あらゆる種の人間の充ち住める都市（πολις）のごとく。……モナドの姿はかくのごとし――その頭には冠として十二のモナドを戴き……城壁（πυργος）さながらに周りを包むそのヴェール（Καταπετασμα）には十二の城門（πυλη）あり……これらすべてのものモナドの内に在り。……これまさしく唯一生まれし者《モノゲネス》の母なる都市《メトロポリス》（μητροπολις）に他ならぬものなり」（一〇）（傍点ユング、「……」は中略。なお図51を参照）。

若干の注釈的説明をほどこしておこう。セテウスは神の名で、創造主を表す。モノゲネスは神の息子である。モナドは野および都市に喩えられているが、これは聖域《テメノス》の表象と合致する（図50参照）。モナドはまた冠を被っている（これに関しては、第二章の1の夢およびマンダラ夢35の「帽子」を参照）。モナドは母なる都市《メトロポリス》であるから女性であるが、これはラマ教のマンダラの基本形態であるパドマ（Padma 蓮華）と同じである〔蓮華《パドマ》は中国で言えば黄金の花〔金華〕、西洋で言えば薔薇および黄金の花にあたる〕。そのモナドに神の息子、すなわち神となりし者が住んでいる（一一）。ヨハネ黙示録では天のエルサレムの真中に仔羊〔神の仔羊キリスト〕が居る。われわれが今取上げている文献中にはさらに、セテウスはプレロマの、すなわち四つの城門を持つ都市の最も神聖な処

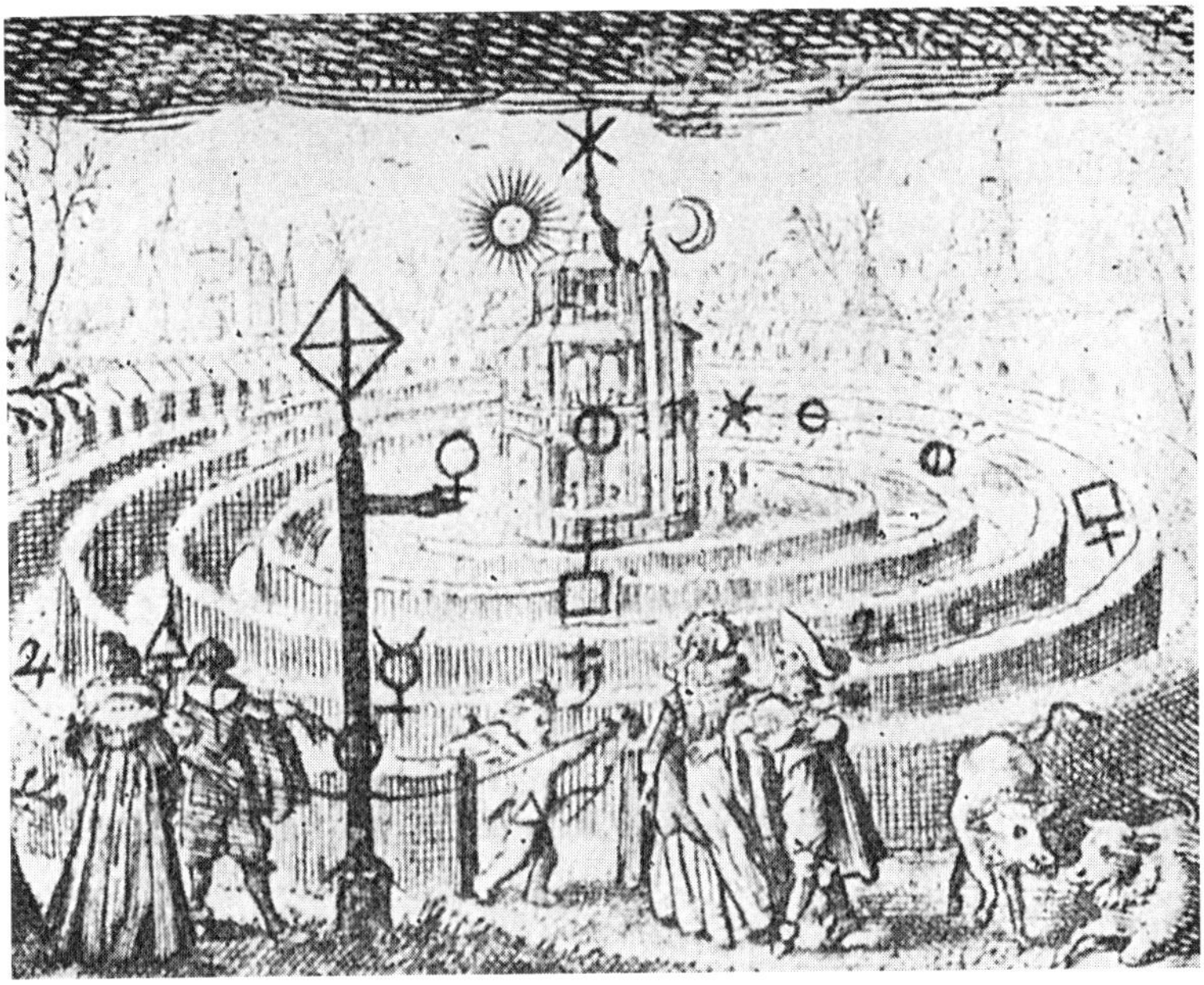

図51　遊星の円軌道に囲まれた「賢者の石」の神殿。これは同時に〝迷宮《ラビュリントス》〟を表している。
ファン・フレースウィク『緑の獅子』（1672年）より

に住むという文句が見える（同じようにインドでも世界の中心をなす宇宙山須弥山《メール》のブラフマンの都にも四天王に護られた四つの城門がある）。そしてそのそれぞれの城門に一つのモナドが存すると書かれている。[一二] アウトゲネス（Autogenēs・モノゲネスに同じ）から生まれたアントロポスの四肢はこの都市の四つの城門に照応する。モナドは父なる神の一つの閃光（スピンテル）、一つの姿であり、モノゲネスと同一のものである。そういうわけでこの論説中には「汝は家にして、家の住人なり」という言葉も見られる。[一三] モノゲネスはテトラペザ（Tetrapeza）、すなわち四本の支柱を持つ台座ないし壇の上に坐しており、[一四] これは四福音書家の四位一体に照応するものである。[一五]

ところで錬金術における石《ラピス》という表象は、以上に指摘した諸表象と少なからぬ類似点を持っている。たとえばヘルメス・トリスメギストスにあっては石《ラピス》はこう語っている、「われみずからとわが息子との結合、これにも増して価値高き、これにも増して尊ぶべき何ものも、この世には生ぜず Me igitur et filio meo coniunctio, nil melius ac venerabilius in Mundo fieri potest.」(一六)。またモノゲネスは「暗き光」とも呼ばれているが(一七)、『哲学者の薔薇園』でヘルメス・トリスメギストスはこう言っている。「われ(石《ラピス》)光を生めども、闇またわが本性なり Ego gigno lumen, tenebrae autem naturae meae sunt.」(一八)。同様にまた、錬金術には「黒い太陽 sol niger」も存在する(一九)(図34参照)。

図52　蓮華の上に坐るハルポクラテス〔エジプトのホルス神のギリシア風の呼び名〕。グノーシス派の陰刻入り宝石

モノゲネスは母なる都市《メトロポリス》の胎内に住み、冠を戴くモナドと同一(一体)のもので、ヴェールに包まれているが、『ヘルメスの黄金論説』のⅣの次の箇所はこの点との興味深い類似を示している。「されど王は、その同胞《はらから》の証しにあるごとく知ろしめして、かつは言い給う、〈余は玉座に登りて王冠を戴き、汝らの国土を統べ、かくして汝らの歓喜《よろこび》とならん。余は余が母の腕と胸に抱かれ余が母の本体に結ばれてある者なれば、絆を永遠に、余が本体の瓦解するを防ぎて安らかならしめん。余は見得るもののうちより見えざるものを生み出さん。されば隠れたるもの現れ出て、賢者らの隠しおきたるものことごとくわれらが内より生じ来るらん。汝ら耳傾けし者どもよ、余が言を知り、余が言に従い、余が言を想いて、これより他、何ごとをも顧るまじ。人の子はその太初《はじめ》より自然の胎より出来たるものにして、自然の臓腑すなわち肉なり。自然より他、人の子を生むもの絶えて無し〉」。

「王」は石《ラピス》を指している。石《ラピス》は「支配者〔主人〕」であって、このことは『哲学者の薔薇園』の中で、「かくし

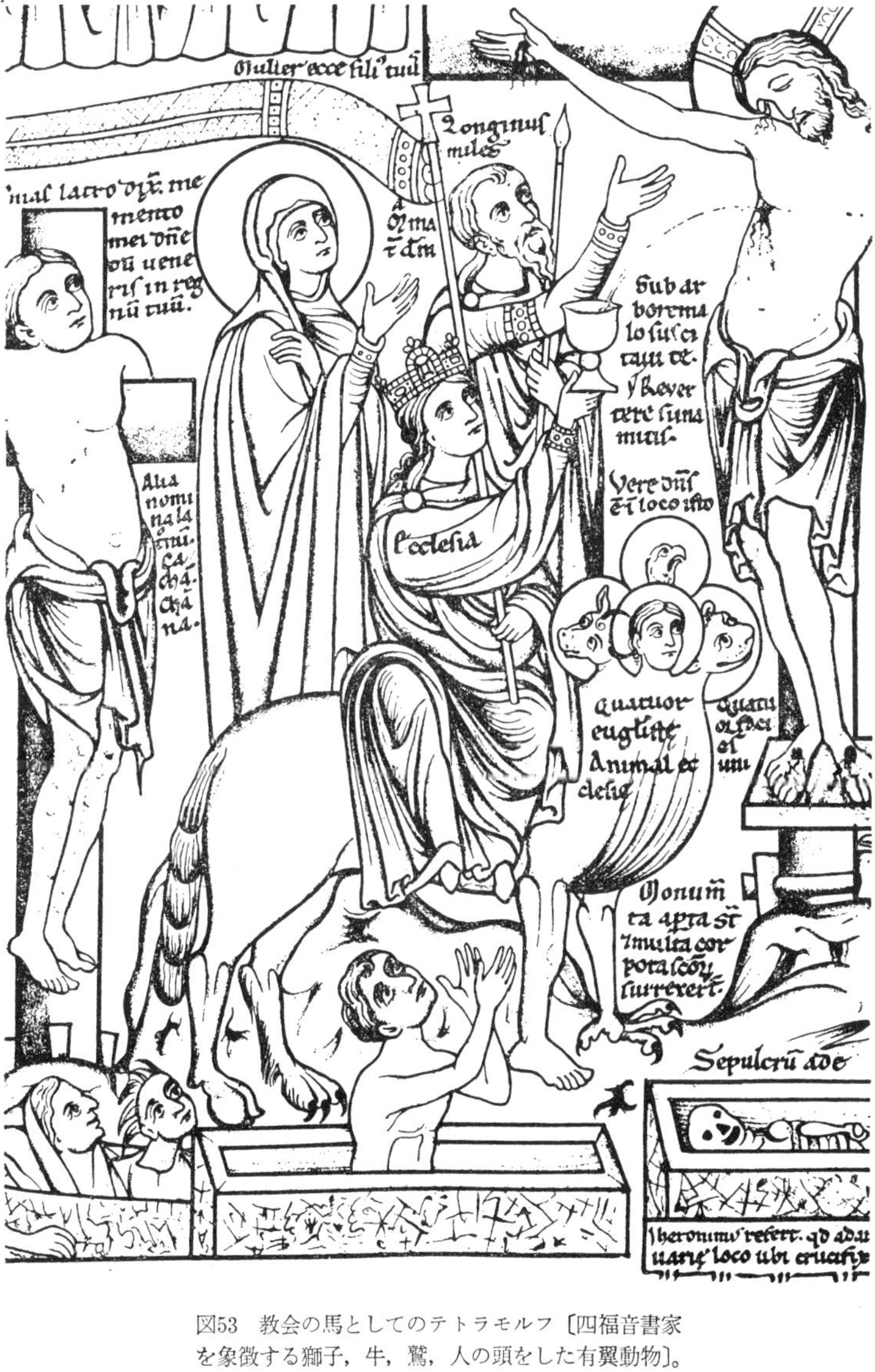

図53　教会の馬としてのテトラモルフ〔四福音書家を象徴する獅子，牛，鷲，人の頭をした有翼動物〕。フォン・ランツベルク『快楽の園』（1118年頃）より

て賢者〔哲学者〕は石《ラピス》の主人（Magister）にあらず。そはむしろ下僕（minister）なり」(二〇)と言われていることから明らかである。石《ラピス》の生誕〔製造〕は冠をつけたヘルマプロディトスの姿において最終的に成就するが、この石《ラピス》の生誕が「王の謎 Aenigma Regis」と呼ばれている(二一)のもこのことを裏付けている。ドイツ語で書かれたある詩句は「王の謎」についてこう詠っている(二二)。

かくていま、いと気高き王の生まれたり
この王に勝るもの、いかでか生まれ来るらん。
人の業によりても自然の業によりても
生きとし生けるものの胎よりかく気高きものの出来ることなし。
賢者ら、息子たるこの王について言うは、
かの王、われらの為せることごとくを為すと。

（図54参照）

この詩の最後の二行は右に掲げた『哲学者の薔薇園』Ⅳのヘルメス文書からの引用に言われていることを直接指していると見て差支えあるまい。

かく見てくると、錬金術師たちの胸の内には、古代の（そしてキリスト教の）考えでは父に永遠に内在し神の贈物として示現するとされている息子は、人間自身が、むろん神の後楯を得て（「神が許し給うならば Deo concedente」）ではあるが、みずからの本性の中から産出（erzeugen）することのできるものであるという思想が、仄かに萌していたかに思われる。この思想の異端性は言を俟たない。

劣等機能の女性的性質は、それが無意識と混淆しているところに起因する。つまり無意識は女性的徴候を帯びているのであって、だからこそアニマに擬人化されて現れるのである（もちろんこれは男性の心における場合であって、女性の心における場合は逆に男性的なアニムス〔animus〕に擬人化される）（一三）。

ところで、この夢およびこれに先行する夢の数々に、夢見者が非常に意味深長だと感ずるのも尤もだと思われるような何ものかが本当に含まれているとするなら、さらにまたそのような含蓄が、たとえば以上の注釈的説明で引合いに出した諸観点に符合するとするなら、ここに見られる夢の数々は、その大胆さにおいて類を見ないような最高度の内向的直観（introspektive Intuition）の例だと言って差支えなかろう。しかしいずれにしても、このような事柄にはついぞ出会ったことのない意識にとっては、これらの含蓄は、いや永久に動く振子時計からしてすでに、消化しにくい食物であって、このような不消化物が喉につかえていては、思考があまりにも高く飛翔するのを許さないであろう。

図54　三匹の蛇と一匹の蛇とを手にするヘルマプロディトス。下にいるのは三つの頭を持つメルクリウスの龍。『哲学者の薔薇園』（1593年）より

マンダラ夢11　夢

夢見者、医者、パイロット、見知らぬ女の

四人が飛行機に乗って空を飛んでいる。突然クロケットの球が、不可欠の操縦器具（Navigationsinstrument）の一つである鏡（Spiegel）に当ってこれを打ち砕き、飛行機は墜落する。今度もまた見知らぬ女は誰の連れだろうという疑問を感ずる。

医者、パイロット、見知らぬ女はともに非自我《ノン・エゴ》に属する性質のものである。三人とも夢見者の見ず知らずの人間だからである。従って夢見者が依然として確保しているのは、例の四機能のうち自我の担い手である分化機能〔最も分化の進んだ機能・この場合「思考」〕だけである。ということはつまり無意識が相当程度に地歩を占めたということを意味する。クロケットは、球を打ってアーチ形の輪（Bogen）の下を通過させる競技である。第二章の8の夢にはこうある——人々は虹の橋（Bogen）の上を通る（「虹」であるから上を「通る」というのは上を「飛ぶ fliegen」と言い換えてもよいのではあるまいか）のではなく、その下を通り抜けなければならない、その上を通る者は墜死する。つまり虹の場合もこの夢の飛行機の場合も、あまりにも高く飛びすぎたので墜落したというふうに見える。クロケットは地上で行われる競技であって、空中で行われるのではない。人間は「精神」の直観によって「地上」から、すなわちこの苛酷な現実から高く飛翔し、それから逃れるような真似をしてはならない——実際このような飛翔ないし逃避は直観力が非常に優れている人間においてよく見かけられる——、なぜなら人間は心に予感されるものと同じ高みに居るわけではなく、それゆえ決して予感と自己とを同一視してはならない、と言っているかのようだ。虹の橋の上を通ることのできるのは神のみであって、これに反して死すべき運命にある者〔人間〕は地上を歩く者、地上の諸法則に隷属する者であるというわけである（図16参照）。確かに人間がこの地上に拘束された存在だということは、人間の優れた予感能力のことを考え合わせると、実に嘆かわしい不完全さを意味するであろう。しかしまさにこの不完全さこそ、人間の本質的要素の一つ、そのありのままの姿に他ならないのである。なぜなら優れた予感や高度の理念や気高い努力のみが人間をつくっているのではなく、遺伝的素質や、「これはお前がやったことなのだ、お前はそういう人間なのだ！」と耳許で囁く数々の消し難い記憶のような、忌わしい所与条件（Gegebenheiten）もまた人間をつくっているものだからである。なるほど人間の身体からは太古の蜥蜴の尾は消えてしまった、しかしその代りに人間の心は人間を地上にしっかりと結びつけておく一本の鎖につながれている。この鎖は、一連の「所与条件」から成るホメロスの鎖[訳注3]、それが余りにも重いので、英雄や聖者になる危険を冒すよりはむしろそれに繋がれたままでいる方がましだというあのホメロスの鎖そのままだと言ってよいであろう（ただし、人間の歴史を見ればこのような集団的規範に絶対的価値を置かない方がよいという例もいくつかあることを附言しておく）。むろん人間の地上拘束性は、人間は成長発展する（wachsen〔地面から上に伸びて行く〕）ことができないということを意味するわけではない。むしろ逆に、地上拘束性は成長発展の必須条件（conditio sine qua non）であるということを、すなわちそれなくしては成長発展もありえないところの条件であるということを意味している。どれほど高く聳える木でも、どれほど高貴な樹でも、暗い地中の根のことを忘れることは絶対にない。しかも、上に向って伸びるばかりでなく、下に向っても伸びるのである。人間がどこに向って行くか（wohin）という問いは確かに量り知れない重要性を持ってはいるが、しかし、そこに向って行くのは一体誰なのか（wer）という問いも同じぐらい重要であるように私には思われる。そして「誰なのか」という問いは常に、その人間は「どこから woher」来たのかという問いに結びついているのである。高さを維持するには大きさが必要である。高く聳えることのできる人はいるであろう

図55　魔法の鏡の前のファウスト。
レンブラントの銅版画（1652年頃）

が、正しい中心点〔的《まと》〕を射ること（マンダラ夢8参照）は難しいのだ。それを見事に射当てようとするためには、人間の人格の二つの面を意識化すること、すなわち目的〔どこへ行くか〕と由来〔どこから来たか〕の両面を意識化することがどうしても不可欠である。この両面をあるいは傲慢のゆえに、あるいは臆病のゆえに分離することは許されない。

「不可欠の操縦器具」である「鏡 Spiegel」は知性を暗示するものだと思われる。知性は思考する力を持ち、いつも人間に向って、おまえはおまえの諸洞察（洞察とは事物を心の鏡に映すこと、すなわち「反映 Spiegelung」でもある）と一体であると説き聞かせる。「鏡」はショーペンハウアーが知性を表すのに用いたお気に入りの比喩でもある。「操縦器具」という表現は実にうまく知性の特徴を言い当てている。なぜなら知性は人間が道なき海を渡り行く時の不可欠の導き手だからである〔「操縦Navigation」はもともと航海術の意である〕。しかし一度知性の立っている地面が取払われると、直観はあてどもなくどこまでも飛翔し、知性はそれに惑わされてああでもないこうでもないという懐疑的思索に悩まされる。こうなると事態は危険な様相を帯びてくる（図55参照）。

この夢でも夢見者と他の三人の人物とが四要素構成をなしている。アニマである見知らぬ女は、そのつどいわゆる劣等機能、すなわち未分化機能を表している。この夢見者の場合それは「感情」である。クロケットの球は「まるいもの」というモチーフの一つであって、従って全体性の、すなわち個我の象徴の一つである。個我（球）はここでは知性（鏡）に敵対するものとして現れている。このことから、夢見者が自分を「操縦」するのに知性に頼りすぎて、その結果個体化過程を妨げていることがはっきりと判る。パラケルススの『長き生きについて』では、四はスカイオラエ（Scaiolae）と、個我はアデク（Adech・原人間であるアダム［Adam］からの造語）と呼ばれているが、パラケルススは、この両者は「作業」に種々の困難をもたらすものであることを指摘し、この困難のことを考えるとアデクは作業に敵対するものではないかとさえ言いたくなると語っている。(二四)

マンダラ夢12　夢

夢見者は父親、母親、姉（妹）と一緒に、市街電車の昇降口のところに大変危険な姿勢で立っている。

ここでも夢見者と他の登場人物とが四要素構成をとっている。夢見者は墜落したが、落下したところは、人間がその全体性からまださほど遠ざかっていない幼児期である。家族が全体性を表現している。すなわち全体性の構成要素が幼児期と同様に家族構成員に投影されており、家族構成員のそれぞれにおいて擬人化されている。このような状態はしかし、大人になった人間からすれば退行であって、危険である。というのもこのような状態は、未開人が「魂の喪失」と感じて恐ろしがる一種の人格の分裂を意味するからだ。このような分裂が起ると、それまで苦労を重ねて統合されてきたもろもろの人格部分が、再び外部へと拡散する。そうなると人間はその罪(Schuld)を失って、代りに幼児的な無垢(Unschuld)を身につける。こうして再び、これは意地悪な父親のせい〔罪〕だ、これは愛情の無い母親のせい〔罪〕だということになり、このような否定し難い因果の網の目に蜘蛛の巣にひっかかった蝿さながらに捉えられてしまい、自分が道徳的自由を失ってしまったことに気がつかない。(二五)両親や祖父母が子供や孫に対してどんな罪を犯していたとしても、その人間〔子供や孫〕が本当に大人になり切っているなら、当然覚悟しておかねばならない自分の所与条件と考えるだろう。今さらどうにもできない他人の罪をいつまでもとやかく穿鑿するのは愚か者のすることである。賢明な人間は自分の罪だけを問題にし、そこから学ぼうとする。彼は、これらもろもろのことが自分の身に起ったのは自分のどこに起因するのか、自分はどんな人間なのかと自問する。彼は自分自身の内奥に眼を注ぎ、そこに「自分は何者か」という宿命的な問いの答を求めようとする。

前の夢では乗物は飛行機であったが、今度は市電である。夢に現れる乗物の種類は、夢を見ている人間のその時点における生活の動き方ないし生活の在り方を表現する――換言すれば、いかなる心的生活をしているか、つまり心の営みが個的か集合的か、自分の手段に頼っているか他人の手段、借物の手段に頼っているか、内発的か杓子定規かということを示す。飛行機に乗っている時の夢見者は、一人の見ず知らずのパイロットに導かれているが、これは無意識に発する直観によって導かれていることを意味する(この場合の誤謬はしかし、操縦が余りにも「鏡」に頼りすぎているというところにある)。目下の夢の場合夢見者は、市電という誰もが気軽に一緒に乗ることのできる集団的乗物に乗っており、これは夢見者が誰も彼もと同じように動いている、あるいは生活しているということを意味する。しかしいずれにしても夢見者は、今度も前と同じように四人連れであって、これは、夢見者が市電に乗ることになったのも飛行機に乗ることになったのも、無意識が全体性を目指して努力しているがためだということを示していると見て差支えない。

マンダラ夢13　夢

海にある宝が隠されている。海底に達するには狭い隙間を通って潜って行かなければならない。これは危険であるが、しかし底に達すれば伴侶（der Gefährte〔同伴者、仲間、連れ、友〕）が一人居るだろう。夢見者は暗い海底目指して思い切って飛び込む。すると海の下〔海底〕で、噴水を真中にして規則的に構成されている美しい庭に出会う（図56参照）。

無意識の海に、「めったに手に入れることのできない宝」が隠されている。これに到達することができるのは勇気ある人間だけである。私は、この宝は同時に伴侶でもあると、つまりわれわれの傍にあってわれわれと共に人生を歩む者でもあると解釈したい。「伴侶」は、「個我」の中にその相手（Du〔きみ〕）を持っているひとりぼっちの「自我 Ich〔僕〕」というところから即座に出てくる類推《アナロジー》であると思われる――自我がひとりぼっちだというのは、「個我」は最初は非自我《ノン・エゴ》であって、見知らぬものだからである。ところでこれは「不可思議な道連れ」のモチーフである。たとえば、エマオへ向う二人の弟子とキリスト、『バガヴァッド・ギーター』のクリシュナとアルジュナ、『コーラン』第十八巻のムーサー（モーゼ）とアル・ハディルなどはその有名な例である。（二六）

図56　『球体に関する古写本』（15世紀）の中にある若返りの泉の図。

さらに私は、海底の宝と、伴侶と、噴水のある庭とは、同一のものであると解釈したい。同一のものとはすなわち個我である。つまり庭はまたもやあの聖域《テメノス》であり、噴水は「生ける水」である——これは新約ヨハネ伝第七章三十八節に出てくる「生ける水」であり、また『コーラン』の中のムーサー（モーゼ）が、「我ら(アッラー)の僕《しもべ》の一人で、我らが特別の恩寵を授け、じきじきに知識を教えておいた」〔『コーラン』第十八巻、井筒俊彦訳〕あのアル・ハディル(二七)に助けられて、アル・ハディルと共に探し求め発見したそれでもある。そして伝説は、不毛の大地もアル・ハディルの周りではぐるりと春の花を咲かせたと伝えている。泉（噴水）を持つ聖域《テメノス》という構図は、イスラムにおいて、初期キリスト教建築術の影響下に、泉屋《いずみや》（Waschhaus）を配した回教寺院《モスク》の中庭という形に発展した（たとえば九世紀にアフメド・イヴン・トゥルン〔Achmed Ibn Tulûn〕によって建てられたカイロのイヴン・トゥルンのモスク）。ヨーロッパの僧院においても、噴水のある庭を巡る回廊に、この構図を認めることができる。錬金術の文献に書かれている、そして後にはしばしば美しい銅版画に描かれた「哲学者の薔薇園」もまた同様である。因に例の「家の住人」（マンダラ夢10の説明部分を見よ）も「伴侶」である。中心と円とはこの夢では噴水と庭という形をとって現れているが、これは、何よりもまず生ける存在である石《ラピス》の類似物《アナロジー》である（図25、26参照）。ヘルメス・トリスメギストスは石《ラピス》にこう言わせている、「われを護れ、さればわれ汝を護らん。われに相応しきものをわれに与えよ、われ汝を助けんがためなり Protege me, protegam te. Largire mihi ius meum, ut te adiuvem.」（二八）。これによれば石《ラピス》は、良き友にして助力者に他ならず、石《ラピス》を助けるものを助けてくれる。助けるものを助けるという発想は補償関係を暗示している（このように見てくると、マンダラ夢10の説明部分で言ったこと、特に「モノゲネス」—「石《ラピス》」—「個我」の類似《アナロジー》が想い浮ぶ）。

かくして地上への墜落はついに海の底にまで、無意識の深奥にまで達し、これによって夢見者は、幼児性への退行による人格の分裂から彼を護ってくれる聖域《テメノス》に達したのである。従って状況は、魔法の円が無意識から浮び上ってくる雑多なものの誘惑に対して夢見者を護らなければならなかった第二章の4および5の夢の場合と多少似通っていると言えるだろう（『ポリフィロの夢の恋愛合戦』の「ネキュイア」の初めのところで同様の誘惑の危険が見られる）。

生命の泉はアル・ハディルと同じように良き伴侶であるが、胡散臭い点がないわけではなく、『コーラン』ではそのため老いたるムーサー（モーゼ）は若干の危険な試煉に出会うことになる——なぜならこの泉は常に甦る［若返る］生命力（図57参照。さらに図25、26、27、84をも参照）、永久に止ることのない時計だからである。正典に属するものではないが、「われに近き者は、火に近し」（二九）という主の言葉がある。ここに見られる秘教的キリストが火の源泉（図58参照）である——これはヘラクレイトスの「火は永遠の生なり πῦρ ἀεὶ ζῶον」と大いに関係がありそうに思われる——ように、錬金術の哲学者たちの思想においても、「われらが水 aqua nostra」

図57　太陽と月の霊験を身に受けながら，奇蹟の泉の水で荘厳な沐浴をする図。
アンゲリーカ文庫（14世紀）より

は「火 ignis」である。(三〇) 泉は単に生命の流れであるというばかりでなく、生命の温もり、いや生命の熱気、情熱の秘密でもある――情熱は事実、常に火に関連した数々の類義語で形容されたり表現されたりする(三一)――。すべてのものを溶解する「われらが水」は、石《ラピス》の製造にとってなくてはならない原料である。しかし泉は下から湧き出るのであって、道は下を通っている。生命の火の泉は下においてのみ見出される。この下は人間の自然史であり、人間と本能世界との因果的結びつきである（図16参照）。このような結びつきなしには石《ラピス》も個我も生まれえないであろう。

図58　「炎となって燃える」聖痕を帯びた，火の源泉としてのキリスト。かつてのケーニヒスフェルデン修道院（スイス）の教会堂の，聖壇所のガラス窓の一部（14世紀）

マンダラ夢14　夢

夢見者は父親と一緒にある薬局へ行く。この薬局では貴重なものが、とりわけある特殊な水が安い値段で手に入る。父親は夢見者に、この水がどこの国からやってきたか、それはどんな国かを物語って聞かせる。その後で夢見者は汽車に乗ってルビコン河を渡る。

ガラス瓶や鉢の数々、さまざまな水、「神の石 lapis divinus」と「悪魔の石 lapis infernalis」、そして薬剤師、これらが顔を揃えている古風な「薬局」は、かつての錬金術調理室の様子をありありと伝えている最後の名残りである――とはいえそれは、「聖霊の贈物 donum spiritus sancti」のうちに黄金《きん》造りの幻しか見なかった、あの二流の料理人たちの調理室ではあるが。「特殊な水」は文字通り「卑賤ならざるわれらが水 „aqua nostra" „non vulgi"」(三二)である。父親が夢見者を生命の泉へ導こうとするのは、父親が夢見者の生命の自然的生産者であることを考えれば、すぐさま納得のいくことである。父親はいわば、夢見者の生命の泉が湧き出た国ないし土地を代理している。父親はしかし具体的には生命の意味を説き、そのもろもろの神秘を古人の教えに倣って説明するところの「教示する精神」である。つまり父親とは伝統的叡智の仲介者なのである。むろん現代では、父親がこのような教育者としての課題を果しているのは、息子の夢の中で父親もしくは「老賢者」という元型像として現れる場合に限られてはいるが。

生命の水は安値で手に入る。なぜなら、そもそも誰もがそれを所有しているのだから。が、もちろんその本当の価値を知らずに所有しているのである。それは「愚者によって軽んじられる spernitur a stultis」。愚者は、善きものはすべて外に、どこか余所にあると、そして己れの心の内にある泉は単なる……にすぎない、と思っているからである。生命の水の湧き出る泉はあの「低廉なる石《ラピス》 Lapis „pretio quoque vilis"」と同じであり、そして低廉なるがゆえに軽んじられるシュピッテラーの『プロメテウスとエピメテウス』のあの宝石と同じである。『プロメテウスとエピメテウス』では石《ラピス》すなわち宝石は、大司祭や学者から農民にいたるまで、すべての人々から「道に投げ捨てられる in viam eiectus」。アハスヴェールはこれを道端で拾うが、ポケットに突込む。こうして宝石は再び無意識の中に納《しま》い込まれるのである。

しかしこの夢見者の場合は何かに気づいており、ために断固たる決意を懐いてルビコン河を渡る。あの生命の流れ、あの生命の火は決して低く評価してはならず、己れの全体性を実現するには不可欠のものだということに夢見者は気づいたのである。そして、ルビコン河を渡るということは、賽は投ぜられたということであり、もはや後戻りはできない。

マンダラ夢15　夢

四人の人物がある河を船で下っている。四人とは、夢見者、父親、友人のうちの特定の一人、そして見知らぬ女である。

「友人」は、それが特定の、ごく親しい人物である限り、父親同様に夢見者の自我領域に属する。となるとこの夢では非常に重大な変化が起ったことになる。つまり四要素構成の配分は、マンダラ夢11では無意識三に対して意識ないし自我一であったが、ここでは意識ないし自我三に対して無意識一（見知らぬ女）に変っている。すなわち無意識がその勢力を減じているのである。その原因は、海底に潜ったことによって下にあるものが上にあるものに結びつけられたという点に、言葉を換えれば、夢見者が肉体なき思考存在として生きるのみならず、肉体と本能世界、すなわち愛と生の問題の現実をも受容れ、この現実を生きようと決断したという点に求められる。[三三] これこそ夢見者が渡ったルビコン河の正体だったのだ。そして事実、個体化ないし個我化は単なる精神だけの問題ではなく、現実に基礎を置く生全体の問題に他ならないのである。

マンダラ夢16　夢

人が大勢いる。これらの人々はみな列をなして歩いているが、列は真四角（Quadrat）の形になっており、歩く方向は左廻りである。夢見者はこの正方形の真中ではなく、端の方にいる。聞けば、人々はギボン（Gibbon）を再興しようとしているのだという。

ここで初めて真四角が現れる。円が、四人の人物という媒介を通じて、このような形に変じたものと考えられる（これは後の夢で裏付けられる）。円積法（*Quadratur* des Zirkels〔円を正方形に分解してその積を求める方法・解答不可能な難問題の代名詞ともなっている〕）は、「石《ラピス》」、「赤いチンキ液 tinctura rubea」、「哲学者の黄金《きん》」と同様に、中世の人々の心を強く捉えた問題である。円積法は「錬金作業」の象徴の一つであるが（図59参照）、それは円積法が初め渾沌《カオス》状態にある統一を一旦四要素（四元素）に分解し、これら四要素を組合せることによって再び高次の統一をつくり出すという方法だからであった。その場合円が統一を表し、正方形が四要素を表すことは言うまでもない。そして四なるものから全一なるものが生み出されるためには蒸溜ないし昇華の過程を通らなければならなかったが、この蒸溜過程はいわゆる「循環形式 „zirkuläre“ Form」を採った。すなわち溜出物は繰返し種々の蒸溜に委ねられた。[三四] こうして初めて「魂」あるいは「精神」は、最高度に純粋な形態において取出されると考えられたからである。蒸溜過程を通じて最終的に得られるものは、原則として「精髄 Quintessenz〔quinta essentia・第五エッセンスからの造語〕」と呼ばれたが、これは錬金術師たちが常に憧れ求めながら一度として蒸溜に成功することのなかった「全一なるもの」の、唯一の名称では決してなかった。錬金術師の言に従えば、「全一なるもの」は「第一質料《マテリア・プリマ》」と同じく「千の名前」を持っているのである。循環する蒸溜についてハインリヒ・クーンラート(訳注4)は、彼のいわゆる『告白』Confession(三五)の中で次のように言っている。「四なるものは、循環、もしくは循環せる哲学的回転を経ることによって、完全この上なき全一的モナドの最高にして最純なる単一性に還る。……不純にして粗き全一が、最も純粋にして精緻なる全一に変ずるのである……」、肉体から魂と精神とが分離(abscheiden)せられねばならぬ、この分離は一種の死である〔abscheiden は「世を去る」という意味も持っている〕、「それゆえタルススのパウロも〈わが願いは世を去りてキリストと共に居らんことなり〉(ピリピ人への書第一章二三節)と言っているのだ。(三六)それゆえわが愛する哲学者よ、汝は今やマグネシアの精神と魂とを捉えるべく努めなくてはならぬ」。精神(ないしは精神と魂)は三なるものであって、それは先ず、その宿れる肉体から分離せられ、肉体が浄化せられた後、再び肉体の中へと送り込まれなくてはならぬ。(三七)以上がクーンラートの発言であるが、ここで言われている肉体が第四のものを意味することは明白である。だからこそクーンラートは、(三八)三角形は四角形の中に置かれることによって円を生ずる、という偽アリストテレスの言葉を引合いに出しているのである。(三九)そしてこのような円図形は、われとわが尻尾を咬む龍ウロ

図59 「万物は三にしてはただ在るのみなり。四にして初めて幸福を得るなり」。(円積法)
ヤムスターラー『錬金術の道案内』(1625年)より

ボロスと並んで、基本的な錬金術マンダラの一つをなすものである。

東洋の、殊にラマ教のマンダラには大抵正方形のストゥーパ平面図形が見られる（図43参照〔ストゥーパ・stupa は、四方に門のついた垣に囲まれ、土台の上に築かれた円蓋仏塔建造物で、中に聖遺物が収納された〕）。これが実際に立体的な建造物を上から見たものであることは立体像に作られたマンダラを見れば判る。マンダラ図に描かれたこのようなストゥーパは、その正方形という形によって、家あるいは寺院、もしくは囲壁にかこまれた内なる領域という観念をも体現している（四〇）（これについては後述）。礼拝のためにストゥーパの周りを廻る時は、必ず右廻りに歩かねばならなかった。左廻りは不吉とされていたからである。左（ラテン語で言えばシニステル sinister〔あべこべ・不吉の意もある〕）は無意識の側を意味する。従って左廻りに動くということは、無意識の方向に動くということと同義である。これに対して右廻りは「正しき《コレクト》」動きであり、その目指すところは意識である。ところで東洋において、無意識諸内容が長い年月に亙る実践と修練を経て次第次第に、以上の例に見られるような、無意識内容を表現する特定の諸形式に変じたのだとするならば、その限りにおいて当の無意識内容は意識によって、他ならぬそのような伝統的形式に象徴されるところのものとして、受け容れられ認識されることになる。ヨーガの場合も、ヨーガというものがわれわれの承知しているように伝統的に確立された実践的形式であるという限りにおいて、事情は同じであると言わねばならない。ヨーガもまた、意識に特定の諸形式を刻印するのである。それゆえ西洋における最も重要なヨーガの類似物は、イグナチウス・デ・ロヨラの「心霊修業 Exercitia spiritualia」であって、これもまたまったく同様に、伝統的に確立された特定の救済諸観念を心に焼きつけるのである。このような実践的形式は、そこに見られる象徴が無意識の実態を今なお的確に表現しているという限りにおいて「正しい」。そして東洋および西洋におけるヨーガないしヨーガ的なもののこのような心理学的正当性は、次のような局面を迎える時点で初めて失われる。未来の意識諸変化を先取りする無意識過程が一定の発展を遂げて、過去の伝統的象徴ではもはや充分には表しえない、あるいはもはやそれにぴったり一致しない色合い《ニュアンス》を示す局面にまで達した時点がそれである。唯一この場合にのみ、当該の象徴はその「正当性」を失ったと言うことができる。無意識過程のこのような発展は、無意識的世界像が生活の中で徐々に変容するところから生じたと見るのが妥当であって、無意識的世界像が主知主義的な批判穿鑿に曝された結果では断じてない。宗教的諸象徴は生活現象、生の事実そのものに他ならず、頭で捻り出した見解や主張ではないからである。たとえば教会がある期間、太陽は地球の周りを廻っているという見方に固執し続け、十九世紀になってこの見方を捨てたというような場合でも、教会はその根拠として、多数の人間の知的機能が地球の天文学的性質に関する証明を心底から理解しうる確実性に達したのはようやく十九世紀になってからであって、それまでは何百何千万の人間にとって太陽は事実地球の周りを廻っていたのだという、心理学的真理を引合いに出すことができるわけである。残念ながら、それを心から納得する人間がいなければ、真理は存在しない。

夢に話を戻せば、正方形の左廻りの「周回 circumambulatio」は円積法が無意識に通ずる道であるということ、それゆえにまた円積法は、その彼方にあって未だ定形化されていない目的に達するための手段、目的への経由点であるということを示していると考えられる。つまり円積法は、中世の錬金術的探求もまたそれを歩んだところのあの非自我《ノン・エゴ》の中心に到る道の一つなのである。中世の錬金術は石《ラピス》の製造に際してこのような道を辿った。『薔薇園』の中ではこう言われている[四一]、「男と女とより、まるき円を作り、まるき円によりて四角形を、四角形によりて三角形を描くべし。しかる後まるき円を描かば、汝、賢者の石を得ん」[四二](図60および59を参照)。

もちろんこのような事柄は、現代人の知性からすれば箸にも棒にもかからないナンセンスだということになろ

図60　男女両性を一つの全体にまとめる円積法。
マイアー『化学の探求』（1687年）の中の寓意画，XXI

う。しかしいくらナンセンス呼ばわりしてみたところで、このような観念連合〔連想〕が人間の心に去来するという事実、しかもそれが幾世紀にも亘って大きな役割を演じてきたという事実は、微動だにしない。心理学の務めは、このような事柄を理解することであって、その愚かさや曚昧を罵ることは暇な素人にまかせておけばよい（「科学的」ということを看板に私を論難する批評家の多くは、まったくのところ、コガネ虫が不届き極まる繁殖ぶりを示すというのでこれに破門宣告を下した司祭と何ら変るところがない）。

　ストゥーパがその最も奥まった中枢にブッダの聖遺物〔仏舎利〕を蔵しているように、ラマ教マンダラの正方形の内部にも、また中国の四角な坤《こん》〔地〕の内部にも、最も聖なるもの、あるいは摩訶不思議な力を有するものが見られる。ラマ教の正方形の場合は、宇宙のエネルギー源を示すもの、シヴァ神、ブッダ、ボーディサットヴァ（Bodhisattva 菩提薩埵・菩薩）の一人、偉大なる師僧の一人のいずれかが、中国のそれの場合は乾《けん》〔天〕が、放射するその四つの宇宙的な力と共に見られる（図61参照）。西洋においても中世キリスト教のマンダラには、神ないし神的なものが中央に座を占めて偉光を放っている。これは四福音書家の象徴的な像を従えた凱旋する救済者の姿である場合が多い（図62参照）。ところでこの夢に現れている夢象徴はどうであろうか。これは以上のような崇高この上なき形而上学的諸表象と何と大きなコントラストをなしていることであろうか。というのも、この夢の正方形の中央ではギボンが、つまり紛れもなく猿を意味しているギボン〔ギボン・Gibbon は手長猿の呼称〕が再興されようとしているのである。われわれが猿に出会うのはこれが二度目である。一度目は前章の22の夢に出てきた。22の夢の場合は猿は非常な恐怖を惹き起し、知性の登場を促した。このマンダラ夢ではその猿が「再興」されるというのである。これは類人猿を、太古《アルカイック》の「人間」を再興するという意味だと見て、まず間違いあるまい。すなわちあの左廻りの道は疑いもなく、神々の国に、永遠のイデーの王国に昇りゆく道ではなく、後方に向って自然史の中へと、人間存在の基底をなす動物的本能の世界へと降ってゆく道だったのである。こう見てくるとこの夢の謎が解ける。これは実は——古代の表現をかりれば——ディオニュソスの秘儀に他ならないのである。

図61　放射する四つの力（龍）に取り囲まれた，乾「天」の象徴である真珠。唐代（七―九世紀）の中国の銅鏡

正方形は聖域《テメノス》（図31参照）、劇の演ぜられる聖域《テメノス》に他ならない——この場合はサテュロ

図62　十字架を持つ長方形のマンダラ。真中に四人の福音書家とエデンの園の四つの河に囲まれて神の仔羊がいる。四つの円形浮彫には四つの主徳〔枢要徳〕が描かれている。ツヴィーファルテン修道院の聖務日課書（12世紀）より

ス劇（山羊の劇）の代りに猿の劇が演じられているわけである。「黄金の花」の内奥には、「金剛体《ダイアモンド》」を生む「胚胎処 Keimstelle」がある。しかも「祖先の地 Ahnenland」という語が「胚胎処」の同義語として使われている事実は、(四三) 金剛体が生み出されるのは祖先の諸段階の統合の結果であるということを暗に示すものではないかと推測される。

未開民族の再生儀礼では祖先の霊が相当に重要な役割を演じている。いやそれどころか、中央オーストラリアの原住民はホメロス時代とも呼ぶべき「アルケリンガ時代（Alcheringazeit〔夢の時代〕）」の神話上の祖先たちと自分たちとを同一視している。タオスのプエブロインディアンの場合もまったく同じで、彼らは太陽の息子なのであるが、儀礼舞踏を踊る前段で太陽と自己とを同一視する。祖先（これは人間である場合もあれば動物である場合もある）との溯行的同一化は、心理学的に見れば一種の無意識の統合を意味する。これはしかし元をただせば、生命の泉における再生ないし若返りの沐浴である。この泉で人間は再び魚に戻るのである。ということはつまり、眠りや酩酊や死におけるように無意識状態になるということである。従ってそれは、参籠の眠り〔御告げを授かるために神殿や神域で眠ること〕であり、ディオニュソス的陶酔であり、加入儀礼における儀式としての死である。これらの行為はむろん常に聖なる場所で、つまり聖域《テメノス》で行われる。ところでこのような表象に出会うとわれわれは、すぐさまこれをフロイト理論の具象名詞に翻訳して、聖域《テメノス》は母胎であり、そこで執り行われる儀礼は近親相姦への退行であると考えがちである。しかしこういう見方は、部分的にまだ幼児性を脱していないために、そのような儀礼が実は昔から大人によって実践されてきた慣行であるということが判らない人間の陥りがちな、神経症的誤解である。大人によって実践されてきたこのような行為を単なる幼児性《インファンティリズム》への退行と解釈することは、どう考えても無理である。さもなくば、人類の獲得してきたものは、それがどれほど重要で価値あるもので

図63　ヘルメス。ギリシアの壺絵。

あっても、結局のところすべて幼児願望の変形にすぎないということになるであろうし、そうであればそもそもキンディシュ（kindisch〔子供っぽい・幼稚な〕）という語は疾くの昔にその「存在理由《レゾーン・デートル》」を失って、われわれの語彙から消え去っていたことであろう。

錬金術がその哲学的探究の面で取組んでいた諸問題は、最も現代的なわれわれの心理学が関心を懐いている諸問題と非常に深い関係を持っているので、「正方形の空間で再興される猿」という夢のモチーフをこの関連においてもう少しだけ検討しておくことは、多少の意味があるのではないかと思う。大多数の場合錬金術は、彼らの扱う変容物質を「生ける銀 argentum vivum」もしくはメルクリウスと同一のものと見ている。メルクリウスは化学的に言えば水銀であるが、しかし哲学的に見れば「生命の霊 spiritus vitae」いやそれどころか宇宙の魂（図91参照）であって、そのためメルクリウスは啓示神ヘルメスの意味をも帯している。この場で両者の関連を詳しく述べるのは適当でないので、それはまた他の箇所に譲るが、[四四] ともかくメルクリウスはヘルメスでもあった。ところでヘルメスは、まるきもの（Rundheit〔全きもの〕）、[四五] および四角なるものという観念と結びついている。これは特に、『ギリシア魔法のパピルス写本』の第V写本四〇一行にはっきりと示されており、そこには στρογγύλος καὶ

図64　四大（火，水，土，気）に囲まれて，地球の上に立つ（アントロポスとしての）キリスト。ド・グランヴィル『事物の所有者』（1487年）より

τετράγωνος（まるくて四角な）という表現が見られる。ヘルメスはまた τετραγλώχιν（四角な）とも言われている。ヘルメスはそもそも四という数と関連があって、Ἑρμῆς τετρακέφαλος（四つの頭を持つヘルメス）という表現もある。[四六] こうした形容は、たとえばカルタリの著書などを見ても判るように、中世においても行き渡っていた。カルタリの著書では次のように言われている。[四七]

「さらに、頭部と男根しか持たないメルクリウス〔すなわちヘルメス〕の四角の像（図63参照）は、太陽が世界の頭《かしら》であること、そして太陽が万物創造の種を播くものであることを象徴している。四角の胴体の四辺は、四弦のシストルム〔古代エジプトのイシス女神祭で用いられた楽器〕――これもメルクリウスにつきものの附属品である――と同じように、世界の四つの方位、もしくは一年の四つの季節を象徴し、かつまた、二つの昼夜平分点（春分と秋分）と二つの至（夏至と冬至）とが

図65　二つの車輪（旧約聖書と新約聖書の象徴）の上にのったテトラモルフ（アントロポスの象徴）。ヴァトペディのアートス修道院より（1213年）

四つの区分点をなして全き黄道帯を形成していることを象徴するものである」。

メルクリウスは錬金術のあの秘密に充ちた変容物質を言い表す恰好の象徴であったが、それが何よりもメルクリウスの以上のような特性に負うものであることは容易に理解できる。なぜなら錬金術の変容物質は、まるくて四角いもの、すなわち四部分（四大）からなる一つの全きものだからである。それゆえグノーシス派の四つの部分からなる原人間（四八）（図64参照）も、主キリストの形姿も、「石《ラピス》の心像 imago lapidis」のひとつなのである（四九）（図65参照）。西洋の錬金術が大部分エジプトに源を発している以上、ここで先ず何よりも、ヘレニズム文化の刻印を帯びたあのヘルメス・トリスメギストス（Hermes Trismegistos）に注目するのは当然であろう。この伝説的形姿は中世のメルクリウスの名親であると同時に、他方では古代エジプトのトートに由来している（図66参照）〔錬金術はヘルメスの術（Hermetik）とも称される。またヘルメス・トリスメギストスはヘレニズム時代にギリシア人によってトートと同一視された形姿で、いわばトートのギリシア名である〕。ところでこのトートの属性は狒狒《ひひ》〔ドイツ語 Hundsaffe は直訳すると「犬の頭を持つ猿・犬猿《いぬざる》」〕であった。それはまたそのままずばり猿として描写されることもあった（五〇）。エジプトの『死者の書』の版本は無数に存在するが、トートを猿と見るこの見方はその最初の版から最も後期の版に至るまで一貫して変ることがなかったのであって、これは参見し

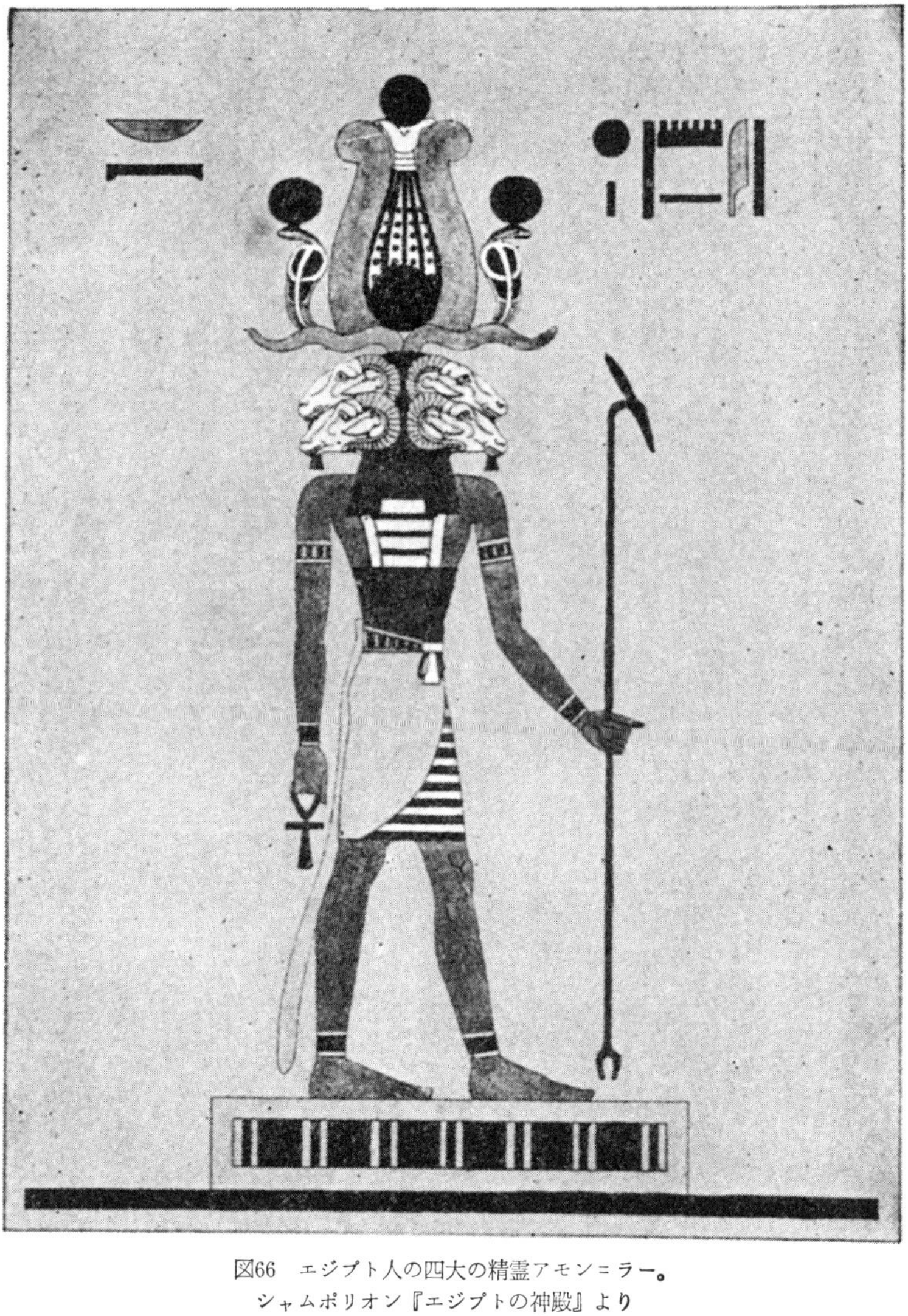

図66　エジプト人の四大の精霊アモン＝ラー。
シャムポリオン『エジプトの神殿』より

図67　猿の姿をした悪霊《デーモン》。
『人間救済の鏡』（14世紀）より

てみさえすれば誰の目にも一目瞭然である。錬金術の文献《テクスト》は少数の例外を除いてキリスト教の時代に属しており、ためにトート・ヘルメスと猿とのこの原初の結びつきはそれらの文献では消失してしまっている――尤もローマ帝政期まではこの関係は保持されていた――。しかしながら、メルクリウスが悪魔といくつかの点で関連を有していること（これについてはここでこれ以上詳しく述べるわけにはいかないが）を考慮に入れれば、猿は「シミア・デイ simia Dei〔神の雌猿・悪魔のこと〕」という形で（図67参照）、再びメルクリウスとの親縁関係において現れていることになる。変容物質の本質的特徴の一つは、それが悪魔的側面と神的側面との二つの面を兼ねそなえているということである。つまり変容物質は、一方では悪魔の比喩《アレゴリー》の数々、たとえば蛇、龍、鳥、獅子《ライオン》、怪蛇バシリスク、鷲などによって表現されるところの下等極まりなきもの、いや軽蔑すべきものであるが、他方では価値高きもの、いや神的なものそれ自体をさえ意味する。そして変容とはまさしく、最も低きものから最も高きものへの、動物的で太古的《アルカイック》な幼児性から神秘的な「ホモ・マクシムス homo maximus〔最高の人間〕」への変容に他ならないのである。

再生儀礼の諸象徴は、これを真面目な営為と受けとめるならば、単なる幼児的なものや太古的《アルカイック》なものを示しているのではなく、その外観の根柢に、動物的状態にまで溯る祖先の全生活の結果であり集積であるところの、あの先天的な心的性向〔心的素因〕を示していることが判る。象徴が祖先や動物という形をとるのはそのためである。すなわち再生儀礼は、意識が真の「生の泉」である無意識から遊離している状態に終止符を打ち、個体をして再び、祖先から受継がれてきた本能的性向〔本能的素因〕という母胎に結びつけんとする試みなのだ。再生儀礼がもし顕著な効果をもたらさなかったとしたら、それは疾くの昔に廃れていたであろうし、それどころかそもそもこのような儀礼は生まれなかったであろう。われわれが今扱っている夢の例は、意識が再生儀礼に見られる大昔の諸表象からたといどれほど遠ざかっているとしても、無意識は夢の中でそれら諸表象を再び意識に近づけ、理解させようとするのだということを証明している。意識の自律《アウトノミー》と自給自足《アウタルキー》とは確かにそれなくしては意識が誕生しえなかったところの意識の特質ではあるが、しかしそれは同時にまた、孤立と荒廃の危険をも意味する。なぜならそれは、無意識を切り離し排除することによって、堪え難い本能喪失を招来するからであって、本能喪失こそは果しない迷妄と混乱との源泉に他ならないからである。

最後に、夢見者が「真中」にではなく端の方にいるということについて触れるならば、これは夢見者の自我の上に起るであろう事柄をはっきりと予示するものである。つまり、自我はもはや中心の位置を要求することはできず、たぶん衛星の位置に、少くとも太陽の周りを廻る惑星の位置に甘んじなければならないだろうと言っているのである。中心という重要な位置は明らかに、再生さるべきギボンの占めるべき位置なのだ。ギボンは類人猿の一種であり、その人間との親近性のゆえに、人間の心の内の最下層を表現するには打って付けの象徴である。

ところでわれわれはすでに、エジプト人に馴染みであった最高位に立つ猿、あのキュノケパロス（Kynokephalos・犬頭の猿、すなわち狒狒 Pavian・図68参照）の例によって、キュノケパロスがその神との親近性のゆえに、意識の水準を遙かに凌駕する無意識部分を表現するのに恰好の象徴であるということを知っている。人間の心が意識下に多くの層を持っていると仮定しても、まさか大真面目に憤慨する人はあるまい。しかし、いわば意識の上にもまったく同じように層が存在するのではないかという推測は、ほとんど「人間の尊厳に対する侮辱罪 crimen laesae maiestatis humanae」にも等しいという感を与えるだろう。だが私の経験からすれば、意識が要求しうるのは相対的に見た中央の位置にすぎず、いわばその四方八方には無意識の心が聳え立ち、意識を完全に包囲しているのであって、意識はこの状態に甘んじなければならない。意識は無意識諸内容を通じて後方に向って、一方では生理学的諸条件に、他方では元型的諸前提に結びつけられている。が、同時にまた意識は諸直観

図68 キュノケパロスとしてのトート（デル・エルメディナ近郊のアメンヘルコプスヘフ〔第二十王朝，紀元前1198—1167〕の墓より）。

によって予見的な形で、つまり直観が意識を先取りするという形で、前方に向ってでも結びつけられているのである――そして直観は直観で、一方では諸元型によって、他方では無意識の時空的相対性という特質に関連するところの、識閾下の諸知覚によって規定されている――。以上のような仮説が正当であるかどうか、私はこの点については読者がこの夢の系列《シリーズ》とそこに提示されている諸問題とを熟考した上で自分で判断を下していただきたいと思う。

次に掲げる夢は、夢見者自身の記録そのままで、何らの省略も短縮も行れていない。

マンダラ夢17　**夢**

家が立ち並んでいるが、どの家の周りにも芝居に出てくるような道具立てが、つまり舞台装置や劃割が見られる。「バーナード・ショウ」という名前が眼に入る。作品は遠い未来のことを題材にしたものだということである。ある劃割の上に英語とドイツ語でこう書かれている。

これは万民のカトリック教会である。

これは主の教会である。

自分を主の道具だと感じている者は誰でも入ることができる。

その下に、これよりも小さな文字で「この教会はイエスとパウロによって建立されしものなり」と印刷されている――恰もある会社がいかに古い創業であるかを誇らかに宣伝しているといった感じである。私は私の友人に「来いよ、ひとつ中に入ってどんなものかとくと見てみようじゃないか」と言う。友人はそれに答えて「宗教的感情を持っているからといって、どうして大勢の人間が一堂に会さなくちゃならないのか、僕にはさっぱり判らない」と言う。そこで私は「そりゃあ君はプロテスタントだから、絶対に判りっこないだろうね」と応じる。ある婦人がこの私の言に心からの同意を示す。それから私は、教会の壁に檄文のごときものが貼られているのを見る。それは次のような内容である。

兵士諸君！

もし諸君が、主の御力の内にあると感じているならば、主に直接呼びかけるような真似はやめよ。言葉によって主に近づくことはできない。さらにわれわれは諸君に衷心より勧告する、主の属性について互いに議論をかわすようなことをしてはならない。それは無駄なことである。なんとなれば価値高くして重大なものは、言葉を以ってしては表現できないものだからである。

署名

法王…………

（名前は読めない）

それから私たちは中へ入る。内部は回教寺院《モスク》に、特にハギア・ソフィア寺院（訳注5）に似ている。つまりベンチがなく、ために素晴しい空間の効果を発揮しているし、絵や彫像もなく、壁には装飾として格言を枠に入れたものがいくつか懸かっている（ハギア・ソフィア寺院に、あの『コーラン』から採られた格言が掲げられているのと同じである）。格言の一つはこういう文句である、「汝らに善行を施す者に諂うなかれ」。前に私の言に賛意を表した婦人がわっとばかりに泣き崩れ、「そんな！ それじゃあ、もう何もかもおしまいだわ！」と叫ぶ。私はそれに答えて、「この文句はまったく正しいと思いますがねえ」と言う。しかし婦人はもういない。私は、前に一本の柱があって、その柱に視野をさえぎられるという恰好で立っているが、向きを変えてみると、大勢の人が私の前に集まっているのが眼に入る。私はその人々の仲間には入っていず、一人で立っている。しかし彼らの姿は非常にはっきりしていて顔まで見える。全員が声を揃えて、「われら神の御力の内にあることを告白す。天国はわれらの内にあり」と言う。これは非常に厳粛な調子で、しかも三度繰返される。それからパイプ・オルガンの演奏が始まり、バッハの合唱を伴うフーガの一つが歌われる。しかし、本来の歌詞は歌われず、その上部分的にはコロラチューラと思しき声部だけで歌われることもある。それから、「他のものはみな紙にすぎぬ」（わが心を動かすことはない、という意味らしい）という言葉が繰返される。合唱がやむと、この集まりのたのしき団居の段（der gemütliche Teil）が始まるが、それはちょうど学生たちのパーティに見られるような雰囲気である。そこにいるのは朗らかで円満な人間たちばかりである。彼らは人垣の間をあちこち往き来して、互いに話しに興じたり挨拶をかわしたりする。それから葡萄酒と茶菓が配られ（葡萄酒はある聖公会神学校で作られたものである）、教会の繁栄を祝して乾杯し、教会員の増加に対する歓びを表現するためでもあるかのように、「今やカールもわれらの仲間に加わった」というリフレインのある流行歌が拡声器を通じて流される。一人の司祭が私に次のように説明する。「これは些か枝葉末節に属するたのしみですが、この余興は教会によって公式に承認され許されているものなのです。われわれは幾分かアメリカ的やり方というやつに合わせなければならんのです。われわれのようにこういう大衆を相手にしなければならない場合には、これも已むを得ませんせん。しかしアメリカの教会とわれわれが根本的に違う点は、われわれが反禁欲主義的行き方に徹しているということです。」ここで目が覚めるが、非常にほっとしたような気持になる。

残念ながら私は、この夢全体に注解をほどこすわけにはいかない。(五一) 従ってここでは、目下われわれが扱っている主題に限って説明することにする。聖域《テメノス》はここでは教会、すなわち宗教的儀式の行われる建物に変じている(これはマンダラ夢16で暗示されているものに符合する)。そのためこの夢の筋の展開《ハンドルング》は「祭儀的」と呼ぶことができる。ディオニュソスの秘儀に見られるグロテスクで滑稽なものは、ここでは筋の展開のうち、葡萄酒が配られ教会の繁栄を祝して乾杯が行われる「たのしき」団居の件りにおいて現れる。オルペウス－ディオニュソスを祀ったある聖殿の床に刻まれた銘文の一つには、実に的確にこう言われている、「ゆめ水に手を出すことなかれ μόνον μὴ ὕδωρ」(五二) と。この関連において興味深いものは教会に見られるディオニュソス的遺物、たとえば魚および葡萄酒の象徴、ダマスクスの聖杯、十字架像と ΟΡΦΕΟϹ ΒΑΚΚΙΚΟϹ (五三)〔バッカス的オルペウス〕という銘とを持つ円筒形石印などをはじめとして、他にも多くのものが存在するが、ここではただそういうものが存在するということを暗示するにとどめておこう。

「反禁欲主義的」な行き方が、ここでは「アメリカの」とされているキリスト教教会との際立った相違点となっている(これに関しては第二章の14の夢の説明部分を参照)。アメリカは実際的知性の合理的諸観念を体現する理想の国であって、知性はブレーン・トラスト(brain trust〔大統領政治・経済顧問グループ〕)を通じて、世界にまっとうな顔付を与えようと努めているというわけである。(五四) こういう見方は「知性イクオール精神」という現代的公式にぴったり一致する。尤もこういう公式にあっては「精神 Geist」は決して人間の「行為 Tätigkeit」ではない、いわんや「機能 Funktion」ではないということはすっかり忘れられているのであるが――。こう見

図69　地獄〔冥府〕への旅の途上にあるダンテとウェルギリウス。
ダンテ『地獄篇』——ヴァチカン古写本——（15世紀）より

てくると、例の左廻りは現代の合理的観念世界から遠ざかるものであること、そしてこの疎遠化は先ず何よりも、キリスト教的意味における「禁欲」を知らない前キリスト教的ディオニュソス世界への退行の方向を辿るものであることが、はっきりと判る。その場合このような退行的発展は、聖なる領域そのものから遠ざかるという工合にはならず、聖なる領域の内にとどまる。換言すれば、退行的発展は宗教儀式的性格を失うことはない。それは単に太古《アルカイック》の、渾沌《カオス》の様相を呈するようになるというばかりでなく、教会をディオニュソス神殿に直結させるのである。そしてこれは、実は歴史のプロセスが逆の方向においてすでに成し遂げたことなのである。退行的発展は歴史の辿った道を再び忠実に歩くことであると言える。それゆえこれは決して退却（Rück-

Fall)ではなく、いわば系統立てられた「下界への」下降（systematischer Abstieg „ad inferos"）(図69参照)、一種の心理学的「ネキュイア」なのである。(五五)

自分の信仰に対して些か微妙な立場を採っていたある聖職者の夢の中で、私はこれと似たものに出会った。それはこういうものである。

　彼は夜、自分の教会へ行く。すると聖壇所の壁が全部崩れ落ちている。祭壇と瓦礫には房を一杯につけた葡萄の蔓が一面に生い茂り、壁が崩れて出来た大きな割れ目から月光がさしこんでいる。

インド・ペルシア神話の太陽神ミトラもまた初期の教会に対してディオニュソスと同様の関係にあるが、やはり宗教的諸問題に没頭している人物の夢に、こういうものがあった。

　巨大なゴチック様式の大伽藍。中は真暗闇に近い。荘厳ミサが執り行われている。突然、翼廊の壁が崩れ落ちる。さっと目も眩むような太陽の光が教会の中へさしこみ、それと同時に牡牛と牝牛の大群がどっとなだれこんでくる。

この内容は明らかにディオニュソス的色彩よりもミトラ的色彩が強い。

ところでわれわれが今扱っている夢の中の教会は面白いことに、諸説混合主義的建物である。なぜならハギア・ソフィア寺院は最も古いキリスト教教会であるが、同時につい最近まで回教寺院《モスク》として使われていたからである〔訳注5参照〕。従ってそれは、キリスト教的宗教観念とディオニュソス的宗教観念との一種の合体を成就するという夢の目的には打って付けの場所である。そして合体が生ずるには、相互に他を排除しない、つまり互いの価値が損われないという工合に事が運ばなければならないことは明らかである。この傾向は極めて重要なものである。なぜなら他ならぬ聖なる領域において「ギボン」の再興が成し遂げられなければならないからである。この一種冒瀆的な試みに直面すると、誰でもすぐさま、左廻りは「悪魔の欺瞞 diabolica fraus」ではないか、そして「ギボン」は悪魔ではないかという恐ろしい疑念に取憑かれるだろう――というのも悪魔は神の「猿」だということになっているからである。そしてもし事実そうであるならば、左廻りは神的真理の「逆転」であり、その目的は神の座に神に代えて「暗黒の皇帝 Seine schwarze Majestät」を登らしめることだということになる。しかし無意識はそのような瀆神的意図を懐いているのではない。無意識はただ、現代人の心にはもはや見られなくなってしまったあの失われたディオニュソス（ニーチェの言説を想起願いたい！）を、再び現代の宗教的世界に結びつけようとしているにすぎない。猿が初めて登場した第二章の22の夢の最後のところで、「すべては光によって支配されなければならない」という言葉が発せられるが、つまりわれわれはここでこう附け加えても差支えないのである、「角と山羊の蹄とを持った闇の支配者〔悪魔〕もまた光によって支配されなければならない」と――実を言えばこの闇の支配者は、もともとディオニュソス神に仕える一介の司祭《コリュバント》にすぎなかったもの（訳注6）が、いろいろな事情が重なって支配者の栄誉を掌中にすることになったのであって、これは本人にとっても些か意想外の出来事だったのである。

　ディオニュソス的原動力《モメント》は、人間の激情性（Emotionalität）ないしは情動性（Affektivität）と軌を一にするものであるが、いわばこの激情性や情動性が、アポロ的色彩の濃厚なキリスト教の祭儀や精神風土《エートス》の中に自分に合った宗教的形式を発見しえなかったのである。中世の教会内での謝肉祭《カーニヴァル》や球戯《ジュー・ド・ポーム》〔テニスの一種〕はすでにかなり早い時期に廃止されてしまい、その結果謝肉祭《カーニヴァル》は世俗のものとなって、同時に神的陶酔も聖なる領域から姿を消した。教会には悲愁、荘厳、厳格、そして適度に按配された精神的歓びが残った。しかし陶酔というこの極めて直接的にして極めて危険な激しい感動は、神々の許から引き離され、ために陶酔のパトスは溢れ出て人間世界を覆いつくした。異教的諸宗教はこの危険を、陶酔のエクスタシーに祭儀という場所を提供することによって防いだ。ヘラクレイトスが「狂乱に身をゆだね、祝祭を演ずるは、冥府《ハデス》がためなり」と言った時、実によく真相を見抜いていたのである。なぜならまさにこの理由によって狂躁《オルギアスムス》は祭儀への参加許可証を手に入れたのであり、こうして冥府から押し迫って来る危険を祓い封じようとしたのだからである。しかしわれわれの夢解釈の方は、今や冥府の門を大きく打ち開いた。

マンダラ夢18　夢

正方形の空間。そこで、動物たちを人間に変身させることを目的とする手の込んだ儀式が行われている。互いに逆方向に向って這っている二匹の蛇をただちに始末しなければならない。狐や犬などの動物たちがいる。人々はここでもまた真四角の形にぐるぐる歩いているが、四つの隅を通る度ごとに狐や犬などの動物たちにふくら脛を嚙まれることを甘受しなくてはならない（図118参照）。もし逃げれば、何もかも水泡に帰すのである。ところで今度は前の動物たちよりも高貴な動物、すなわち牡牛と山羊が登場してくる。四匹の蛇がそれぞれ正方形の四隅に向って這って行く。それから会衆が外へ出て行く。犠牲を供する役目の二人の司祭が一匹の巨大な爬虫類を捧げ持って現れる。この爬虫類を、まだ定かな形を持っていない動物ないしは生物《いきもの》（Lebensmasse〔生命の塊〕）の表面に触れさせる。するとそれは人間の頭部に変ずるが、その姿形は神々しいばかりに輝いて（verklärt）見える。ある大きな声が「これはヴェールデン（Werden）の試みである」というのが聞こえる〔ヴェールデンは動名詞で、生成、発生、変身、変容等を意味す

図70　中世の異教徒の蛇による変容儀式。

る」。

夢は正方形空間で起っている事柄の「解明 Erklärung〔明るくすること〕」に引続き取組んでいると言っても構わないと思う。動物が人間に変えられる、つまりまだ定かな形を持たない「生命の塊」が一匹の爬虫類との魔法めいた接触によって「神々しく輝く verklärt」(「照明された illuminiert」と言い換えてもよい)人間の頭部に変形されるという。この動物的な「生命の塊」は、自然のままの無意識の全体性を表しているものと思われる。この自然のままの無意識が意識と合一化されなければならないのである。これが厳かな爬虫類の儀式によって成就する——爬虫類というのは一種の蛇ではないかと考えられる。「蛇による変身と再生」(図70参照)は豊富な証拠材料の存する元型的表象である。それは神を表示しているところの、救済の蛇である(図203、204参照)。ザバジオスの秘儀(訳注7)に関してアルノビウスはこう報告している、「黄金の蛇が一匹、加入儀礼を受ける者の内懐に入れられ、再びトの方から取り出される」(五六)。拝蛇教徒(訳注8)にあってはキリストは蛇であった。蛇象徴のうち、人格の甦新ないし再生という観点から見て最も重要な形象は、クンダリニー・ヨーガ(訳注9)に見られる(五七)。そしてこの関連において見るなら、ニーチェの『ツァラトゥーストラはかく語りき』に出てくる牧人の蛇体験も一つの運

図71　「第一質料《マテリア・プリマ》」の粘土塊からのアダムの創造。
シェーデル『年代記と歴史の書』（1493年）中の木版画

命的前兆だと言ってよいであろう（因にこの種の前兆は蛇体験が唯一のものではない——綱渡芸人の墜死に際してのツァラトゥーストラの予言を見よ）（訳注10）。

「定かな形を持たない生命の塊」はそのものずばり、錬金術の「渾沌《カオス》」（五八）をめぐる諸表象、天地創造以来神的な生の萌芽を宿しているとされている「塊 massa」あるいは「形定かならざる質料 materia informis」、あるいは「渾沌 confusa」を想起させる。ミドラシュ〔古代ユダヤ旧約注解書〕はアダムもやはり同じようにして創造されたと見ている。つまり神は先ず初めに塵を集め、続いてそれから定かな形を持たない塊を創り、次に四肢を創り、そして……という（五九）工合である（図71参照）。

しかしこのような変身ないし変容が成就するには、「周回 circumambulatio」、すなわち創造的変容の場である中心への徹底的集中が不可欠である。そしてこの「周回」の際に動物に「噛まれる」わけであるが、これは無意識の動物的本能に対して、それと同一化することもそれから「逃げ出す」こともせずに身を曝さなくてはならないということを意味している。逃げれば、「嚙まれる」儀式の意味は失われ、元も子もなくなる。だからそこに留まっていなくてはならない。ということはつまり、この夢の場合に即して言えば、自己観察に端を発するこの心的過程のそれぞれの発展段階に待ち構えているあらゆる劇的転回点を限無く体験し尽し、しかもそのようにして、この過程をできるだけ意識の納得できる形において意識に接続併合しなければならないということである。もちろんこれは意識の営みと無意識過程との極端な乖離のゆえに、しばしば堪え難いほどの緊張を意味する。無意識過程は、最も奥深いところにある心の核（Gemüt）においてしか体験しえないものであって、それはわれわれの生活の目に見える表面とは何らの接点も持ってはいないからである。意識の根本原理は「前以って感覚のうちにあらざりしものは何ものも悟性にあることなし Nihil est in intellectu, quod non antea fuerit in sensu.」である。無意識の根本原理は心の自律《アウトノミー》である。無意識の心に活動するもろもろの像が反映しているのは感覚によって捉えられるこの世界ではなく、無意識の心それ自体なのである。尤も無意識はその像にはっきりした輪郭を与えるために、感覚世界が提供する表象手段を利用しはする。しかしこの

図72　「結合しえざるものの結合」——水と火の結婚。二つの像はその多様な能力を表すためにそれぞれ四本の手を持っている。あるインドの絵

ような感覚諸材料は像を結ぶための「動力因 causa efficiens」ではなく、自律的に選択され借用されるのであって、これによって世界の理性的秩序は常に、甚だ酷い損傷を蒙るのである。しかし逆に感覚世界の方が無意識過程に破壊的作用を及ぼすこともある。それは感覚世界が無意識過程に「動力因」として侵入する場合である。そういうわけで、理性も損傷を蒙らず、同時に無意識像の創造的活動も乱暴な介入によって無理矢理抑圧されることのないようにしようと思うならば、「結合しえざるものの結合」（図72参照）という背理を可能にするような、四方八方のあらゆるものに周到綿密に神経を配りながらじわじわと綜合統一《ジンテーゼ》を形づくっていく方法が必要なのである。そして実はだからこそ、この夢の中には錬金術とのいろいろな類似が見られるのである。

この夢では「周回」という形で中心に注意を向けることが要求され「逃亡」に対して警告が発せられているが、「錬金作業」にもこれと瓜二つのものが見られる。すなわち「錬金作業」においても、作業の集中と作業の熟考とが不可欠のものとして繰返し強調されている。ただし逃亡の傾向は作業に携わる者の側にではなく、むしろ変容物質の側にあると考えられている。つまりメルクリウスは逃亡癖があり、「セルウス」（奴隷）あるいは「ケルウス・フギティウス」（逃げ足のはやい鹿）と呼ばれている〔九九頁参照〕。容器は、その中に入っているものが逃げ出さないようにしっかり密閉しておかなければならない。エイレナエウス・フィラレテスは「セルウス」についてこう言っている、「セルウスの扱いにはくれぐれも気をつけなければならない。セルウスはチャンスさえあれば一目散に逃げ出して気付いた時は後の祭り、身の不運を大いに嘆くはめになりかねないからだ」[六〇]。このような考えにとらわれていた哲学者たちは、彼らが追い廻しているのは投影像であるということにはむろん気付いていなかった。そして彼らが当の変容物質に寄せる期待が大きければ大きいほど、彼らの期待を生んだ心の源泉からは遠ざかっていったのである。われわれが今扱っている夢とこの夢の中世における前段階との相違を見れば、二つの間にいかなる心理的発展があるかはっきり判る。すなわちわれわれの夢においては、逃亡は夢見者の性向として現れているのであって、もはや未知の物質の中に投影されてはいないのである。かくして逃亡は一箇の道徳《モラル》的問題に変ずる。錬金術師たちが作業には宗教的帰依心が必要であると力説している限りにおいては、確かに錬金術師たちもこのような道徳《モラル》的問題性に遭遇していたと言うことができるが、しかし彼らの祈りや敬虔な修練はむりやり奇蹟を惹き起さんがための手段ではなかったかという疑念をすっかり拭い去るわけにはいかないのである——なにしろ彼らの中には聖霊までも「ファミリアリス」〔第二章訳注6参照〕にしたいと望んだ者もあったくらいなのだから。[六二] いずれにしても公正な判断をしようとする以上、錬金術文献の中には、みずからの変容に対するある種の認識のあったことを証拠立てる発言が少なからずあるということは、言っておかなくてはなるまい。ある錬金術師はたとえばこう言っている、「汝らみずからを生ける賢者の石に変えよ Transmutemini in vivos lapides philosophicos !」。

意識と無意識とはちょっとでも近接すると、触れ合うか触れ合わないかというちに、もう対立するものが反撥しあい、離反する。夢のすぐ初めのところで、互いに逆の方向に這って行く二匹の蛇が始末されねばならないと言われているのはそのためである。これはつまり、意識と無意識との対立葛藤が決断を以ってただちに停止されるということを言っているのであって、こうして意識は勇を奮って「周回」を始め、緊張に堪える力を得る。これはしかし同時に、「周回」が描く魔圏によって無意識の外部への氾濫が防がれるということでもある。というのもこのような氾濫は精神病と同じ状態を意味するからである。『薔薇園』の哲学者の言葉をかりれば、「われらが作業にて死を遂げたる者二、三あり Nonnulli perierunt in opere nostro.」ということになる。この夢はしかし、ただひとり卓越した知性にのみ可能な困難な作業——つまり背理において思惟するという作業——が成功したことを示している。蛇たちはもはや逃げようとはせず、秩序正しく四隅に位置することになる。変容過程ないし統合過程が成功を収めたのである。「神々しい輝き」はすなわち照明であり、すなわち中心の意識化であるが、それが少なくとも夢の予示という形では達成せられたのである。潜在可能性としてのこの成功は——事実これを成功と呼んで差支えないとしての話だが、ということはつまり、意識がこのような成功との関係を二度と失うことがないとしての話だが（六二）——人格の再生を意味する。人格の再生は、いかなる外的判断規準を以ってしてもその存在の現実性を証明することのできないような主観的状態であってみれば、実際これ以上どんな描写や説明を書き連ねたとしても無駄である。これをわれとわが身で経験した者のみが、その現実性を理解し確信をもってそれについて語ることができる。たとえば「幸福」という状態を考えてみれば判り易いだろう。幸福は誰一人これを熱望しないもののないほど顕著な現実性をそなえている。がしかし、この状態が必ず絶対に存在するということを疑問の余地なく立証しうるような客観的判断規準は一つとしてないのである。そういうわけで、重大な事柄であればあるほど却って主観的判断に委ねなければならない場合がしばしばあるのであって、本論においてもこれは免れえないところである。

四匹の蛇の四隅への配置は無意識の秩序を示唆している。無意識裡には恰も何か先在的な構図とでもいったものが、ピタゴラスのテトラクテュス（Tetraktys〔四なるもの〕）に類するようなものが存在しているかのごとくである。私はこれまでこの関連における四という数に非常にしばしば出くわした。そこから判断して、十字形あるいは四分された円というものが世界中に分布しているということ、そしてそれが魔術的意味を持っていることはほぼ間違いないと思う。四の魔術的意味は目下の夢のケースにおいては、動物的本能を囲い込んで秩序正しく配置し、これによって無意識化の危険を追い払うというところにあるように見える。そしてひょっとするとこれ

図73　龍の魔力からの人間の救済。
ヴァチカン古写本（15世紀）より

が、闇の諸力に打ち克つ十字架（図73参照）という観念を生んだ経験的な基礎なのかも知れない。

ところでこの夢によって無意識は一大進撃に成功したと推測される。なぜなら無意識はその諸内容を意識の間近まで押し上げ意識を脅やかすことができたからである。夢見者は秘密に充ちた綜合統一の儀式に抜き差しならないほど深くのめりこんでいる様子なので、この夢で受けた強い印象が記憶となって意識生活の中にまで持ち込まれることはまず間違いないと考えられる。経験的に言えば、そのために意識は深刻な葛藤に見舞われる。なぜなら意識は、背理にまともに堪えるという常軌を逸した知的かつ倫理的難業を果す性向ないし能力に必ずしも恵まれてはいないからである。実際、真理ほど容易に心を明かさないものはない。

中世の精神史を一瞥すれば明らかなように、現代のわれわれの精神生活のすべてはキリスト教の胎内から発したものである（これはキリスト教的諸真理に対する信仰がいまなお存在しているかいないかということとは別問題である）。それゆえ夢の提案する聖なる領域における猿の再興は、大半の人たちが「何のことやらさっぱり判らない」という隠れ蓑の中に逃げ込んでしまうほどに煩しく不快なことである。残る人たちの大部分は、まったく無頓着にディオニュソス的秘密の深淵のそばを素通りし、ダーウィンの理性的な「種」を神秘的陶酔から救ってくれる救世主として祭り上げるだろう。そして二つの世界の衝突を鋭敏に感じ取り、根本的問題の所在に気づく人は極くごく少数であろう。しかしいずれにしても、確かなのは夢は紛れもなくこう語っているということである、「古い伝統によれば神性の在所とされている場所で、猿が蘇生させられなければならない」と。神と猿とのこの交換は、ほとんど黒ミサとかわらないぐらい始末に負えないものであろう。

正方形の空間は東洋の象徴では坤（中国）および蓮華《パドマ》（インド）として、「ヨーニ yoni〔女根〕」の性格、すなわち女性的性格を有している。男性の無意識も「アニマ」(六三)によって人格化されることから判るように、同じく女性的である。アニマはまた常にいわゆる劣等機能(六四)を代理しており、そのため道徳的に見て胡散臭い性格を有している場合が多い。いや、しばしばそのものずばり悪を表現している。アニマは原則として第四の人物である（マンダラ夢10、11、15参照）。それは恐ろしい暗い母胎（図74参照）、その在り方からいってそもそも両義的《アンビヴァ》性質《アレント》を有するところの母胎である。キリスト教的神性は三人の人物において一体となっているところのものである。天上のドラマにおける第四の人物は疑いもなく悪魔である。悪魔は、あたりさわりのない心理学的表現で言えば劣等機能である。しかし道徳的《モラル》観点から見れば、それは男性の罪の化身であり、その意味で男性に帰属する機能であって、それゆえたぶん男性的であると考えられる。女性的なものはキリスト教的神性においては沈黙を強いられているのである。というのも聖霊を「ソフィアなる母 Sophia-Mater」と解釈するのは異端と見られているからなのだ。すなわちキリスト教の形而上的ドラマ、いわゆる「天上の序曲」には男性の俳優しか登場しないのである。この点においてそれは遠い昔の多くの秘儀と共通している。女性的なものがどこか

図74　天（霊的なもの）が大地を受胎させ，人間を生む図。
テノー『カバラ論』（16世紀）より

に在ることはたぶん間違いない。とすればそれは暗いところ〔暗闇・暗黒〕にひそんでいるのではあるまいか。いずれにしても古代中国の哲学はそういうところに、つまり「陰」〔陰陽説の陰〕に、女性的なものの在所を定めたのである。(六五) 男性と女性とはなるほど結合しはするが、しかし両者はもともと、活気づくと気狂い染みた敵対にまで悪化してしまうような一致し難き対立を表示しているのである。それゆえ男性—女性というこの根元的対立対《つい》は、凡そ考えつく限りの、凡そ生じうる限りのあらゆる対立を象徴する。たとえば温—冷、明—暗、南—北、乾—湿、善—悪などの対立、そしてまた意識—無意識の対立を象徴している。機能心理学〔ユングの四機能に関する論〕にあっては、先ず分化機能とその補助機能との二機能が意識的、つまり男性的であり、夢の中ではたとえば父と息子によって代理される。これは二つの無意識機能〔劣等機能とその補助機能〕が母と娘とによって代理されるのと対照をなしている。ところで二つの補助機能間の対立はいつの場合でも、分化機能と劣等機能との対立ほどには大きくないので、第三の機能、つまり無意識的補助機能〔劣等機能の補助機能〕も意識領域に引き上げられて、それによって男性的なものになる場合がありうる。しかしそういう場合には第三の機能は、劣等機能との混成部分の某かを諸共に引き摺ってくることが多く、それによって無意識と意識との一種の仲介の役目を果すことになる。異端的解釈において聖霊が「ソフィアなる母」と見られた事実は、実はこのような心理学的事実に照応するものなのである。なぜなら聖霊は肉における誕生の仲介者であり、そのような方法で、明るい神性が世界の暗闇の中で眼に見えるものになることを可能にしたのだからである。聖霊が女性的なものではないかという嫌疑をかけられたのはたぶんこの意味においてだったと考えられる。というのもマリアは暗き畑地、テルトゥリアヌスが「未だ雨水の潤いを知らざりしかの処女なる大地 illa terra virgo nondum pluviis rigata」と呼んだところのものだったからである。(六六)

第四の機能は無意識と完全に混り合っており、意識化される場合には全無意識を引き摺ってくる。この時無意識との対決、そして対立を綜合《ジンテーゼ》へと導く努力が始まる。(六七) しかしその前に先ずあの激しい葛藤の洗礼を受けなくてはならない。つまり、不合理極まりない馬鹿げた迷信を呑み下さなくてはならないことをはっきり知らされた時に、理性的な人間の誰もが必ず陥るであろうあの葛藤である。心の内にある一切のものが挙げて逆らおうとする、これほど馬鹿げたことを受け容れるぐらいなら死んだ方がましだとばかりに死にもの狂いの抵抗を試みる――葛藤の様相はこのようなものになるだろう。以下に続くいくつかの夢はこの状況を考えれば説明がつく。

マンダラ夢19　**夢**

二つの民族の間の激烈な戦争。

この夢は葛藤を表現している。意識は己れの立場を守り、無意識を抑圧しようとする。これによってまず第一に第四の機能が撃退される。しかし第二に、第四の機能は部分的には第三の機能と混り合っているから、第三の機能も一緒に意識領野から消え失せる危険に曝されることになる。もしそうなれば、これより以前の、現在のそれに先立つ心的状態が再現することになるだろう。すなわち、二つの機能しか意識されておらず、他の二つは無意識の手に帰している状態である。

マンダラ夢20　**夢**

穴の中に二人の少年がいる。第三の少年が転がり落ちてくるが、それは管のようなものを通って落ちてきたという感じである。

穴は無意識の暗闇と隔絶状態とを表している。二人の少年は無意識中の二つの機能に対応する。第三の少年は、すでに無意識中の二機能が存在しているのだから理論的に言って分化機能の補助機能でなければならないことになる。これは意識が全面撤退して完全に分化機能と同化してしまったということを暗示するものだと見てよかろう。つまり意識と無意識との軍勢の比は一対三ということになり、無意識が圧倒的優勢を得たわけである。従って当然無意識の新たな進撃と無意識の立場の復活とが予想される。因に「少年」は侏儒のモチーフ（図77参照）を暗示するものである（これについては後述する）。

マンダラ夢21　**夢**

中に沢山の小さな球の入っている大きな透明の球。その球の天辺から緑色の植物が一本生え出ている。

球はあらゆる内容を包摂するところの一箇の全体である。球の出現は無益な戦争によって停止させられていた生の営みが再び始動するのを可能にするだろう。クンダリニー・ヨーガにあっては「緑の新芽」は、潜在状態から顕現するイシュヴァラ（Ishvara）、すなわちシヴァの一名称である。

マンダラ夢22　夢

アメリカのホテル。夢見者はエレベーターで三階あるいは四階まで昇る。そこで夢見者は他の沢山の人たちと一緒に待っていなくてはならない。友人（特定の人物）が一人居て、夢見者に向って言う、君は件の見知らぬ、謎の（dunkel〔暗い〕）女をこんなに永く下に待たせておくべきではなかった、だって僕はあの女の世話を君に一任したんだからね、と。友人は夢見者に、封のされていない伝言メモを手渡す。そこにはこう書いてある、「一緒に行かなかったり逃げたりしていては救済は訪れない。しかしそれはまた、唯々諾々と流れに身をまかせていても訪れない。救済は、一つの祈願に全神経を集中する全き帰依によってのみ訪れる」。欄外には、八輻の車輪（Rad）、ないしは花輪と思しき図が描かれている。すると一人のエレベーター・ボーイがやって来て、夢見者の部屋は八階であることを告げる。夢見者はエレベーターで七階あるいは八階まで昇る。そこには見知らぬ赤毛の男が一人立っており、夢見者に向って親しげに挨拶する。ここで場面が一変する。スイスで革命が起り、ある軍国主義政党が「左翼を絶滅する」ためのプロパガンダを行っているところだという。左翼はそれでなくても弱体ではないかという異議に対して、それだからこそ絶滅するのだという答が返される。すると旧式の軍服（Uniform）に身をかためた兵士たちが現れるが、彼らはみな例の赤毛の男にそっくりであ

図75　三神一体像。三角形は万物が一体となって統一の頂点を目指すことを象徴している。亀はヴィシュヌ神，二筋の火焔を放つ髑髏から咲き出る蓮の花（蓮華）はシヴァ神，背景には光り輝く梵天《ブラフマン》の太陽——すべては錬金術の「作業」に対応している。すなわち亀は「渾沌塊」を，髑髏は変容の「容器」を，花は個我もしくは全体性を象徴する。

インドの絵の模写

る。彼らは込矢《こみや》で銃に装塡し、円を描いて整列し、円の中心部に向けて銃を構える。しかし結局は撃たずに、どこかへ向けて行進して行く気配である。非常に恐くなって目を覚ます。

先行する夢で暗示された全体性の再構築への傾向は、この夢では再び、他方向をとろうとする意識の壁に突当る。そのため夢の出来事はいみじくもアメリカという背景のもとで進行する。エレベーターは上へ向うが、これは識閾下から何ものかが上にある意識領域に昇ってくるという状況にぴったりしている。そして上に昇ってくるものは無意識諸内容、つまり四要素構成によって特徴づけられるマンダラ（図61、62その他を参照）である。だからエレベーターは四階まで昇るのであろう。しかし四機能はいわばタブーであるからはっきり四階までというわけではなく、ほぼその辺まで、つまり三階から四階まで昇るのである。このようなことはこの夢見者の場合だけでなく他の多くの人々の場合にも見られるのであって、こういう人々も夢見者同様に待っていなくてはならない、つまり第四機能が受容れられるまで待たねばならないのである。一人の親友によって夢見者は、謎の〔暗い〕女性、すなわちタブー機能を表しているアニマを「下」に、すなわち無意識中に待たせるべきではなかったことに気づかされる。実はこれが、夢見者が他の人々と一緒に上で待っておかねばならなかった理由だったのだ。実際のところこれは単なる個人的問題ではなく、一箇の集合的問題なのである。なぜなら、フリードリヒ・シラーが逸早く予感していたところの無意識の目立った活性化は、現代に至って十九世紀が夢想だにしなかったような諸問題を生んだからである。ニーチェは『ツァラトゥーストラ』の中で蛇と「醜悪極まりなき人間」とを断固として撥ね付け、そうすることによって意識の英雄的な闘いを展開しようと決意した。そしてニーチェのこの闘いは必然の結果として『ツァラトゥーストラ』に予言された通りの悲惨な挫折に終ったのである。

伝言メモの忠告は意味深長であると同時に明晳的確であるから、これに附け加えるべきことは何もない。忠告がなされ、これが夢見者によって何らかの仕方で受け容れられた後で、待機状態は解かれ、さらに上へ昇ることができる。第四機能の問題は少なくとも大体のところでは意識に受けとめられたと見ざるをえないだろう。というのも夢見者が行き着いたのは七階か八階辺、つまり七階と八階との間であって、これによって第四機能はもはや四分の一のものとしてではなくほぼ八分の一のものとして表されており、その占める割合が半減しているからである。

全体性への最後の一歩に対するこの躊躇は面白いことに『ファウスト』第二部でも一役買っている。問題の箇所は「古代のワルプルギスの夜」のカベイロイの神々の場面である。(訳注11)「神々しく輝く海の乙女たち verklärte Meeresfrauen」が海の上を渡ってくる。ネレイデスとトリトンたちがうたう〔八一六八行以下。引用はすべて高橋義孝訳による〕。

ネレイデスとトリトンたち
　わたしたちが手に持っているものは、
　皆さんのお気に召すはずです。
　大亀の背に、
　おごそかなるものの姿が光り輝いています。
　お連れしたのはカベイロイの神々、
　どうか称えまつる歌をうたって下さいな。

セイレネス
お姿は小さいけれど、
お力は大層なもの。
難破する者をお助けになり、
大昔から崇められていらっしゃる。」
ネレイデスとトリトンたち
カベイロイの神さま方をお連れしました。
平和なお祭を祝いましょう。
この神々がおごそかに支配なさる所では、
ポセイドンの神もおとなしくなります。

「海の乙女たち」、いわば海および海波としての無意識を代理する女性形姿（図10、11、12および157参照）によって、「おごそかなものの姿 ein streng Gebilde」が運ばれてくる。「おごそかな streng」という形容詞は、ロマンティックな、つまり感情的・情緒的（gefühlsmäßig）な装飾を何らほどこさない明確な理念《イデー》を表現しているところの、「厳密に streng」構成された、あるいは幾何学的に構成された形態を想起させる〔Gebilde の原義は「形造られたもの」、「構成体」、「構造」、また streng は「厳格な」「厳密な」という意を持つ〕。それが、原始的冷血動物として蛇同様に無意識の本能的要素を象徴する一匹の亀の甲羅[六八]（図76参照）から「光り輝いている」。この「姿 Gebilde」はどことなくあの見えざる創造的侏儒神たち、身を覆い隠したるもの（図77参照）と同一のものではないかと思われる節がある。これらの侏儒神たちは暗い聖器箱（cista）の中に納められていはするが、しかし同時にまた、人間の脚ほどの背丈の小さな姿で海辺に立ち、無意識の身内として、航海を、すなわち暗く定かならざる世界への冒険行を護りたすけるのである。それゆえにまた彼らはダクテュロス[訳注12]の姿をとって発明の神の地位を得ているのであり、無意識の活動と同じように微小で眼には見えないが、しかしそれと同じように強力なのだ。エル・ガビル（El gabir〔カベイロス神に同じ〕）は偉大にして強力なる神の謂である。

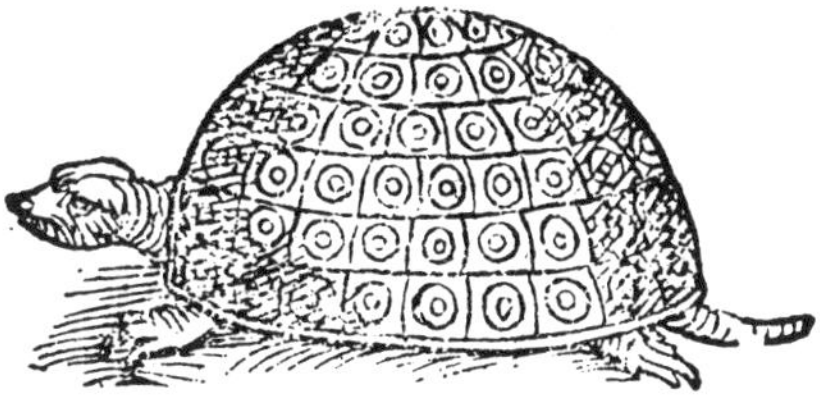

図76　錬金術の器具の一つである亀。
ポルタ『蒸溜物について』（1609年）より

ネレイデスとトリトンたち
　三人の神をお連れしました。
　四人目の方は来ようとなさいません。
　その神は、自分こそ本当の神で、
　他の三神に代って裁量すると仰せられます。

セイレネス
　一人の神さまが
　別の神さまをお嘲《あざけ》りになるとは。
　けれどもすべての恵みを敬い、
　どんな災難も懼《おそ》れましょう。

第四の神が他ならぬ裁量する神（Denker〔直訳・思考家。ゲーテの上掲の詩句の「裁量する」は動詞 dächte (denken)〕であるということは、感情 Gefühl の色彩の濃いゲーテの本性からして故なきことではない。「気持が一番大切なのだ Gefühl ist alles.〔直訳・「感情がすべてである」。『ファウスト』第一部八四五六行〕」が至高原理である人物にあっては、思考は分の悪い配役を引受け、舞台上から奈落の底へと消え落ちなければならない〔図49参照〕。このようなプロセスを『ファウスト』第一部は描いている。そしてそのためのモデルはゲーテその人に他ならなかったのである。こういうケースでは思考が第四機能（タブー機能）になる。そして思考は無意識と混じり合うことによって奇怪《グロテスク》なカベイロイの姿形をとる。奇怪《グロテスク》というのも、侏儒の姿をしたカベイロイは地下〔下界〕の神（chthonische Götter）であり、それに相応して原則として不格好につくられているからである（「あの神さまたちは不細工ですね。まるで不格好な土器の壺《つぼ》だ。」八二一九―二〇行）〔「不格好な土器の壺 irdenschlechte Töpfe」の irden は「土」の意であるが、語形的に見て irdish=chthonisch「地下の」、「下界の」と関連する〕。そういうわけでカベイロイは形が奇怪《グロテスク》であるのみならず、天上の神々に対して同様に奇怪《グロテスク》な対立をなし、これらの神々を嘲るのである（「神の猿」を想起せよ）。

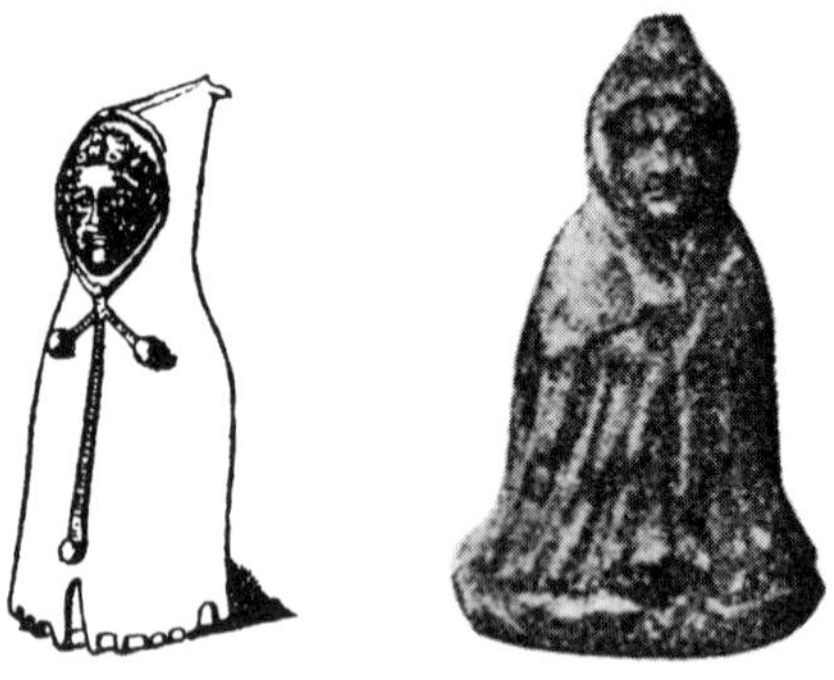

図77　テレスポロス。医神アスクレピオスの小児の姿をした従者としてのカベイロスもしくは「ファミリアリス」。(左)サン・ジェルマン・アン・レーのブロンズ像 (右)アヴィニョンの大理石小立像

ネレイデスとトリトンたち
　神は本来七柱なのです。

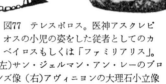

セイレネス
　それではあとのお三方は。
ネレイデスとトリトンたち
　それがわかりません。
オリュンポスへ往って尋ねてみることです。
あすこには、ひょっとすると、
まだ誰も考えたこともない八柱目の神もいらっしゃるかもしれない。
私たちによくして下さろうとなさっていらっしゃいますが、
まだすっかりとは出来上がっていらっしゃらないのです。
これら類《たぐ》いのない神々は、
いつも成長なさりつつあるので、
得難いものをお求めになって、
憧《あこが》れ飢え苦しんでおられるのです。

神は「本来」七柱あるいは八柱であると語られている。しかし先の四番目の神の場合と同じように、ここでもまた八番目の神には厄介な問題がつきまとっている。さらにまたカベイロイの神々が実はオリュンポス山に住むものらしいという事実も、それは地下から、暗闇からやってきたという、前にはっきり指摘しておいた事実と矛盾する。これはカベイロイが永久に下から上へ向う努力を繰返していて、そのため常に下と上とで見出されうるからであろう。あの「おごそかなものの姿」はすなわち紛れもなく、常に光に向って進まんとする無意識内容なのだ。それは、私が他の場所で（六九）「めったに手に入れることのできない宝」と名づけたところのものを探し求めているのである。と同時にまた、それ自体が当の宝でもあるのだ。この推測はセイレネスがネレイデスとトリトンたちに向って言う次の言葉によってただちに裏付けられる。

古代の英雄たちの誉れは、
どこでどう輝き渡っていようとも、
あなた方の誉れと肩は並べられません。
英雄たちが得たのが金羊皮なら、
あなた方はカベイロイの神々を得られたのですからね。

「金羊皮」は、アルゴナウテスたちの遠征、得難いものを得んとする努力の無数の同義語の一つであるあの冒険的「探求行 quest」の渇望する目的物に他ならない。タレスはカベイロイに関して賢明な注釈をほどこしている〔八二二三―四行。カベイロイの神々は「まるで不格好な土器の壺だ」という発言に対する返答〕。

それこそ人の欲しがるものだ。
錆《さび》がついて初めて貨幣にも値打ちが出る。

まことに無意識は常に「スープに落ちている一本の髪の毛」である。つまりそれは一つの汚点、玉についた疵であり、完全の蔭に隠された他人に知られては困る欠陥、どんな理想主義的主張の中にも必ず見られる苦しい言い訳、人間の本性にまとわりついていて、水晶のごとき明澄をどれほど憧れ求めても、いつもそれを曇らせる悲しむべき地上の名残りなのである。錬金術の考えでは錆も緑青も金属の病気である。しかしまさにこのような疥癬こそ「真の第一質料《プリマ・マテリア》 vera prima materia」であり、哲学者の黄金《きん》を作る基礎である。『哲学者の薔薇園』にはこういう言葉が見える。「われらが黄金《きん》は卑賤なる黄金《きん》にあらず。しかるに汝、緑色（viriditas・緑青のことと推測される）につきて尋ねたり。金属に染みつきし緑色のゆえに、金属の癩を病みし（leprosus）と思いたればなり。さればわれわれ汝に答えん。金属にありて全きものはただかの緑色のみなり。われらが鍛えし技と術と（magisterium）によりて、やがてわれらが真正なる黄金に変ずるはかの緑色なるが故なり」(七〇)と。

錆がついて初めて貨幣にも本当の価値が出てくるというタレスの逆説的注釈は一種の錬金術的パラフレーズであって、その言わんとするところは結局のところ、影なくしては光は存在しない、不完全さなくしては心の全体性は存在しないということ以外の何ものでもない。生の完成のために必要なのは、終結的完全(Vollkommenheit)ではなく、持続的完全（Vollständigkeit）なのである。そこには「苦の種」が、欠陥の悩みがなくてはならない。それなくしては前進も上昇もありえないからである。

ゲーテが『ファウスト』のこの箇所で取り上げている三と四および七と八の問題は、錬金術の混乱であって、この混乱は歴史的には、クリスティアノス(七一)の著とされる文献にまで溯るものである。「神秘の水」の製造に関する論文の中でクリスティアノスはこう語っている、「それゆえにヘブライの女予言者憚ることなく言い放ちたり、〈一は二となり、二は三となり、第三のものから第四のものとして全一なるものの生じ来るなり〉(七二)と」。この

図78　マリア・プロフェティサ。背景右手には
上なるものと下なるものの結合が描かれている。
マイアー『黄金の卓の象徴』（1617年）より

女予言者は錬金術文献にはマリア・プロフェティサ〔女予言者マリア〕〔七三〕（図78参照）という名で登場するが、他にもユダヤの女、モーゼの妹、あるいはコプトの女などの異名を持っており、彼女がグノーシス主義の伝統をひく処女マリアと関連があるということも、大いにありそうなことのように思われる。エピファニウスはこのマリア・プロフェティサに『大問答』Interrogationes magnae と『小問答』Interrogationes parvae という著書のあったことを証言し、その中にキリストが山上で一人の女を脇腹から出し、これと交わるという幻想が記述されていると伝えている。〔七四〕そういうわけで先の注〔原注七三〕に掲げたマリアの論文が、賢者アロス〔七五〕との対話において「錬金術の結婚 matrimonium alchymicum」を扱っているのは、たぶん偶然ではあるまい。後世しばしば錬金術師たちの口に上った「真の結婚においてゴムとゴムとを結婚させよ Matrimonifica gummi cum gummi vero matrimonio.」(七六)というスローガンはこの対話に由来するものである。ゴムと言われているのはもともとは「アラビア・ゴム gummi arabicum」のことであるが、「アラビア・ゴム」がこのスローガンの中では変容物質の隠語として使用されている。それは粘着性というアラビア・ゴムの特質のためであった。そういう次第でたとえばクーンラート(七七)は「赤い」ゴムを「賢者の樹脂 Hartz der Weisen」だと説明しているのであって、これまた変容物質の同義語の一つに他ならない。「生命力 vis animans」としての この 物質を、精神と肉体との中間にあって両者を結合している「宇宙の膠《にかわ》 glutinum mundi」と同じものだと説明している論者もある。(七八)古い文献である『合一の集い』は、「哲学的人間」は「石《ラピス》の四つの本性」から成っていると論じている。そのうちの三つは地下的〔下界的〕性質(irdisch)のものであって地中にあり、「第四の本性は石の水、すなわち赤ゴムと呼ばれる粘性の黄金で、他の三つの地下〔下界〕的本性はこれによって染色される」というのである。(七九)こういう例から見ても判るように、ゴムとは極めて微妙かつ重大な意味を持つ第四の本性である。それは男性的でもあり女性的でもあるという二重の存在であり、そしてそれにもかかわらず「メルクリウスの水 aqua mercurialis」として一つなのである。ゴムとゴムとの結合はそれゆえ一種の自家受精、メルクリウスの龍について始終言われるあの自家受精なのだ。(八〇)このようなさまざまな暗示を綜合すれば、「哲学的人間」が何者であるかすぐに思い当る。それはグノーシス派の言う両性具有の原人間すなわちアントロポス(八一)であって(図64、82、117、195などを参照)、インドで言えばアートマンである。『ブリハッド・アーラヌヤカ・ウパニシャッド』には、アートマンについて「彼〔アートマン〕は一人の女と一人の男とが抱擁し合っている大きさであった。彼は彼みずからの個我《アートマン》を二つの部分に分かった。そこから夫と妻とが生じた。そして彼〔夫すなわちアートマン〕は妻と交った……」というような文句が見られる。(八二)このような諸観念はみな共通の起源に発しているのであって、その起源は太古《プリミティヴ》の人間たちが懐いていた「男女両性を有する原初の人間」に関するさまざまの表象である。

『合一の集い』からの引用に話を戻せば、第四の本性はただちにわれわれに原人間としてのアントロポスの観念を想起させる。人間の全体性、すなわち人間以前にすでに存在していたところの、と同時に人間の目指すべき目的でもあるところの一なるもの――アントロポスはこれを表す一表象である。この一なるものとしてのアントロポスが第四のものとして他の三つのものと合体し、かくして四つのものを綜合して統一を生み出す(八三)（図196参照）。七と八の問題の場合も同じような事情にあると思われるが、このモチーフは三と四のモチーフとは比較にならないほど稀にしか文献に出てこない。しかしゲーテが読み親しんだことのある(八四)パラケルススの『全天体のもう一つの解釈』の中にこのモチーフがある。「一つのものは強大で、六つのものはこれに従属し、第八のものはこれまた強大である」、しかも第八のものの力は第一のそれにやや勝る(八五)、というのがそれである。一つのもの〔第一のもの〕は王であり、六つのものは五人の奴隷と一人の息子である。つまりこれは王たる太陽と六つの遊星もしくは六人の金属ホムンクルスたちである。このことはヤヌス・ラキニウスの『新しい高価な真珠』（一五四六年刊）の叙述がはっきり証明している(八六)（図79参照）。第八のものはしかしこの本には出てこない。これはおそらくパラケルススが自分で考え出して後から附け加えたものであると思われる。そしてパラケルススの場合はこの第八のものが第一のものよりもさらに強大なのだから、これが王冠を戴くものということになるだろう。ゲーテの詩句のオリュンポス山に住む八柱目の神は、パラケルススのこの文献が「オリュンポス山の占星術 Astrologie Olympi」（すなわち「天体 corpus astrale」の構造）を明らかにしようとしたもの(八七)だと見て差支えなければ、まさしくそのものずばりパラケルススの「第八のもの」と一致する。

図79　六人の遊星の息子たちを前にした太陽王。
ラキニウス『新しい高価な真珠』(1546年) より

ここで再び夢に話を戻せば、われわれは極めて微妙かつ重大な瞬間に、つまり七階か八階辺、いわばその中間で、赤毛の男の登場に出くわす。「赤毛の男」は、「尖鬚の男」すなわちあの冷悧なメフィストの同義語であるが、この男が魔法をかけて夢の場面を転換する。なぜなら赤毛の男すなわちメフィストにとって重要なのは、ファウストがこれまでに一度も見たことのないもの、つまり最も高価な宝石、「不滅なるもの das Unsterbliche」を意味する(八八)ところのあの「おごそかなものの姿」であるからである。赤毛の男は兵士たちに変身する。兵士は画一性(Uniformität)、つまり集合的見解を代理するものであって、集合的見解なるものはむろん、不合理な事柄には一刻たりとも堪えることができない。最高権威《オーソリティ》を金科玉条としている集合的見解にとっては三と七こそ神聖なものであって、四と八とは「不格好な土器の壺」であり、不吉なもの、まったく価値のない代物にすぎない。どんな種類の坊主であれ、四と八とは一旦その峻厳なる判決にかかると、一も二もなく死刑宣告を受ける。「左」

図80　メルクリウスが作業過程を象徴する八輻の輪をまわしている図。片方の手に「激情の投矢 telum passionis」を持っている。『真理の鏡』(17世紀) より

は「絶滅」しなくてはならないというわけである。ということはつまり、無意識陣営を、左に根差す、つまり無意識に根差すすべての胡散臭い存在を絶滅せよということである。なるほどこういう見解は旧式であり旧式の手段を使用しはするが、しかし込矢を用いる旧式の前装銃といえども撃つことはできるのである。未知の理由で、つまり夢の中に出てきていない何らかの理由で、(伝言メモの忠告によれば)「全神経を集中」すべき「中心点」に対する銃撃絶滅作戦は雲散霧消する。中心点はメモの欄外の図では八輻の車輪(図80参照)として描かれている。

マンダラ夢23　**夢**

正方形の空間。夢見者の向い側に見知らぬ女が坐っている。夢見者は彼女の肖像を描くように頼まれているのである。しかし夢見者が描いているのは顔ではない。それは三葉のクローバ

ーのようでもあるし、四つの異なる色、赤、黄、緑、青で描かれた歪んだ十字架のようでもある。

この夢を見た直後に夢見者は自発的に、夢に出てくるのと同じ四つの色で四分の一ずつ色分けした一つの円を描いた。それは八幅の輪（Rad）であった。真中には四枚の花弁を持つ花が一つ描かれてあった。夢見者はこの絵に続いてほとんど立て続けに非常に沢山の絵を描いているが、それらはみな「中心」のある奇妙な構図ばかりで、「中心」の性質をぴったり表現しうるような構図を何とか発見したいという気持の現れである。これらの絵は、一部は幻覚像、一部は精神集中による直観、そして一部は夢をもとにして描かれたものである。

輪に関して言えば、これは錬金術のお気に入りの図柄で、錬金術では循環過程、いわゆる「キルクラティオ circulatio」を表している。その意味するところは一方では「上昇 ascensus」と「下降 descensus」、たとえば上昇して下降する鳥（一旦立昇った蒸気の沈降[89]）であり、他方では作業の模範としての宇宙の運行、従ってまた、作業が成就するために必要な年月の循環である。これを見ても判るように、錬金術師たちは、自分たちの描く円図形と「回転 rotatio」との関係をむろんはっきり意識していたわけである。因に錬金術師たちと同時代の道徳的教説では輪の寓喩《アレゴリー》は、輪の回転による「上昇」と「下降」とが神の人間への下降と人間の神への上昇とを見事に表現しているという理由で用いられている（その拠り所となったのはS・ベルナルドゥスの説教中の次の一句である。「神はその下降〔降臨〕によってわれらに悦びと利益《りやく》に充ちた上昇とを授け給うた Suo nobis descensu suavem ac salubrem dedicavit ascensum.」[90]）。さらに輪は、作業にとって不可欠の諸徳性、「不変 constantia」「服従 obedientia」、「克己 moderatio」、「平静 aequalitas」、「謙虚 humilitas」を表す[91]。さらにまたヤーコプ・ベーメにあっては、輪をめぐって網の目のように広がる神秘的諸連関が相当に重要な役割を演じている。錬金術師たちと同じように、ベーメもエゼキエルの輪〔旧約エゼキエル書第一章、第十章参照〕を問題にしている。ベーメはこう言っている、「……かくしてわれわれは、精神の営みはそれみずからの内へと向けられており、自然の営みは外部へと、それみずからの外へと向けられていることを知った。それゆえわれわれはこの両者を合わせて、エゼキエルの輪が暗示しているようにありとあらゆる方向に向うところの、一つのまるい球形の輪に喩えることができる」(九二)。さらにまたこのようにも言っている、「自然の輪は外から内に向ってまわる。というのも神性は内部に、それみずからの内に住むものであって、このような輪の形をしているからである。この形はもちろん描くことはできない。これは自然による比喩にすぎない。それはちょうど神がこの世界の姿においてみずからを示すのと同じである。それというのも神は到る所において全きものだからであり、それゆえみずからの内に住むものだからである。次のことに心を留めよ。輪の円周は星辰を伴う黄道十二宮であり、それゆえに七つの遊星である……」「この形象はまだ申し分のない形で表されたことはないとはいえ、心のうちにこれを想い浮かべてみることはできる。そしてわれわれはよくものの判っていない人が心に想い浮かべてみる助けとして、これを美しい一つの大きな円に描いてみてもよいと思う。それゆえ、熱い願いはそれみずからの内へと、心へと向うということに心を留めよ――内なる心が神なのであるから……」(九三)。ところでベーメにおいては、輪は永遠の意志が心にしるす「印象 Impression」(錬金術の用語で言えば「インフォルマティオ informatio〔模写像、表象〕」)でもある。それは母なる自然、もしくは「母なる自然が常にそこから湧き出、そこから作用する永遠の源泉であるところの母の心《ゲミュート》(Gemüth der Mutter)である。母の心《ゲミュート》は遊星の輪を持つ星々であり、この星々は永遠の星辰の似姿として在るものである。そして永遠の星辰はただ一つの霊であり、神々の叡知の内にある永遠の心《ゲミュート》である。そして永遠の心《ゲミュート》とはすなわち、永遠の霊たちがそこから発して被造物中へ入り行くところの永遠の自然である(九四)」。輪の「特性」は生命であり、それは「四人の長官 vier Ambtmänner」の姿をとっている。これらのものが母の内で、すなわち産み出すものの内で支配権を握っている。これがすなわち四大〔四元素〕であって、この四大に「心《ゲミュート》という輪が……意志と欲望を与えている。かくして輪という存在は全き存在、ただ一つのものに他ならない」。ちょうど「魂と肉体をそなえて一つである一人の人間の心《ゲミュート》のように」。というのも人間はこの「全き存在」に倣って創られているからである。しかしてまた、四大をそなえた自然もまた魂を持つ「全き存在」なのである(九五)。さらにベーメはこうも言っている。この「硫黄輪」は善と悪との源泉でもある。ないしは善と悪との二原理の中に入り込んだり出たりする(九六)。

ベーメの神秘主義思想は錬金術から非常に大きな影響を受けている。だから彼は「誕生の形態は回転する輪のごときものであって、この輪はメルクリウス〔ないし水銀〕が硫黄の中で作る」と言っているのだ(九七)。「誕生」するのは「黄金の童児」(「哲学者の息子 filius philosophorum」すなわち童児神の元型(九八))であり、その職人(Werckmeister)はメルクリウスである(九九)。メルクリウス自身も精髄《エッセンス》の焔の輪で、この輪は蛇の形をしている。まったく同様に(照明されざる)魂も「このような火となって燃えるメルクリウス」である。魂が神から「離れる」と、ウルカヌス〔火と鍛冶の神〕が魂の中の「精髄の火輪」に火をつけるのである。するとそこから「神の忿怒」である欲望と罪とが生ずる。こうなると魂は、「火蛇」、「醜虫」、「怪物」同様の「虫けら」になる(一〇〇)。

ベーメに見られる以上のような輪の解釈はわれわれに錬金術の神秘のヴェールの蔭にあるものをいくらか垣間見させてくれる。その意味でこれは錬金術においても、われわれの心理学的観点にとっても少なからぬ重要性を持っている。すなわち輪はベーメにおいては、マンダラ象徴の本質を表現しているところの、従ってまた「不合理の神秘 mysterium iniquitatis」を内包しているところの、一箇の全体性表象として現れているのである。

ところで夢見者の八幅の輪に話を戻せば、以上のような諸事実から考えて、これまで無意識が再三再四意識に近づけようと努力してきた「中心」表象がいよいよ意識領域に地歩を占め始め、意識に対して一種独特の魅力を発揮し始めたということが判る。夢見者がこの絵の次に描いたのは、またもや青い花の絵であった（図85参照）。しかし今度の青い花は八弁であった。さらに続けて、四つの山に取り囲まれた一つの火口湖の絵、地面に一つの赤い輪があって、その中に一匹の緑色の蛇（図13参照）が上方へ向って左巻きに巻きついている一本の枯樹の生えている絵が描かれた。

　こういう問題にいかにも大真面目に取組んでいるのを見て、素人の読者はこれを一体どう受け取ったらいいのかおそらく困惑を感ずるであろう。そういう読者はヨーガと中世の石《ラピス》の哲学とを多少かじってみれば、理解の助けになると思う。ところで先に述べたように、円積法は石《ラピス》製造の方法の一つであるが、「想像力《イマギナティオ》 imaginatio」もまたその一つであって、これは次の文献《テクスト》を見れば疑問の余地がない。「汝の扉を固く閉じることに留意すべし。扉の内にありしものの逃げ去るを防がんがためなり。さすれば汝——神の御心によりて——目的に達するを得ん。自然はその作業を徐々に成就するものなり。しかしてわれ、汝の事に当りて自然と同じくなさんことを欲す。すなわち汝の想像力《イマギナティオ》を自然の導くにまかすべし。物体の再生は自然によりて大地の臓腑〔内部〕にて成就するものなれば、汝自然と一体になりて観ぜよ。しかしてその再生のさまを真の想像力《イマギナティオ》によりて想像すべし。ゆめ空想的想像力に頼ることなかれ[一〇一]」。

　「扉を固く閉じよ」、すなわち「固く密封された容器 vas bene clausum」という錬金術においてしばしば現れる用心深い措置は、魔法の円と同じ意味合いのものと考えられる。両方とも外部のものの侵入ないし混入から内部のものを護る[一〇二]と同時に、内部のものが外へ逃げ出すことを防ぐという目的を持っている。「想像力《イマギナティオ》」はここでは、この語の古典古代的用法通り、本ものの、文字通りの想像力、すなわち「心の内に像を結ぶ力 Einbildungskraft」と解されている。それの対照として持出されている「空想《ファンタシア》 phantasia」は、空虚な想いという意味で、すなわち「おもいつき Einfall」という意味で用いられている。因にペトロニウスではこの意味がさらに強められて愚にもつかないこと、馬鹿げたことの意味で、たとえば「彼奴は空想《ファンタシア》そのものだ、人間じゃない phantasia non homo」〔『サチュリコン』三八節〕という工合に用いられている。「想像力《イマギナティオ》」とは（内的な）像の能動的喚起であり、しかもそれは「自然の導きによる secundum naturam」。すなわちそれは本当の思惟、本当の表象行為であって、あてもなく、とりとめもなく、「漠然たる物想いに耽けり」、いろいろな対象と遊び戯れることではなく、自然によって心の内に与えられているものを、自然の姿そのままに想い描いた表象という形で捉えることである。この行為を錬金術師たちは「作業《オプス》 opus」と呼んでいる。

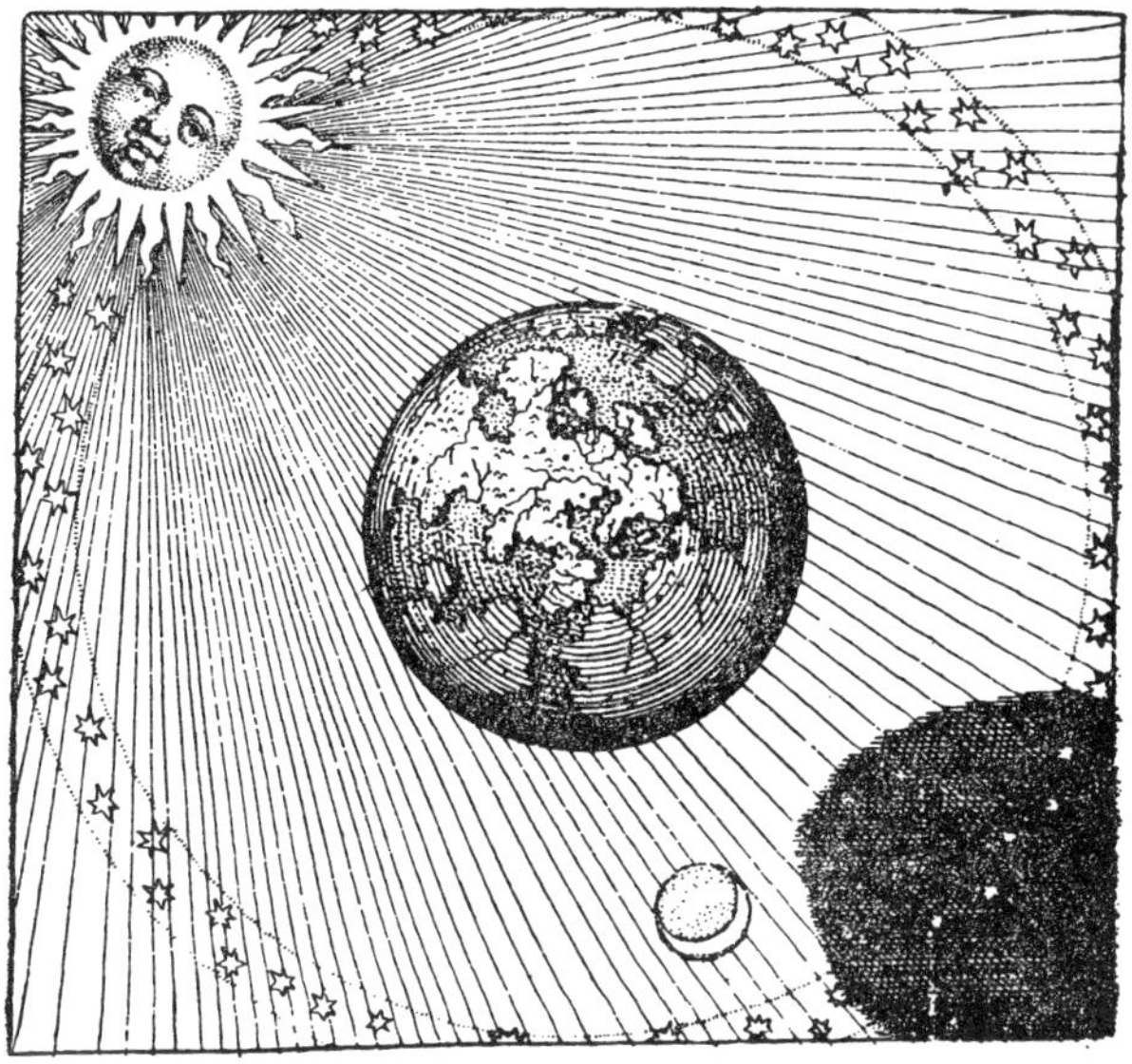

図81　「太陽とその影」。地球は光と闇の中間に位置している。
マイアー『化学の探究』（1687年）の中の寓意画

ところで、われわれの夢見者が内的経験として現れる心的諸対象に対しているそのやり方を見れば、すなわち無意識から意識に昇り来る内容をこれほど良心的に、精密に、入念に記述し描き続けている努力を前にすれば、誰しもこれまた正真正銘の大仕事だと呼びたくなるであろう。錬金術に精通している者には、夢見者のこの大仕事と「作業《オプス》」との類似は一目瞭然であると思う。さらに扱われている夢自体も、たとえば次に挙げるマンダラ夢24が如実に物語っているように、この類似をはっきり裏付けている。

　前述のいくつかの絵を生み出す契機となった目下のマンダラ夢23には、左の側が「絶滅」の憂き目に会ったというような形跡は全然見られない。それどころか反対に夢見者は、第四の、いわゆる「劣等」機能の擬人化である(一〇三)見知らぬ女と向い合って、再び聖域《テメノス》にいるのである。夢見者はこの夢の後で実際に絵を描いたがこれは夢によって予示されており、夢が擬人化によって表現しているところのものを、夢見者は抽象的な表意文字の形で再現してみせたのである。この事実は擬人化は一つの象徴であって、擬人化の意味しているものは当の人物とはまったく別の形態でも表現しうるということを暗示していると言ってよいだろう。この「別の形態」は溯って第二章16の夢のクラブのエースにあたる。この時のクラブのエースは不揃いの四つの部分から成る十字架のアナロジーであった。それがいま改めてここで裏付けられている。当時の事態を私は、キリスト教的三位一体、しかし四（色）によってアクセントを与えられ、色づけられ、陰影をほどこされたキリスト教的三位一体という風に言い表してみた。色彩は今度の夢ではテトラクテュス〔四なるもの〕の具体化として顕現している。(一〇四)これに類似したある告知が、『哲学者の薔薇園』に引用されているヘルメスの『黄金論説』の一節に見られる、「禿鷹……大音声にてかく言う〈われは白き黒にして赤き黄なり Ego sum albus niger et rubeus citrinus〉(一〇五)と」。これに反して石《ラピス》については、それが「すべての色 omes colores」を一つに集めているということがはっきり言われている。従ってこの夢に見られる四色によって体現された四要素構成はいわば一つの前段階を示すものと推測される。『薔薇園』の中の「われらが石は四大より生じ来るものなり Lapis noster est ex quatuor elementis」(一〇六)（図64、

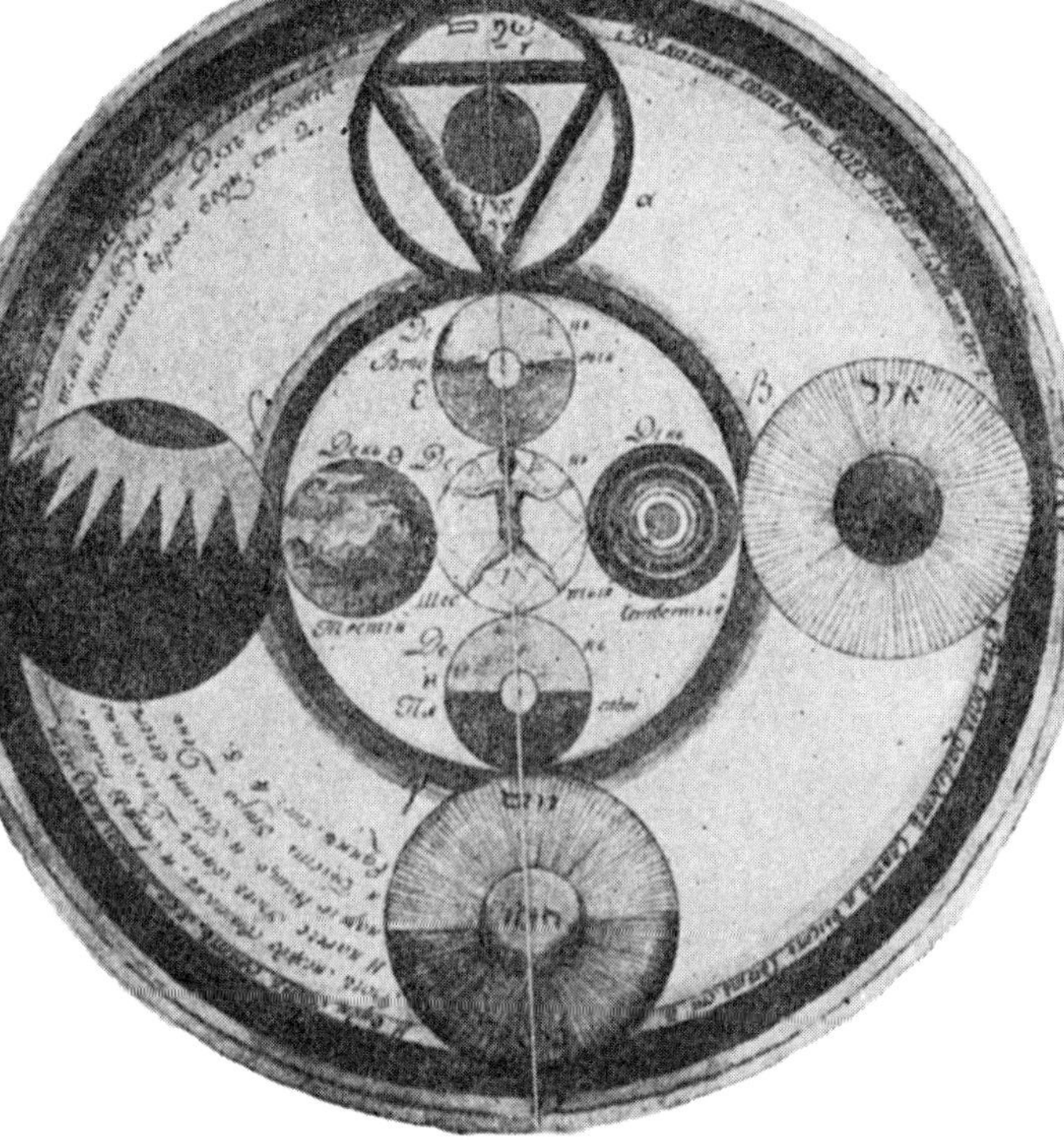

図82　アントロポスと四大。
18世紀のロシアのある古写本（私蔵）より

82、117等を参照）という言葉や、「哲学者の黄金 aurum philosophicum」に関する「黄金には四大、等しき配分にて含まれており In auro sunt quatuor elementa in aequali proportione aptata」（一〇七）という言葉はこれを裏付けるものである。事実はおそらく、この夢の四色は三要素構成から四要素構成への、従ってまた円積法（図59、60参照）への移行を表しているということであろう。円積法は錬金術の考えに従えば、そのまるさ（完全な一様性）のゆえに石《ラピス》の本性に最も近いものとされている。ライムンドゥスの著とされている石《ラピス》の製造のためのある処方にはこう書かれている。「最も一様なる物体やまるき物体を選ぶべし。三角もしくは四角の物体ではなく、まるき物体を選ぶべし。まるきものは三角なるものより、一様なるものに近ければなり。一様なる物体はすなわち角を持たざることに留意すべし。一様なる物体は、星々のなかの太陽のごとく、遊星のなかの最初のものにして最後のものなればなり（一〇八）」。

マンダラ夢24　**夢**

二人の人物が結晶体（Kristalle）について、特にあるダイアモンドについて話し合っている。

この夢内容を見れば誰しも石《ラピス》の観念を想起せざるをえないだろう。というのもこの夢は歴史的地層をはっきりとあばいてみせており、夢見者が直面しているのはかつて錬金術が希求したあの石《ラピス》、「めったに手に入れることのできない宝」であることを疑いもなく暗示しているからである。夢見者の「作業《オプス》」は、錬金術哲学の苦闘に充ちた「作業《オプス》」の無意識的な繰返しに他ならない（「ダイアモンド」についてはさらにマンダラ夢37、39、50を参照）。

マンダラ夢25　**夢**

一つの中心点を構成し、この点がちょうど鏡のように他方を反映するという工合に、つまりこの点を中心として、左右対称構造の像を形づくらなければならない。

「構成 Konstruktion」という語は、「作業《オプス》」の本質的性質である綜合統一《ジンテーゼ》への志向を言い表していると同時に、夢見者の飽くなき努力を要求するところの、いわば大変骨の折れる建築作業を言い表している。「左右対称《シンメトリー》構造 Symmetrisierung」は、マンダラ夢22の葛藤（「左翼を絶滅せよ」）に対する一つの答である。つまり片面がもう一方の面と鏡像（Spiegelbild）のように完全に一致しなければならない、しかもこの鏡像は「中心点」を鏡として、これに映し出されたものでなければならないというのである。従って「中心点」は反映する（spiegelnd）という特質を有しており、それは硝子（vitrum）（一〇九）あるいは透明硝子《クリスタル》、あるいは水面なのである（図209参照）。反映もまた「石《ラピス》」、「哲学者の黄金 aurum philosophicum」、「霊薬 elixir」、「われらが水 aqua nostra」等の根本表象を暗に指しているように思われる（図265参照）。

意識の側である「右」が、意識世界とその諸原理とを表しているとするなら、その世界像は「反映」によって裏返しの形で「左」に映し出されなくてはならないというわけであるが、そうすれば一種の逆対応物が生ずることになるだろう。これはまったく同じように、「反映」によって「右」は「左」の裏返しの形をとると言い換えることもできる。ということはつまり、「左」は「右」と同等の資格を持つものとして現れるということである。ないしは無意識と、大部分理解し難い無意識の秩序とが、意識とその諸内容とを左右対称的《シンメトリカル》に補完するものになるということである――尤もその場合、何が反映されているのか、鏡像はどんなものであるかは、最初のうちはまだ謎に包まれたままではあるが（図55参照）。以上の諸点を考え合わせてわれわれは推論を一歩押し進め、「中心点」は、互いに対応する、がしかし鏡を通じて裏返しになっている二つの世界の交点をなすと見てもよいのではあるまいか（一一〇）。

かくして左右対称《シンメトリー》構造という観念は、無意識の承認過程における一頂点を意味し、無意識の統合による全体的世界像の構築を表すものであると言ってもよかろう。すなわち無意識はここで、全体的世界像に組入れられることによって「宇宙的《コスミック》」性格を帯びるに至ったのである。

マンダラ夢26　夢

夜、星空。ある声が「さあいよいよ始まるらしい」と言う。夢見者が「何が始まるんですか」と尋ねると、「循環（Kreislauf）が始まりそうなのだ」という答が返される。すると流星が一つ、一種独特の左旋回の曲線を描いて落下するのが見える。場面が一変して、夢見者はいかがわしい（fragwürdig）ナイトクラブに居る。遠慮会釈なく人をこき使うといった風の主人と惨めな様子の女の子たちのいるナイトクラブである。辺りで右と左という問題をめぐる口論が起る。そこで夢見者は席を立ってその場を去り、タクシーに乗ってある区域を正方形の格好にぐるぐると廻る。それから再び件のナイトクラブ。主人が「左と右について皆さんあれこれと議論してましたが、私の気持にはどうもぴったりきませんなあ。大体人間の社会に左の部分とか右の部分とかが本当にあるんですかねえ」と言う。夢見者はこう答える。「左の存在と右の存在とは矛盾しませんよ。人間は誰だってその両方を持っているんです。左は右の反映像です。左が右の反映像だと実感できるときはいつも、僕は自分が一つであるようなしっくりした気持になります。人間社会には右の部分とか左の部分とかという区別はないんですよ。そうじゃなくて、均衡のとれた〔左右対称の〕人間と不均衡な人間との区別があるだけです。自分の中に左か右の一方の側しか許容しえない人間、これが不均衡な人間です。こういう連中はまだ幼児的状態にとどまっているんです」。主人は思案顔で「確かにあなたの仰有ることの方が〔連中の言うことよりも〕ずっと正当な気はしますね Das ist schon viel besser.」と言ってから、再び自分の仕事にとりかかる。

この夢は何らの省略も加えずに全部を紹介した。マンダラ夢25で暗示された諸観念を夢見者がどのように受けとめたか、これが実に見事に示されているからである。左右対称《シンメトリー》関係という観念はその宇宙的《コスミック》性格をここではっきりと顕し、そして心理的なものに移し置かれる。心理的なものへの移行は社会的象徴を通じて表現されている。ここに出てくる「右」と「左」は政治的標語としての左と右、つまり左派と右派との意味に用いられていると見てまず間違いない。

「宇宙的」様相は夢の冒頭部に見られる。夢見者自身の言によれば、流星の描く一種独特の曲線は、彼が八つの部分に分かたれた（一二）花を描いた時の線に完全に一致しているということであった。花弁の周囲の線がちょうどこういう曲線だったのである。流星はいわば、星の輝く大空一面に広がった花の、その縁《ふち》に沿って落下するのだ。ここで始まるのはすなわち、光の循環なのである（本書二四〇頁、二五〇頁および『黄金の花の秘密』のいろいろな箇所を参照）。この宇宙的諧調の花は、たとえばダンテの『神曲・天国篇』に出てくる薔薇と同一のものである（図83参照）。

「宇宙的」性質を帯びた経験は、「内的」な、つまり純粋に心的なものと解さるべき経験としては、不快を催させ、たちまち「下」からの反作用を惹き起す。宇宙的様相は明らかに余りにも天空「高く」広がりすぎるので、「下」へ引っぱろうとする補償作用がはたらくのである。そうなると、左右対称《シンメトリー》構造はもはや意識と無意識との二つの世界像の構造ではなく、単なる人間社会の構造、いや夢見者自身の構造であるということになる。夢

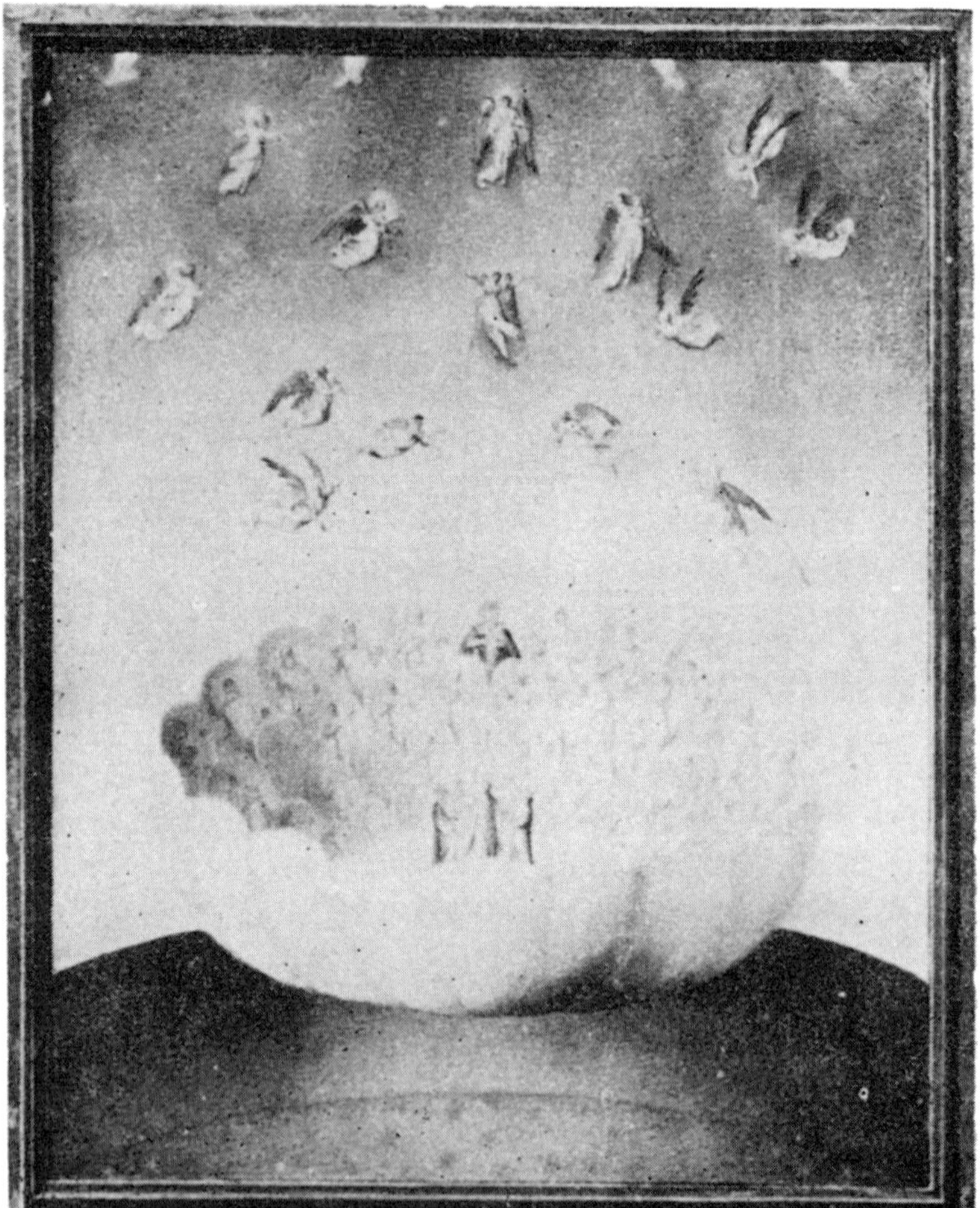

図83　ダンテが天の薔薇に包まれて神の御前に導かれる図。
ダンテ『天国篇』―― ヴァチカン古写本 ――（15世紀）より

見者の心理的解釈に対して主人が「確かにあなたの仰有ることの方がずっと正当な気はしますね Das ist schon viel besser」と言う時、主人のこの同意は、「だけどまったく申し分ないというわけじゃありません aber noch nicht gut genug」という後続文を臭わせた保留付の同意なのである。(訳注13)

最初の方でナイト・クラブに生ずる右と左に関する口論は、左右対称構造《シンメトリー》を承認しなければならない局面を迎えて、夢見者自身の中で起っている葛藤である。夢見者は、もう一方の面〔左〕が非常に危険（bedenklich）に見えるので〔bedenklich は「いかがわしい fragwürdig」とほぼ同意〕、その姿をあまり近づいて見ない方が得策だと感じており、それが原因で左右対称構造《シンメトリー》を承認することができないでいる。正方形の周辺を廻るという魔術的な「周回」が登場するのはそのためである。つまり夢見者は内部に踏みとどまり、そこから逃げ出さずに、鏡に映じた自分の像に堪える術を学ぼうとして「周回」するのだ。彼はなるほど最善を尽して左右対称構造《シンメトリー》の承認に努めるが、しかしまだ、もう一方の側が望んでいるほどに申し分のないものではない。彼の努力に対する「確かにずっと正当な気はしますね」というやや冷い同意は、つまりここに起因しているのである。

マンダラ夢27　幻覚像

円が一つある。真中に一本の緑の樹。円の中では原始人たちの激烈な戦闘が演じられている。彼らは樹が立っていることには全然気づかない。

右と左の葛藤は明らかにまだ終っていない。それはひそかに進行している。なぜなら原始人はまだ「幼児的状態」にとどまっており、「不均衡な人間」として右しか、さもなくば左しか知らず、葛藤を越えたところにある第三のものなど眼中にないからである。

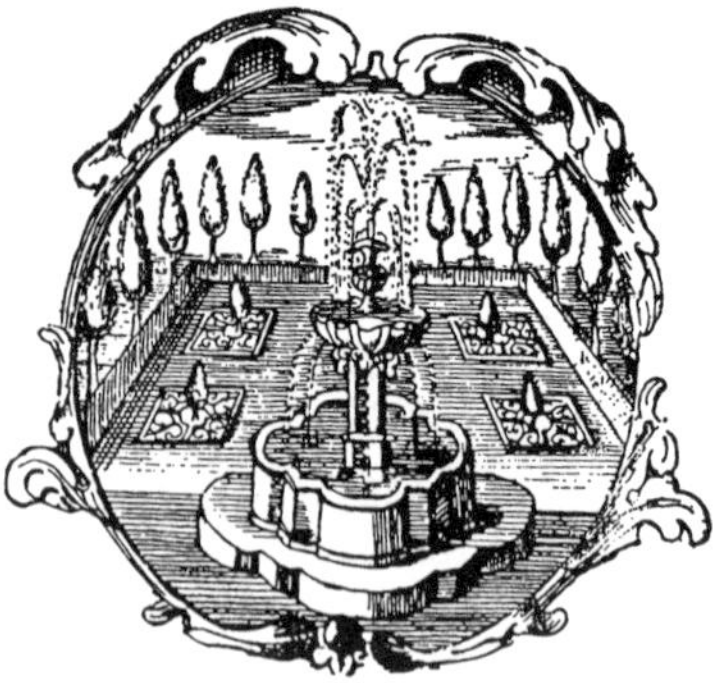

図84　壁に囲まれた庭園の泉は「逆境における不変constantia in adversis」を意味する。まさしく錬金術的状況である！
ボスキウス『象徴の術』（1702年）より

マンダラ夢28　**幻覚像**

円が一つある。その中に、一つの貯水盤（Bassin）の方に向って昇り行く階段がある。貯水盤の中には噴水がある〔貯水盤は図84を参照〕。

ある心的状態が、そこに無意識内容の本質的様相が欠けているために未だ満足できるような状態にない場合には、無意識過程は逆戻りしてそれ以前に現れた諸象徴を再現するものであるが、この夢の場合もそのケースにあたる。ここでは象徴は、「われらが水」の噴水を持つ哲学者のマンダラ庭園が現れた、あのマンダラ夢13まで逆戻りしている（図84および図25、26、56参照）。円と貯水盤とがマンダラを明瞭に示しているが、このマンダラは中世の象徴法では「薔薇 rosa」という形をとった。（一一二）「哲学者の薔薇園」は中世錬金術の お気に入りの象徴である。（一一三）

マンダラ夢29　**幻覚像**

薔薇の花束が一束。それからこういう徴《しるし》が現れる  。いやどうもこういう徴だったような気がする  。

薔薇の花束は、上に向って末広がりになっているその姿から考えても噴水と同じものだと考えてよい。最初の徴の意味は不明である（樹であろうか？）。これを訂正する恰好で二番目に示された徴は、八つの部分に分たれた花を表している（図85参照）。これは明らかに誤りの訂正であって、最初の徴が「薔薇」の全体性を不充分にしか表していなかったのである。この訂正による再構成の試みは、マンダラの問題を、つまり「中心点」の正しい判断と解釈とを、意識に再び近づけようとする努力の現れであるに相違ない。

マンダラ夢30　**夢**

夢見者は謎の（dunkel〔暗い〕）見知らぬ女と一緒にまるいテーブルについている。

明晳さが一種の頂点に達する度ごとに、あるいは推論の可能性が非常に高まってくる度ごとに、その後決って一種の退行現象が生ずる。本章に引用されている夢の間で見られた夢の数々は、全体性への要求が昂じてくることは夢見者にとって少々工合が悪いということを如実に示している。それというのもこの要求を実現すればそれにともなって、夢見者の実際生活の非常に多くの面に差し障りのある諸結果を生ずることになるからである。尤

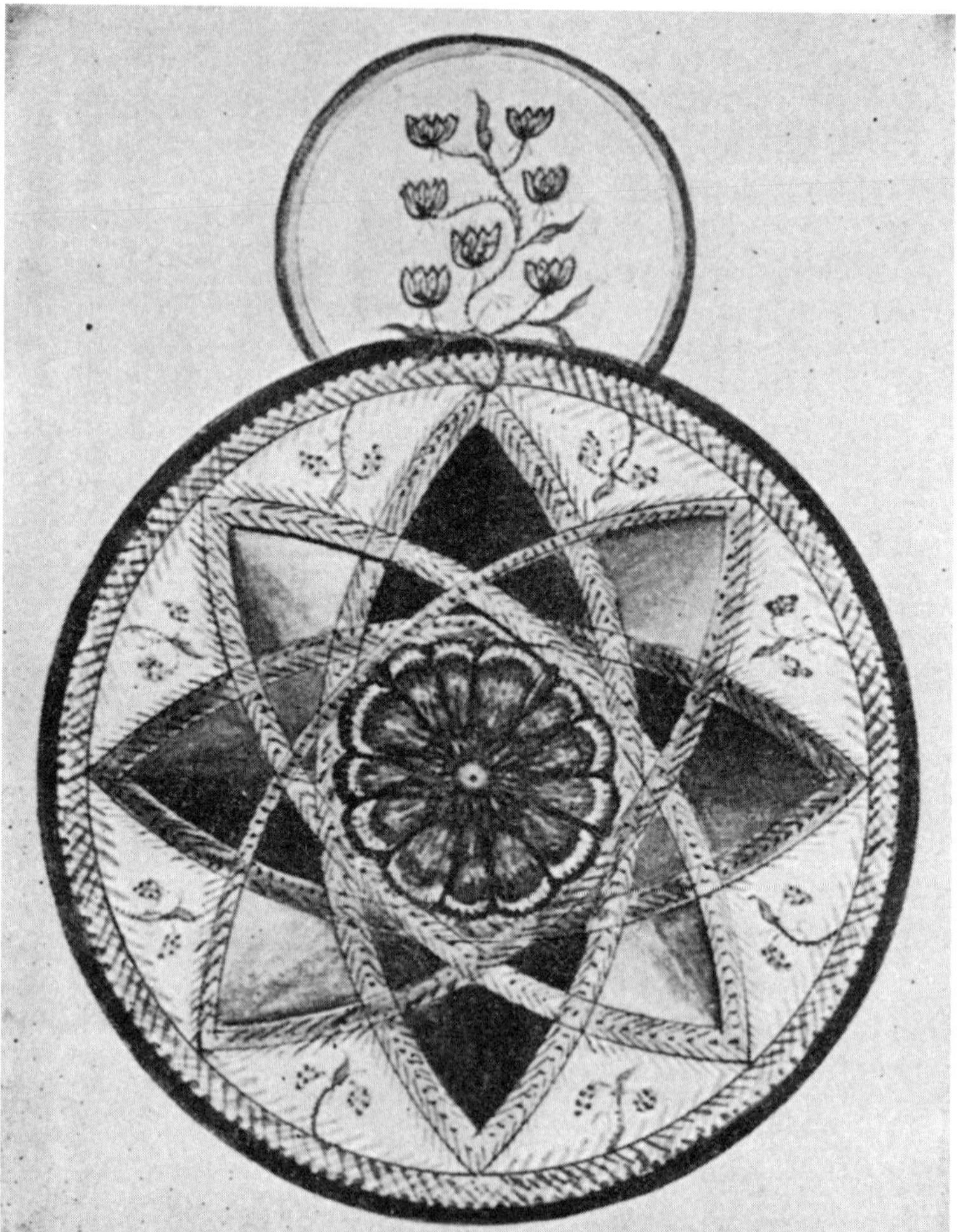

図85　八番目の花か七つの花の最初の花かを表す八弁の花。
『占星術形象図集』（18世紀）より

も、それがどのようなものであるかということは個人的問題に属することであって、むろんわれわれの考察の埒外にある。

ところで、まるいテーブルは再び全体性の円を暗示している。そこに「アニマ」が第四機能の代理者として加わっている、しかも殊更に「謎の」〔暗い〕という衣を身につけて。この形容はいつも決って、何かが具体的なものに転化される段になると、すなわち何かが現実に移し置かれねばならないような時とか、現実に移行しそうな気配を見せる時とかに現れる。「暗い dunkel」ということは下界的〔地下的〕(chthonisch)ということ、つまり地に属する現実の(irdisch-wirklich)ということである。そしてこれもまた、退行を惹き起す不安の原因になる。(一一四)

マンダラ夢31　夢

夢見者は、不快な相手である一人の特定の男と一緒にまるいテーブルについている。テーブルの上にはゼラチン状の塊(gelatinöse Masse)の入ったグラスが一つ置いてある。

不快な相手である一人の特定の男は、夢見者個人に属する正真正銘の「影 Schatten」(一一五)であるが、「暗いもの」が「影」が現れる程度にまで自分自身の「暗さ」として受け容れられたという限りにおいて、この夢は先行するマンダラ夢30に較べて一つの前進を示していると言ってよい。これによってアニマは、道徳的に劣等なものの投影対象としての状態から解放され、それ本来の機能、すなわち創造的活力(一一六)へと転ずることができる。創造的活力

図86　錬金術の蒸溜器である「唯一無二の容器」。中に（両性具有の）メルクリウスの蛇が入っている。
ケリー『賢者の石に関する二つの論』（1676年）より

はおそらく、奇妙な物質の入っているグラスによって代理されていると考えられる。この奇妙な物質は――これは夢見者の意見でもあるが――マンダラ夢18に出てきた未分化の「生命の塊」に比せられるものである。マンダラ夢18でこれが現れたのは、原始的《プリミティヴ》・動物的状態から人間的状態への段階的変容という文脈においてであった。従ってわれわれは目下の夢の場合にも同様の事情があると見てよい。心の発展は螺旋状をなして進行しているのであるが、その螺旋がこの夢においては恰もマンダラ夢18とちょうど重なるところ、しかしそれよりもより高い位置に達しているかに見受けられるのである。

グラスは錬金術の「唯一無二の容器 unum vas」（図86参照）に一致するし、その中味はあの半有機的な生ける混合物に対応する。この混合物の中から石《ラピス》が精神をそなえた生命体として生れ出るのである。あるいはゲーテの『ファウスト』第二部の、三様の姿において現れ三度にわたって溶解するあの注目すべき形姿、すなわち童形の馭者、ガラテイアの女神の輝く玉座に触れて砕け散るホムンクルス、そしてオイフォリオーンが生れ出るのである（溶解は「中心」の無意識内への溶解を示しているのであろう）。石《ラピス》は周知のごとく単なる「石《いし》」ではない。非常にはっきりと主張されているように、石《ラピス》は「動、植、鉱物質から de re animali, vegetabili, et minerali」合成され、肉体と魂と精神から成るもの（一一七）であり、血と肉から生れ出るもの（一一八）である。それゆえにかの哲学者（『エメラルド板』の中のヘルメス）は「風、腹に孕みてそを運び来たり」と言っている（図210参照）。それゆえにまた次のように言われるのも尤もである。「風すなわち空気なり、空気すなわち生命なり、生命すなわち魂なり」――「石《ラピス》は完全なる肉体〔物体〕と不完全なる肉体〔物体〕との中間物なれば、自然みずから始めしことを技と術とによりて完全ならしめん」(二一九)。この石《ラピス》は「不可視石（lapis invisibilitatis）と呼ばるるものなり」(二二〇)。

この夢の主眼はおそらく、「中心」を生命あるものと化す〔現実のものと化す〕こと、いわば「中心」の誕生であると思われる。ここではそれが得体の知れない魂からの誕生という形をとっているが、これは錬金術の「第一質料《プリマ・マテリア》」の表象に対応するものであって、「第一質料《プリマ・マテリア》」は渾沌の中に生命の種を孕んだ「形定かならざる物質 massa informis」と考えられていた（図162、163参照）。すでに触れたように、「第一質料《プリマ・マテリア》」にはアラビア・ゴムおよび膠《にかわ》の性質があるとされる。ないしは「ねばねばした viscosa」とか「どろどろした unctuosa」というような形容がなされる（パラケルススにあっては「ノストク Nostoc」〔数珠藻の一種で湿地の石などにゼリー状の群体をなす〕は秘密物質である）。夢の中の「ゼラチン状」という形容詞のもとになっているのはむろんまず何よりも、培養基、ガレルト〔ゼリー〕状異常増殖物およびこれに類する物質の性状に関する現代の観念であるが、しかしそれは同時に遙かな昔の錬金術諸観念とも溯及的に結びついている。これら錬金術諸観念はすでに何度も強調しておいたように確かに意識の中には存在していないが、しかし無意識裡において象徴選択に深甚なる影響を及ぼしているのである。

マンダラ夢32　夢

夢見者はある見知らぬ女性から一通の手紙を受取る。彼女は子宮（uterus）に痛みが感じられると書い

ている。手紙には符合のような図形が描き添えられているが、それは凡そ次のようなものであった。(一二一)

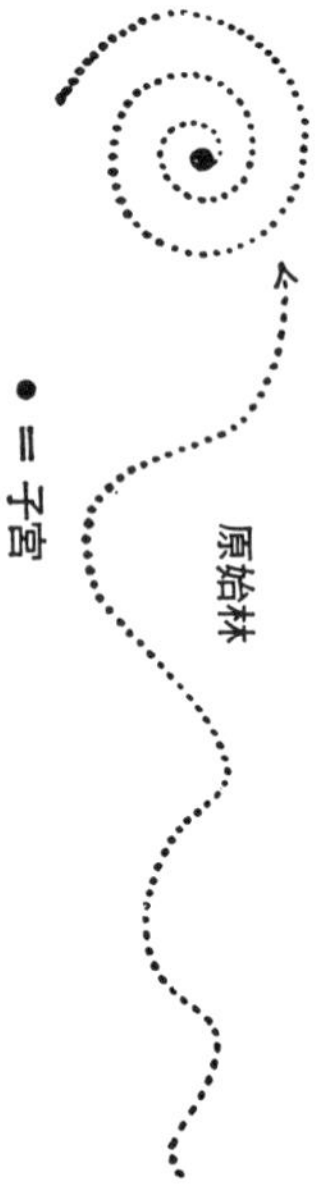

原始林に猿が沢山いる。それから真白な氷河への眺望が開ける。

「アニマ」が、生命を創造する「中心」の苦痛に充ちた過程を告げ知らせる仲介役を果している。生命を創造する「中心」はここではもはや生命の塊の入った「グラス」ではなく、「子宮」と呼ばれている中心点であり、図形の螺旋が暗示しているようにこの中心点に達するには「周回」によらなければならない。いずれにしても螺旋は中心の黒点を、従って子宮を強調している。子宮は錬金術の容器の象徴として頻繁に用いられているもので、これは子宮が東洋のマンダラの根本的意味を表示していることと共通性を有している。(一二二) 螺旋の右側に描かれている矢印つき蛇行線もまた容器に通じているわけであるが、この点は医神アスクレピオスの霊験あらたかなる蛇(Heilschlange)(図203、204参照)とのアナロジーをなしている。と同時に、タントラ仏教のシヴァ・ビンドゥ(Shiva bindu)なる象徴ともアナロジーをなしている。シヴァ・ビンドゥは潜在的な、空間的広がりを持たない創造の神であるが、点あるいはリンガ(lingga〔男根〕)の形態をとり、それにクンダリニーの蛇〔一九五頁訳注9〕が三周半巻きついている。(一二三) 本章のマンダラ夢16と18、および第二章の22の夢では原始林に棲む猿が登場した。そして第二章の22の夢の場合それは「すべてを支配する光」に、マンダラ夢18の場合は「神々しく輝く頭部」に通じていた。この夢でもそれと同じように最後のところで真白い「氷河」への眺望が開ける。「氷河」ということから夢見者はこれ以前に見たある夢（本書では取り上げていない）を想い出したが、それは夢見者が銀河を見て、不滅について対話を行うという内容である。つまり「氷河」という象徴は、再び宇宙的様相へと、かつて退行のきっかけとなったあの様相へと導く架橋なのである。しかし、これは必ずいつもそうだと言って構わないが、以前のものは最初の単純な現れ方そのままにただ繰返されるというわけではなく、そこに新たな紛料材料が加わるのであって、この夢の場合もその例にもれない。ここに見られる新たな紛料材料は論理的に言えばすでに前もって予感されていたものであるとはいえ、知的意識にとっては宇宙的様相に負けず劣らず不快なものである。不滅に関する対話を想い出したということ、新たな紛料材料とはこれである。不滅というテーマはマンダラ夢9で振子時計、一種の永久運動を示すあの振子時計が出てきた時にすでに暗示されていた。不滅とは停止することのない時計、天体のように永久に運行〔回転〕するマンダラに他ならない。というわけで宇宙的様相は、いわば複利で戻ってきたのである。こうなると食べなくてはならない品数が余りにも多過ぎて、夢見者は容易に消化不良を起しかねない。知性の胃袋は非常に限られた消化能力しか持ちあわせていな

図87　神の子の容器としての処女マリア。
『受胎の祝福を受けた処女マリアの祈り』（1524年）

図88　『散文物語・湖上のランスロー』（15世紀）の中の「聖杯の幻想」

いからである。

実際、このような曖昧模糊とした事柄を象徴するために無意識が提示する諸様相、そしてわれわれがマンダラあるいは「個我」という名で呼び表している無意識の諸様相は、余りにも多岐にわたって、何がどうなっているのか皆目見当がつかないほど錯綜している。だからあるいはこんな風にさえ見えるのではなかろうか。われわれは無意識において、昔から何世紀にも亘って繰返し見られてきた錬金術の夢をさらに繰返して見ているのではないか、そして数多くの古い同義語《シノニム》の山にまた新たな同義語《シノニム》を積重ねているのではないか、その結果何か新たなことが判ったかといえば皆無で、とどのつまり昔の人たちより愚かになってもいなければ賢くなってもいないのではないか、と。むろん私は、ヨーロッパ人の祖先にとって石《ラピス》が何を意味していたか、さらにまたマンダラがラマ教徒やタントラ教徒にとって、アステカ族やプエブロ・インディアンにとって、「黄金の丸薬」（一二四）〔金丹〕が道教の士にとって、「黄金の胚種」がインド人にとって何を意味していたか、これについて述べようとしているのではない。これについては、生々としたイメージを与えてくれる文献《テクスト》が種々存在している。しかし、無意識がヨーロッパの文明人に相も変らぬ執拗さで不可解な諸象徴を投げかけ続けるのは一体なぜか、そこにどんな意味があるのか、問題はこれなのである。私がこの問題に適用しうる観点はただ一つ、心理学的観点である（あるいは他にもいろいろな観点があるかも知れないが、私は心理学以外は素人であるからよく判らない）。そしてこの観点から見ると、「マンダラ」という普遍的概念によって総括される一切のものは、ある特定の根本態度（Einstellung）の現象形態であるように思われる。すでに周知のものとなっている例の意識の諸根本態度は、これこれとはっきり指摘できる目的や意図を持っている。しかし「個我」を志向する根本態度だけは、はっきり指摘できるような目的やそれと見て取れるような意図を持たない。むろん「個我」という言葉を用いることはできる、がしかし、「個我」と言ってみたところでその意味するところは依然として「形而上的」な闇に包まれているのである。なるほど私は「個我」を、意識領域と無意識領域の両方を包摂する心の全体性であると定義してはいるが、しかしこの全体性はわれわれの見渡すことのできないものであって、文字通りの「不可視石」である。なぜならば無意識が無意識として存在している限りそれを挙げ示すことは不可能であり、従って無意識の存在は、そのありうべき諸内容を提示することのできない純然たる要請《ポストラート》だからである。経験的側面について言えば、全体性はその個々の部分においてしか経験されえず、それもこれらの部分が意識内容である場合に限られている。ところが全体性はまさしく全体性であるがゆえに意識を超越するものである。そういうわけで「個我」は、たとえばカントの物自体（Ding an sich）がそうであるように一個の限界概念であるにすぎない。確かにそれは、ここで扱っている夢の数々が示しているように、絶えず経験領域にみずからを顕現させてくるところの観念ではあるが、しかしだからといってその超越的性質は全然失われない。さらにまた、物事はそれを知っていなければ当然その境界（Grenzen〔それを規定している諸条件〕）も知りようがない道理であるから、「個我」に何らかの境界線を引くこともわれわれには不可能である。「個我」というものを個人の心の境界内に限定して考えるのは暴力行為にも等しく、従って学問の精神に反する。尤も個人の心の境界にしたところで、これも無意識の中に隠れているわけであるから、そもそもわれわれはこれを知りうる状態にはないのである。意識の境界線であれば多分これを引くことはできるだろう。しかし無意識はまったくの未知の心であって、規定できないものであるがゆえに無限のもの（das Grenzlose〔境界のないもの〕）なのである。このような事情を合せ考えてみれば、無意識諸内容の経験的な現れがまさしく無限の性質を、つまり時間的・空間的に規定しえない性質を示したからといって、ちっとも驚くにはあたらないのである。この性質はヌミノース（numinos）〔訳注14〕と呼んでしかるべきものであって、それゆえ怖ろしい。わけても、厳密に境界づけられた概念の価値をよく心得ている思索的精神に驚愕と戦慄を覚えさせる。ああ哲学者でも神学者でもなくてよかったと人々は身の幸運をよろこぶだろう――貧弱な能力しか授かっていないお蔭で、そんな深遠で得体の知れない「ヌメナ noumena」〔現象の根本にある恒常不変の究極原理〕にぶつかってあれこれ考えたりせずに済むというわけである。だがそうであればあるだけ、一旦「ヌメナ」が心の「エンティア entia」〔実体〕であることが判明してくると、つまり、夢は否でも応でも夜な夜なひとりでに哲学に耽っており、それによって意識は押し寄せてくる「ヌメナ」に脅やかされている、すなわち「ヌメナ」は「エンティア」であるということが、次第次第に疑いようもなく明らかになってくると、事態は一層始末に負えないものとなる。さらに附け加えれば、このような

「ヌメナ」から逃れようとして、無意識の差出す錬金術的黄金《きん》を邪険に撥ねつけるような真似をすれば、経験上から言って、その人間の心的状態は悪化する。いやそれどころかどれほど理性的な人間であっても病気の症状さえ呈する。そして撥ねつけた石に再び関心を寄せ、この石を――仮想の上のことにすぎなくとも――「礎石 Eckstein」〔lapis angularis〕に変ずると、その時この症状は消え、「えも言われぬほど」快適な状態になる。いずれにしてもわれわれは、無意識の提示する厖大にして錯綜せる諸様相を前にして途方にくれた場合、少なくともこう考えて自分を慰め励ますこと位はできる、無意識は一種の必然悪であってその影響は常に覚悟しておかなければならないのだ、だから、めまぐるしく変化する奇妙な無意識的諸象徴のいくつかには、たといその意味がどれほどいかがわしいものであっても温和しく随いて行く方が賢明ではあるまいか、と。「過去の人類の課題」（ニーチェ）をもう一度吟味してみることは、もしかしたら精神の健康に寄与するところもあるかも知れないのである。

　このような知性の窮余策の難点を敢えて指摘すれば、大きな出来事や事件に直面した場合これではもはや通用しないという事態がしばしば出来するということだけである。そういうケースやそれに類似するケースを観察してみると、個我の円現《エンテレキー》が歳月を経るうちに進展して、意識が無意識と歩調を合わせるためにはこれまでとはまったく異なる営為へと大転換を試みなければならない段階にまで立到っているということが判明する。

　かくして今日の時点でわれわれがマンダラ象徴について言いうることは、それがある自律的な心的事実を表現しているということ、しかもこの心的事実の特徴は、それが時代を問わず常に繰返し現れ、場所を問わずいずこにおいても同一の現象形態をとって現れるということに尽きる。マンダラ象徴は、その最も内奥の構造と究極的な意味とに関して何一つ知られていない一種の原子核のごときものと考えられる。われわれはこれをある意識的根本態度の実在的《リアル》な（つまり実際的作用をなす）反映像と見なすこともできる。すなわちこの種の意識的根本態度は目的も意図も持たず、目的と意図とを断念した結果として、その活動性を仮想上のマンダラ中心点に全面的に投影するのである（一二五）。そのための不可欠の前提は常に個体の強制的状態、つまりこれ以外にもはやなす術がないという状態である。しかしマンダラ象徴は単なる心理的反映像にとどまるものではない。一方では象徴の自律的本性がこれに対立する。自律的本性は夢や幻覚において時には極めて強度の自発性を以って顕現してくる。他方では無意識そのものの自律的本性がこれに対立する。すなわち無意識はそもそも意識の反映ではなく心の根源的形式であるし、のみならず、われわれが幼児期の初期において通過する、さらにその後も夜な夜なそこに立還っていくところのあの心的状態でもあるからである。心的活動が単なる反作用的（反射的ないし反映的）なものであるという主張には何の根拠もない。このような主張はせいぜいのところ、限られた妥当性しか持たない生物学的研究仮説にすぎない。もしこれを普遍的真理に祭り上げる者があれば、そんなものは唯物論的神話以外の何ものでもないと評したい。なぜならこのような考えは、心の創造的能力という動かし難い事実を看過しているからであり、心の創造的能力を前にすれば、因果論に言うところのいわゆる「諸原因 causae」なるものは単なる誘因にすぎないからである。

マンダラ夢33　**夢**

原始人の戦闘。獣的残虐性を以って展開される。

すでに予期されていた通り、新たな紛糾材料（「不滅」）が激烈な葛藤を惹き起す。葛藤はマンダラ夢27の類似の状況と同じ象徴を伴って現れている。

マンダラ夢34　夢

夢見者はある友人と話をしている。夢見者が友人に向ってこう言う、「僕は血を流すキリストの前でじっと堪え抜き、自分を救済するための作業を続けなくてはならない」。

図89　雛をわれとわが血で育てるペリカン。キリストの寓喩。ボスキウス『象徴の術』（1702年）より

この夢はマンダラ夢33と同様、未知の、殆ど受容れ難い精神世界の侵入によって惹き起された、尋常ならざる複雑繊細な苦悩を暗示している（図89参照）。「我が国はこの世のものならず」〔ヨハネ福音書第一八章三六節〕というキリストの悲劇のアナロジーとなっているのはそのためである。が同時にこの夢から窺い知られるのは、夢見者にとって自己の課題に取組み続けることが今や「血を流す」ほどに真剣な問題と化しているということである。キリストの登場は、単に道徳的側面からこれを想起したという以上の深い意味を持つものと見てまず間違いないと思う。つまりキリストの象徴するものは個体化過程であって、西洋の人間が教養および宗教的崇拝対象の刻印を帯びたキリストの生という形で、かつて幾度となく直面させられてきたものも、

他ならぬこの過程だったのである。もちろん教義においては、救済者が現に存在しかくのごとき生を送ったというその「歴史的現実性」に意味の力点が置かれていたのであって、そのため救済者の生の象徴的性質は、神の人間化が「信仰告白 Symbolon」〔Symbol（象徴）と同語〕の極めて本質的な一要素をなしていたとはいえ、闇に包まれたままであった。しかし教義の影響力は決して一回的な歴史的現実性にもとづくものではなく、象徴的性質にもとづくものであり、このような象徴的性質があればこそ教義は、教義の存在の如何に拘らず存在するところの、比較的に普遍的な心的前提の表現となっているのである。従って「前キリスト教的」および「非キリスト教的」キリストというものが存在する——むしろそれが独立して存在する心的事実であるという限りにおいてである——。因に前成説（Präfiguration）もこのような考え方を基礎にしている。そういうわけで、宗教的前提を喪失した現代人の場合に、心的なものとして存在するキリスト、すなわちアントロポロス像あるいは牧人像が現れるのは理の当然と言わねばならない（図117、119その他を参照）。

マンダラ夢35　夢

ひとりの俳優が被っていた帽子を壁に向って投げる。壁に当った帽子は左図のように見える。

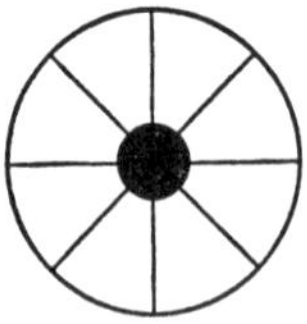

俳優は（本書には取上げていない諸材料に照してみて）夢見者の個人的生活における特定の一事実を指している。夢見者はこれまで自分はこういう人間だという一種の虚構を作り上げてそれを頑に信じ込み、これが妨げとなって自分というものを真面目に考えてみようとしなかった。ところがこの虚構は彼がついに到達した、つまり目下とっている真剣な態度とは相容れないものとなった。彼は俳優であることをやめなければならない。なぜなら俳優は個我を排斥する（verwerfen〔撥ねつける、投げすてる〕）ものに他ならなかったからである。帽子は第二章の1の夢と関連する。1の夢では夢見者が被る帽子は他人の（fremd）それであった。俳優が帽子を壁に投げつけるとその帽子がマンダラであることが明らかになる。すなわちかつての他人の帽子は実は個我だったのである。夢見者がまだ虚構の役を演じていた当時は、それが他人の（fremd〔よそよそしい、無縁の〕）ものに見えたのである。

マンダラ夢36　夢

夢見者はタクシーで市役所前広場にやってくるが、この広場は「マリーエンホーフ」〔マリアの庭〕という名で呼ばれている。

この夢は事のついでにここに掲げたにすぎない。それはこの夢が聖域《テメノス》の女性的本性をよく表しているからであって、これはちょうど、「神秘の薔薇 rosa mystica」がロレトの連禱において処女マリアの属性の一つとされているのと同じである（訳注15）（図26参照）。

マンダラ夢37　夢

暗い中心部の周囲を光が円環をなして旋回する。それから夢見者は暗い洞窟の中を歩いている。洞窟の中で善人と悪人との戦闘が演じられている。しかしまたそこには、一切を知り尽している一人の君主がいる。この君主が夢見者にダイアモンドが一つ取付けてある指環を贈り、これを夢見者の左手の第四の指〔薬指〕に嵌めてやる。

マンダラ夢26で始まった光の循環が、ここで前よりも明瞭な形で再現される。光は常に意識を指し示すものである。従って最初の部分では意識が周囲をかけめぐっているのである。中心はまだ暗い。暗い洞窟とはこの暗い中心のことであって、暗い洞窟に踏み入ることがまたもや葛藤を惹き起しているのは明らかである。しかし中心は同時に、一切の上に立ち一切を知り尽しているところの、そして宝石の所有者であるところの君主となって現れているように見える。指環贈呈は夢見者が個我と契りを結ぶことを意味するものに他ならない。というのも、左手の指環指〔薬指〕に嵌めるのは原則として結婚指環だからである。左はもちろん無意識の側であって、このことからわれわれは、この状況はまだ大部分無意識に覆われていると推測して差支えあるまい。君主は王の謎(Aenigma Regis)を代理するものではないかと思われる(マンダラ夢10の解説のところ、および図54参照)。暗い洞窟は互いに相争う対立物の入った容器に照応する。個我は対立物とその葛藤とにおいて現れるものである。すなわち個我は「反対の一致 coincidentia oppositorum」である。そしてそれゆえに、個我への道は先ず葛藤を通る。

マンダラ夢38　夢

円形のテーブル、そのまわりに椅子が四脚。テーブルには何も置かれていないし、椅子には誰も坐っていない。

この夢は、状況が大部分まだ無意識裡にあるという上述の推測を裏付けている。すなわちマンダラはまだ「使用されていない」。

マンダラ夢39　幻覚像

夢見者は穴に落ちる。下に熊が一頭いて、その眼は赤、黄、緑、青の四色に次々に変化しつつ輝く。よく見るとこの熊には眼が四つあり、それが四つの光となって輝いているのである。熊は消える。夢見者は長い、暗い通路を歩いている。一番奥の突当りのところに仄かに輝く光が見える。そこには宝物らしきものがあって、その上にダイアモンドを取付けた例の指環が置かれている。この指環について、夢見者がこれをはるかな東方へと運び行くであろうと言われるのを聞く。

この白昼夢は、夢見者が相変らず暗い中心にかかわりあっていることを物語っている。熊は、夢見者に襲いかかりかねない地下的要素を代理している。しかしその後で、この動物は実は、四つの色という前段階（マンダラ夢23参照）、すなわち石《ラピス》に、虹のすべての色が溶け合い入り混って光り輝くダイアモンドに通ずる前段階である

図90　熊は龍や獅子と同様，「第一質料《プリマ・マテリア》」の危険な側面を表す。
偽トマス・アクィナス『錬金術について』（1520年）より

ことが判明する。東方へ行くというのは多分、意識の対蹠部分、すなわち正反対の側にある無意識に向うことを示しているのであろう。伝説によれば聖杯の石は東方より来て、再び東方に還らなければならないと言われる。錬金術的観点から見れば、熊は「第一質料《プリマ・マテリア》」の「黒化《ニグレド》 nigredo」にあたるもので（図90参照）、そこから「孔雀の尾 cauda pavonis」の華やかに戯れ溶け合う色が生ずるとされている。

マンダラ夢40　**夢**

見知らぬ女の案内で夢見者は、大変な生命の危険を冒して極地を発見しなければならない。

極地は、すべてのものがその周りを廻っている中心点であって、これまた個我の象徴に他ならない。錬金術も同様にこのアナロジーを取上げている。「極地にはメルクリウスの心臓がある。メルクリウスはまことの火である。火の中にその主〔メルクリウス〕が住んでいるのである。彼がこの大海を渡る時には……その航路を北極星を目印にして定める」(一二六)。メルクリウスは「宇宙の魂《アニマ》 anima mundi」であり、極地は「宇宙の魂《アニマ》」の心臓である(図149

図91 「宇宙の魂《アニマ》」
トゥルンアイサー・ツム・トゥルン『精髄』(1574年)の木版画

参照)。「宇宙の魂《アニマ》」という表象(図91および図8参照)は、個我が中心をなしている集合的無意識の概念に一致する。海という象徴もやはり無意識の一象徴である。

マンダラ夢41　幻覚

黄色の球がいくつか左廻りの円環をなしてぐるぐる旋回している(「いくつか」は複数形の訳で、あるいは多数かも知れない)。

中心をめぐる回転を表すもので、マンダラ夢21を想い起させる。

マンダラ夢42　夢

ひとりの年老いたマイスター(Meister)が夢見者に、地面の赤く光っている箇所を指し示す(マイスターは師、親分、主人、長、達人等を意味する語であるが、そのいずれかはこの文からははっきり判らない。いずれにしてもこの語は「奥義を体得し、人を教え導く者」を連想させる)。

「哲学者〔賢者〕Philosophus」が夢見者に「中心」を指し示す。赤は日の出を暗示するものだと考えられる。錬金術の場合がそうで、「赤色《ルベド》 rubedo」は日の出を表し、大抵は作業《オプス》完了の直前に現れる。

マンダラ夢43　夢

霧の彼方に黄色に輝く太陽のようなものが見えるが、それはどんよりとしている。中心点から八筋の光線が迸り出る。これは突破口だ、黄色の光はここを突破して輝き現れるのだ！　しかしそれはまだ完全には成就しないままに終る。

夢見者は自分から、この突破口と極地（マンダラ夢40）とが同一のものであると語った。ここでは太陽は黄色に変っているが、問題は推測通り日の出にあることが判明した。しかし光はまだどんよりとしている。これは多分意識の理解に欠けるところがあることを暗示している。「突破」は、ある決断に踏切ることの必要性を暗示している。「黄色《キトリニタス》citrinitas」は「赤色《ルベド》」としばしば同一視される。「黄金《きん》」は黄色もしくは赤味がかった黄色をしている。

マンダラ夢44　夢

正方形に囲われた空間。夢見者はその中にじっと留まっていなくてはならない。それは侏儒たち、あるいは子供たち（どちらかはっきりしない）の牢獄である。ひとりの邪悪な女が彼らを監視している。子供たちは動き出し、空間の四角の辺に沿って廻り始める。夢見者はその場から逃げたくなるが許されない。ひとりの子供が一匹の動物に変身したかと思うと、夢見者のふくら脛に噛みつく（図118参照）。

明澄度がまだ充分ではないので、さらに一層の集中を続けることが要求される。夢見者はまだ幼児的状態にあるという恰好で（図95、96参照。ということはつまり「不均衡」な状態でということである――この点についてはマンダラ夢26参照）聖域《テメノス》に閉じ込められ、邪悪な母なるアニマの監視の下に置かれている。マンダラ夢18と同じように動物が現れ、夢見者は嚙まれる、すなわち彼は身を曝して多少の辛酸を嘗めなければならない。「周回 circumambulatio」は例のごとく中心への集中を意味する。夢見者はこの緊張状態をほとんど堪え難いものと感じる。しかし夢見者は、彼自身の言によれば、何かが解決されたというような、緊張と心地好さとを同時に伴った感情、「恰もダイアモンドを手にしているかのような」感情で目覚めた。「子供たち」は侏儒のモチーフを連想させるもので、ひょっとすると「カベイロイ的」要素、すなわち無意識の形成力を表現しているのかも知れない（マンダラ夢56以下を参照）。「子供たち」はそれと同時に、夢見者の心的状態に未だに残存する幼児性をも暗示していると考えられる。

マンダラ夢45　夢

とある練兵場。部隊の兵士たちが集っている。しかし彼らはもはや戦争のための装備はつけずに、八芒の星の形に整列し左廻りに回転〔行進〕する。

この夢の肝腎な点は、葛藤が克服されたかの観を呈しているところであろう。星は天空にかかってはいず、またダイアモンドでもなく、地上で、人間によって形づくられた構成体として現れている。

マンダラ夢46　夢

夢見者は正方形の空間に閉じ込められている。何頭かのライオンと邪悪な魔女が一人現れる。

下界の牢獄は夢見者を解放してはくれない。これは夢見者が、彼の本来実現すべきであることをすすんで実現しようという気に未だなっていないからである（夢見者はある重要な個人的要件、というよりも義務をかかえているのだが、それが種々懸念すべき点があってなかなか実行に移せないでいる）。ライオン、いやそもそも野獣はすべて潜在的情動を指し示している。ライオンは錬金術でもかなり重要な役割を、それも同じような意味において演じている。ライオンは「火のごとく燃える」動物であり、悪魔の象徴でもあって、無意識によって呑み込まれる危険を表している。

マンダラ夢47　夢

年老いた賢者が夢見者に、地面の上の特別にしるしのつけられている箇所を指し示す。

これはおそらく、夢見者がもしその個我を実現しようとするならば、そこに依拠しなければならない箇所のことを言っているのであろう（マンダラ夢42と相通じる）。

マンダラ夢48　夢

ある知人が、〔製陶用円形〕轆轤盤を地中から発掘したということで表彰を受ける。

轆轤盤は地上において回転する（マンダラ夢45参照）、そして壺や鉢などの土製の（irden・すなわち「下界的 irdisch」）容器を製造する。土製（下界）の容器は、あるいは比喩的な意味で人体と言い換えてよいものではなかろうか。轆轤盤の円形は個我と、個我がそれにおいて顕現してくるところの個我の創造的営為とを示唆している。同様にまた轆轤盤はわれわれがすでに幾度も出くわした円循環を象徴する。

マンダラ夢49　夢

星形のものが回転している。円周の四主要点には四季を表す図像が見られる。

すでに場所がしるされたので、同様に今度は時がしるされなければならない。場所と時とは、どんな規定を行う場合でも挙げられなければならない最も一般的で最も不可欠な要素である。定時と定位とはすでに初めの方でも（マンダラ夢7、8、9参照）現れていた。何ものかが現実のものとなるためには空間と時間において定められた位置を必要とするわけである。四季は、一年の循環に見合う円が、四部分に分かたれていることを示している（図92参照）。年は原人間の象徴の一つである[一二七]（図99、100、104参照）。回転のモチーフは円形象徴が静的なものとしてではなく、動的なものとして考えられるべきだということを示す。

マンダラ夢50　夢

見知らぬ男が夢見者に宝石を一個手渡す。しかし夢見者は暴漢に襲われる。彼は逃げる(不安夢)、そして危険を脱する。そのあとで見知らぬ女が夢見者に向って、いつでもそういう風に事が運ぶというわけにはいかない、いずれは逃げることが許されず、踏みとどまって頑張らなければならない時も来るだろう、と言う。

場所が定められ、それに時の規定が加わると、現実に近づく足取りも非常に速くなる。それゆえ宝石が贈られるのだ。しかし踏切ることに対する不安もあって、それが決断力を鈍らせる。

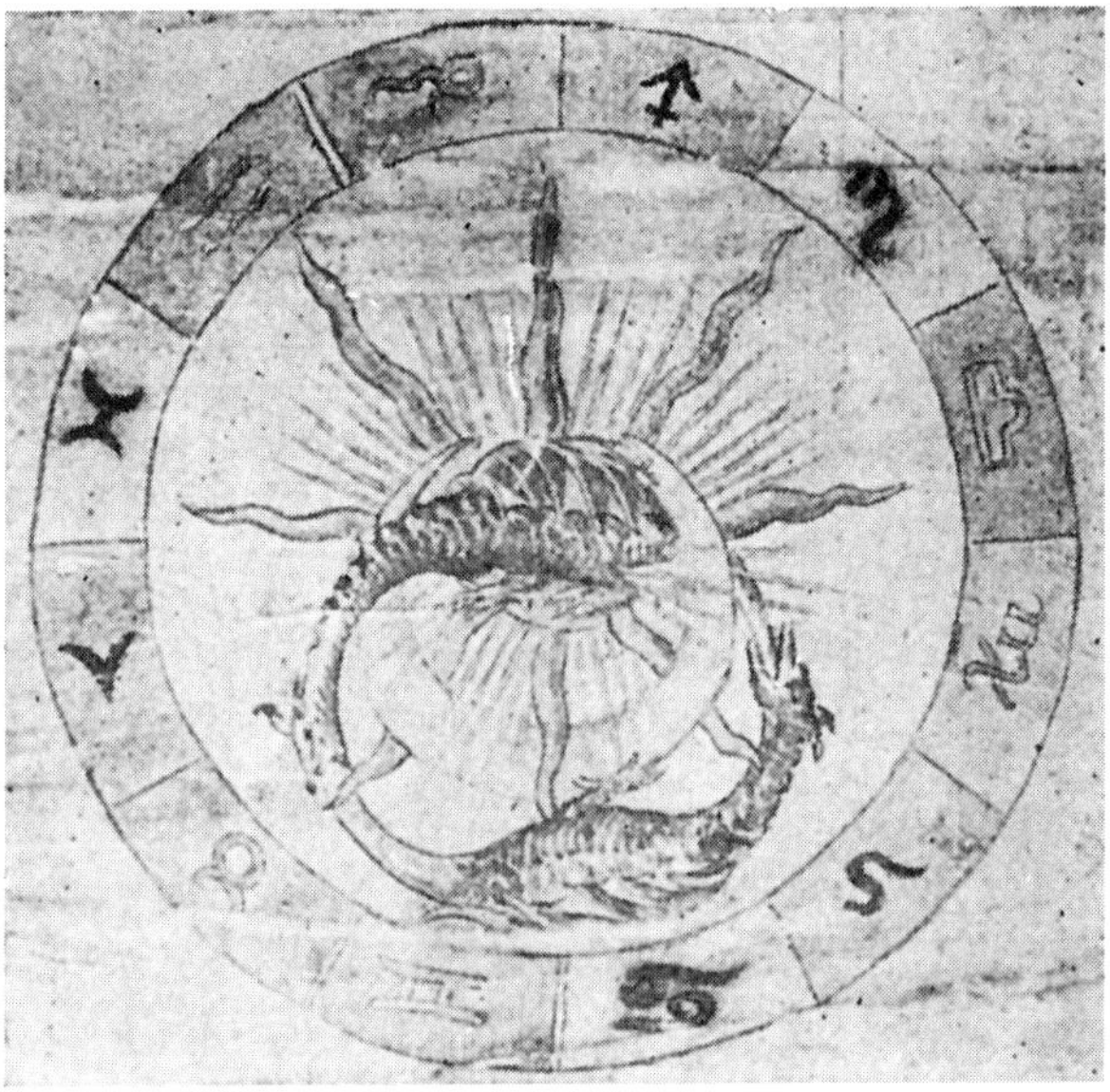

図92　黄道十二宮で表された錬金術過程。リプリー・スクロウル（1588年）より

マンダラ夢51　夢

非常な緊迫感が支配している。沢山の人々が真中にある大きな長方形の周りと、この長方形の四辺の外側に附随している小さな四つの長方形の周りとを廻っている。大きな長方形の方は左廻り、小さな長方形の方は右廻り

である。大きな長方形の中心には八芒の星がある。小さな四つの長方形の中心には、それぞれ赤色、黄色、緑色の水、それに色のついていない水を入れた杯状の器が一つずつ置かれている。水は左廻りに回転している。水はこれで充分だろうかという疑問を感じて不安になる。

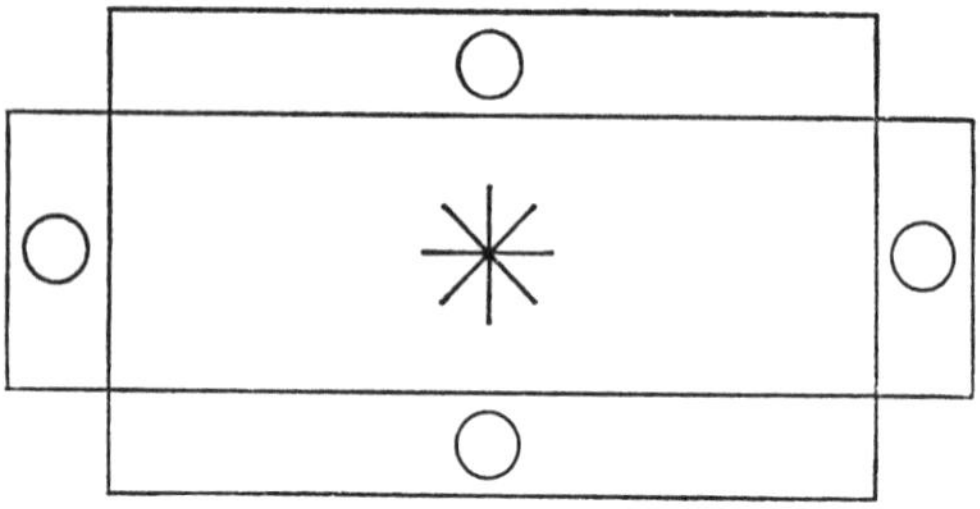

色はまたもや前段階の暗示である。「不安な」疑問の真意は、生命の水（「われら《アクワ・》が水《ノストラ》」、エネルギー、リビドー）は星に到達するのに充分な量であろうかというところにある。真中の大きな長方形を廻る循環はまだ左方向、つまり意識から無意識への方向をとっている。従って真中はまだ充分には光をあてられていない。四という数を示している小さな長方形の方は右廻り循環であるが、これは四機能の意識化を示唆しているように思われる。四という数は大抵の場合虹の四基本色〔赤、黄、緑、青〕で表示される。奇異なことにここでは青色が欠けている。同様に正方形という基本形が突然姿を消しているのも奇妙である。水平（横）の線が垂直（縦）の線の犠牲のもとに引き伸ばされている。すなわちこれは、いわゆる「乱されたマンダラ „gestörtes“ Mandala」である。(一二八) このことから判断して、諸機能の相反的配置は、その独特の対立性が認識されるほどには意識されていないと評さねばなるまい。(一二九) 垂直に対する水平の優位は、高さ（Höhe）と深さ（Tiefe）とを失わしめる自我意識の優勢を暗示するものである。

マンダラ夢52　**夢**

長方形の舞踏用広間。すべての人が広間の辺に沿って左廻りに歩いている。突然、「中央へ Zu den Kernen!」と命令する声が鳴り響く。しかし夢見者はその前にまず脇部屋に行って胡桃を数個割らなくてはならない。それから人々は縄梯子で水の方へ降りて行く。

いよいよ時機が到来して、本当なら中央（Kern〔核心〕）に肉薄して行くところなのだが、夢見者はその前に小さな長方形空間（「脇部屋」）で、すなわち意識の四機能のうちの一機能において、まだいくつかの難問を解決しなければならない〔「胡桃を割る Nüsse knacken」は、「難問を解く」という比喩的な意味を持つ〕。とかくするうちに情景が転じて、心的過程は下（Tiefe）の「水」の方へと降って行く。そしてこれによって垂直の線は引き伸ばされ、長方形という間違った形は再び正方形に変ずることになるだろう。というのも正方形こそ、意識と無意識との完璧な対称構造《シンメトリー》を、それの持つ心理学的なすべての意味ともどもに表すものだからである。

マンダラ夢53　**夢**

夢見者は誰もいない正方形の空間にいる。この正方形空間は回転している。ある大きな声が聞こえる、「あいつを放免するな。あいつは税金を払おうとしないのだ」。

これは、先に言及した個人的要件において自分のやるべきことをまだ充分に果していないことと関係がある。

この個人的要件はこの場合個体化の本質的条件の一つであって、それゆえ回避しえないものである。予想通り、先行する夢で垂直の方向が前もって強調された後、再び正方形が現れる。乱された原因は無意識（垂直方向）の要求を充分に評価しなかったからで、そのため人格の平板化（平べったく横たわる長方形）が現出したのである。

この夢を見た後で夢見者は六個のマンダラ図形を描いたが、その際彼が意を用いたのは、垂直〔縦〕の線の正しい長さ、「循環」の仕方、色の配分をどう決めるかということであった。そしてこの仕事の最後のところで次の夢を見た。

マンダラ夢54　**夢**〔夢見者の報告通りに引用されている〕

私は一風変ったある荘厳な建物を訪れる。この建物は「精神統一の家」と呼ばれている。背景に沢山の蠟燭があって、それが上向きの四つの尖端を持つ風変りな形に配列されている。建物の入口の扉の前には年老いた男がひとり立っている。人々が中に入って行く。彼らは一言も喋らず、精神を統一するために身じろぎもせずに立っている。扉のところに立っている例の男がこの家に入って行く人々について、「あの人たちは今度出てきた時には浄められている」と言う。そこで私自身も建物の中に入るが、完全に心を集中することができる。すると次のように言う声が聞こえる。「お前のしていることは危険である。宗教は、女性の像なしで済ませるためにお前が支払わなければならない税金ではない。なぜなら女性の像はなくて済ませられるようなものではないのだから。宗教を心の営みのもう一つの側面の代償として利用する者に禍いあれ。そのような者は誤謬を犯しているのであって、呪われるであろう。宗教は代償ではなく、心のもう一つの営為を完全ならしめるものとして、そこに最後のものとして加えられるのでなくてはならない。お前は生の充実の中からお前の宗教を生み出すべきであり、そうしてはじめてお前は浄福に到るであろう!」 特に声を強めて言われたこの最後の一句と同時に遠くから音楽が聞こえてくるが、それはオルガンによる単純な和音の演奏である。その節にはどこかワーグナーの魔火のモチーフを想わせるところがある。建物の外に出ると、燃えている山が眼に入るが、それを見ながら私は「消されることのない火こそ聖なる火だ」(バーナード・ショウ『聖女ジョーン』)と感ずる。

夢見者自身の言によれば、この夢は彼にとって「強烈な体験」であった。事実この夢はヌミノース的性格を有しており、それゆえ再び洞察と理解が一つの頂点に達したことを表していると推測しても間違いではなかろう。「声」の登場もこれを裏付けている。「声」は一般に絶対的権威の性格を帯びており、また大抵決定的瞬間に現れる。

この建物は、「精神統一」の場である正方形空間に一致するものであろう(図93参照)。背景に見える明るく輝く四つの尖端は再び四なる数を暗示している。浄化に関する年老いた男の発言は禁制《タブー》領域の変容させる機能と関係がある。「税金滞納」〔税金からの逃避〕によって妨げられている全体性構築は、もちろん「女性の像」を必要とする。「女性の像」は「アニマ」として、第四機能、すなわち「劣等」機能を表現するものだからである——第四機能が女性であるのは、これが無意識と混り合っているからであることは言うまでもない。(一三〇)「税金」を支払うとはどういう意味なのか、これは劣等機能および補助機能のあり方に、同様にまた根本態度のタイプの如

図93　「達人の山」。賢者の神殿（「精神統一の家」）が太陽と月に照らされて，七段の階段をのぼったところにある。神殿の屋根には不死鳥がとまっている。神殿は山の内部に隠れている。これは，賢者の石は地中にあり，地中から採り出して精錬しなければならないということの暗示である。背景の黄道十二宮は，「作業」がそれに応じて進行する時の循環を象徴している。四隅の四大〔四元素〕は全体性を示している。下右は盲目になった人間，下左は自然本能に従って探究する人間。

ミヒェルシュパッハー『カバラ —— 芸術と自然の鏡』（1654年）より

何にかかっている。税金の支払という行為は具体的な性質のものであることもあるし、象徴的な性質のものであることもある。がしかし、いずれが妥当な形式であるかを決定するのは意識の在り方ではない。

宗教は「心の営みのもう一つの側面」の代償であってはならないという夢の見解は、余りにも大胆な革新的意見であるというので多くの人はきっと驚くにちがいない。この見解に従えば、宗教は全体性と同一のものであるということになる。いやそれどころか、宗教とは「生の充実」における個我の統合の表現だと考えられている。「魔火のモチーフ」、すなわち『ワルキューレ』のローゲのモチーフが微かに鳴り響いてくるのも決して不当ではない。そもそも「生の充実」とは何か？　「全体性」とは何を意味するか？　私の見るところでは、この問いのうちに、「魔火のモチーフ」に象徴される微かな不安の充分な根拠がひそんでいると思われる。なぜなら全きものとしての、全体としての人間はある影を落とすからである。確かに苦労のかいあって第四のものが他の三つのものから分離され、永遠の火の国へ追放された。が、主は正経典外のあるところで、「われに近きものは火に近し」(一二三)と言ってはいないだろうか（図58参照）。このような怖るべき両義性の意味するところは、大人の姿をしていても子供にすぎない人間には何のことやらさっぱり判らないであろう。すでに古く、老ヘラクレイトスが余りにも明快単純に事柄を説き、そして生を「永遠に生ける火」だと言い切ったがために、人々から「曖昧なる人」と呼ばれたのはまさしくこの間の事情によるのである。そしてまたそれゆえにこそ、鋭い耳を持った人間には正経典外の神の言葉（Logia）が聞こえて

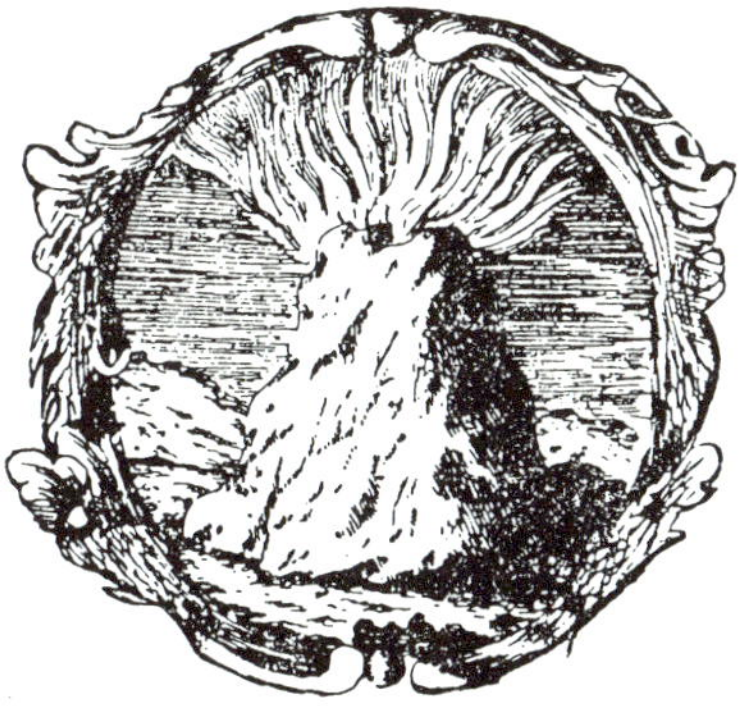

図94　エトナ火山。「凍り，かつ燃える Gelat et ardet」。ボスキウス『象徴の術』（1702年）より

くるのである。

燃える山のモチーフ（図94参照）はエノク黙示録に出てくる。（一三二）エノクは七つの星が天使たちの処罰の場に「大きな燃える山のごとき形に」数珠つなぎになっているのを見る。七つの星はそもそもはバビロニアの偉大な七人の神々であるが、エノク黙示録の書かれた時代にはすでに七人の執政官、すなわち「この世」の支配者、罰せられて堕落した天使たちとされていた。しかし燃える山のモチーフは他方ではこれとは対照的に、シナイ山に顕現するヤハウェの奇蹟とも関連している。そしてまた七という数も必ずしも一義的に悪を意味しているわけではないのは、西の国の第七番目の山に生命の果実をつけた樹、すなわち「智慧の樹 arbor sapientiae」（特に図188を参照）があるという事例を見ても判る。（一三三）

マンダラ夢55　**夢**

銀の皿が一枚あって、その上の四主要点に、割られた四つの胡桃がのっている。

この夢はマンダラ夢52の難問が片付けられたことを示している。とはいえ、もちろん完全に解決されたわけではない。さしあたり達成された目的は夢見者の描いた一枚の絵の中では、四分の一ずつ色分けされた円によって表現された。そしてこの円は回転の感じを与えるように描かれているが、回転方向は左廻りであった。これでも判るように確かにこの絵では対称《シンメトリー》構造は充分に表現されているが、しかし四機能の相反的性質は啓発的〔照明的〕なマンダラ夢54をすでに経過しているにもかかわらず、まだ認識されていない。というのも赤と青、緑と黄が向い合わせに描かれるのではなく隣り合わせに描かれているからである。このような状況から推して、全体性の「現実化」は内的な抵抗を受けていると推測せざるをえない——すなわちこの抵抗は一部は哲学的性質、一部は倫理的性質のもので、その歴史的背景を明らかにすることなしには事は解決しないであろう。相反的構造の認識が欠けていることは次のことから見ても明らかである。まず第一に胡桃〔難問〕が実際にはまだ「割られ」〔解かれ〕なければならない状況にあること、第二にそれらの胡桃の一つ一つはどれも似たようなもので他のものと容易に交換がきく、つまりそれらはまだ相互に未分化の状態にあるということがそれである。

マンダラ夢56　夢

四人の子供が一つの大きな、黒っぽい〔暗い〕環《リング》を運んでいる。彼らは円を描いて歩く。謎の〔暗い〕未知の女が現れて言う、自分は再びやって来るだろう、今は至〔夏至または冬至〕の祭が催されている、と。

ここで再び、マンダラ夢44の諸要素が一つに集っている。子供たちと謎の〔暗い〕女とがそれである（この女はマンダラ夢44では邪悪な魔女の姿をとっていた）。「至 Sonnenwende〔日照転換〕」は転換点（Wendepunkt）を暗示している。錬金術では作業《オプス》は秋に完了する（「ヘルメスの葡萄の収穫《とりいれ》 vindemia Hermetis」）。子供たち（図95参照）つまり侏儒神たちが、環《リング》を運んでくる。ということは、全体性の象徴はまだ童児的な創造的形成力の領域内にあるということである。注目すべきことに、子供たちは「錬金作業《オプス・アルキミクム》」においても一役買っている。作《オプ》業《ス》、あるいは作業《オプス》のある部分は「子供たちの遊戯 ludus puerorum」と呼ばれている。これは作業《オプス》が「子供の遊

図95　「子供たちの遊戯」
トリスモジン『太陽の光彩』（1582年）より

図96　パタエケン（助力の神である童児神たち）
エジプトの機械仕掛けの玩具の一部

び」のように簡単だという意味であろうか、それ以外に私にはこう呼ばれる理由が見出せなかった。しかし、作業《オプス》は途方もなく難しいというのがあらゆる達人たちの証言の一致するところであるから、これはおそらく婉曲的な、と同時に象徴的な呼び方であるに相違ないと思われる。してみれば、「童児的」な諸力、すなわちカベイロイやハインツェル小僧たち（ホムンクルスたち・図96参照）〔ハインツェル小僧は手伝い好きの小妖精〕の姿で表現される無意識的な諸力を暗示する呼び名であるかも知れない。

マンダラ夢57　**幻覚像**

黒っぽい環《リング》。中心に卵が一つ。

マンダラ夢58　**幻覚像**

その卵の中から一羽の黒鷲が現れ、黄金《きん》に変化した環《リング》を嘴でくわえる。夢見者は船に乗っており、この黒鷲が

図97　船による「大旅行 peregrinatio」。二羽の鷲が反対方向に飛び，地球の周りをめぐる。これによって，この旅行の全体を包括する性格を暗示しようとしている。
マイアー『道案内』（1651年）より

船の前方を飛んでいく。

鷲は高いところ(Höhe)を意味する(前のマンダラ夢52では、人々が下の水の方へ降りて行くという形で、深いところ〔Tiefe〕が出てきた)。鷲は全きマンダラをくわえ、同時に夢見者の先導役をつとめる。夢見者は船に乗って鷲の後を随いて行くのである(図97参照)。鳥はすなわち思考であり、思考の飛翔である。この夢のような形で表現されるのは大体において種々の空想や直観的観念である(翼を持つメルクリウス、夢の神モルペウス、守護霊ゲニウスたち、天使たちを想起せよ)。船は夢見者を無意識の海と深みとを越えて運んでくれる乗物である。船は人間の手によって組立てられるものとして、体系《システム》あるいは方法《メソッド》の意味を有している(あるいは道の意味を持っている――仏教の二形態であるヒーナヤーナ〔Hīnayāna〕とマハーヤーナ〔Mahāyāna〕、すなわち小乗〔小さな乗物〕と大乗〔大きな乗物〕とを参照)。飛翔する思考が前方を行き、方法的仕上げ作業が後に続く。人間は神のように虹の橋を渡ることはできない、その下を、人間の自由になる手段を用いて、すなわち「思考の後を追うこと Nach-Denken」〔熟考・省察・瞑想。本来の語形は Nachdenken であるが、語の成り立ちに即して分綴し、訳出したような意味を含ませている〕という手段によって通らなければならない。鷲(不死鳥《フェニックス》、禿鷹、鳥も同義語)は非常によく知られている錬金術象徴である。石《ラピス》、もしくはレビス(Rebis・二つのものから合成されたもの〔res bina〕の意。それゆえ太陽と月との融合としてしばしば両性具有存在の代名詞となっている)でさえ、翼をつけた姿で描かれることが多い(図22、54参照)のであって、その場合はつまり予感(直観)ないし(高揚させられた・geflügelt〔翼をつけられた〕)精神的可能性として表されているのである。そしてこれらの象徴は総て究極的には、われわれが個我と名づけているあの心的事実の意識超越性(Bewußtseinstranszendenz)

図98　哲学者の卵。双頭の鷲がそれぞれ宗教の冠と世俗の冠を被ってそこから現れる。
ヴァチカン古写本（15世紀）より

を表現したものに他ならないのである。この幻覚は、発展しつつある心的過程が次の段階に向うその一瞬をカメラにおさめた一種の高速度撮影写真のごときものである。

錬金術においては卵は、錬金術師たちが感得した渾沌《カオス》、その中に鎖で縛られて宇宙の魂が閉じ込められている「第一質料《プリマ・マテリア》」である。卵はまるい形をした調理鍋によって象徴されたが、この卵の中から鷲ないし不死鳥《フェニックス》が立ち現れる。この鷲ないし不死鳥《フェニックス》は、いまや解き放たれた魂であって、結局のところこれはまたもや、かつて自然（Physis）の中に閉じ込められていたところの、あのアントロポスと一致するのである（図98参照）。

三　宇宙時計の幻覚

マンダラ夢59　「**大いなる幻覚**（一二四）」

共通の中心点を持つ垂直円と水平円とがある。これは宇宙時計（Weltuhr）である。この宇宙時計は黒い鳥によって支えられている。

垂直円の方は白い縁取りのされた青色の盤で、大きく四分されており、その一つ一つの部分がさらに八分されて、全体としては三十二の部分に分かれている。その上を一本の指針が回転している。

水平円の方は四色から成っている。そのそれぞれの上に振子をつけた侏儒が一人ずつ、計四人立っており、それを取巻く恰好で、かつては黒っぽい色をしていたが今は黄金《きん》に変じている環《リング》（前に四人の子供が運んでいた例の環《リング》）が置かれている。

この「時計」は次のような三つの律動《リズム》もしくは脈動を持っている。

小脈動　青色の垂直円の指針が三十二分の一だけ進む。

中脈動　小脈動が三十二合わさって指針が一回転する。と同時に水平円が三十二分の一だけ回転する。

大脈動　中脈動が三十二合わさったもので、これと同時に黄金の環《リング》が一回転する。

この夢は夢見者に非常に深い、いつまでも心に焼きついて忘れることのできない印象、夢見者自身の表現をかりれば「調和の極致の印象」を与えた。この宇宙時計はたぶんあの「おごそかなものの姿」、カベイロイ（図77参照）と、ということはつまり四人の子供たち、あるいは振子をつけた四人の侏儒たちと同一のものである「おごそかなものの姿」だと考えられる。これは三次元のマンダラである。すなわち立体構造をとって現実体を獲得し、そしてそれによって現実化（Verwirklichung）に到達したマンダラである（ここで夢見者の実生活の諸事実について報告を挟みたいところであるが、医者としての秘密厳守の立場上それができないのは残念である。この現実化は単に幻覚の上でのみならず、文字通り「現実に wirklich」も生じたものであることを確認することで満足しなければならない）。現実において何かを為すということは、その人自身が実際にそれに成るということでもあるのだ。

この奇妙な幻覚像がなぜ「調和の極致」の印象を喚び起すのか、これを理解することは普通に考えればかなり難しいことである。しかしこれを歴史上の比較材料と突合わせてみれば謎は容易に解ける。まずともかく、夢見者の気持になってみることは困難である。なぜなら像の意味が酷く曖昧だからである。意味はさっぱり判らない、かといって形や色にこれといって美的な点が見られるわけでもないとなると、知的理解も美的感覚も満足させられないわけで、こんな像からどうすれば「調和の極致」というような印象が出てくるのか、感得しようにも手がかりがない。となると何とか納得するためには最後の手段として、敢えてこういう仮説を立ててでもみなければ仕方がないということになる。この幻覚においては互いに離反し相容れることのない無意識の諸要素が稀に見る幸運によって一つに結合し、同時にこの結合が、無意識の諸「志向 Intention」を高度に実現している一つの像を生み出したのだと。すなわち、平生は識別しえない、そしてこれまでは、相互に無関連であるかの印象を与えるさまざまの様相においてしか顕現しえなかったある心的事実が、何か特別の事情によって見事に表現されたのがこの像であると、こう仮定する以外にないように思われる。

この像から受ける印象は甚だしく抽象的である。根柢にある諸観念のうちの一つは、二つの異種の体系が中心点を共有することによって交差しているという点に認められるように思う。これまでと同様に、「中心」とそれを取囲むものとが心の在り方の全体性を、従って個我を表現しているという仮定に立つならば、この像はすなわち、個我において二つの異種の体系が交差している、そしてこの両体系は機能的には、一定の法則にもとづくところの、つまり「三つの律動《リズム》」によって制御されるところの関係を有している、と言っていることになる。個我は私の定義に従えば、中心および意識体系と無意識体系との全容である。この点はよいとして、しかし意識と無意識との両体系が機能的に「三つの律動《リズム》」によって制御されているという点に関しては、私はこれを裏付けることができない。律動《リズム》の暗示するものが何であるか私には判らない。かといって、これが何かを暗示しているということに対しては微塵の疑いも持っていない。私が引合いに出しうる唯一のアナロジーは、第一部の序論で言及した三つの「レギメン」〔操作〕〔四四頁参照〕である。この三つの「レギメン」によって四大元素が相互に変容を遂げる、もしくは綜合統一されて「精髄」になる。

第一の「レギメン」によって、土が水に変容する。

第二の「レギメン」によって、水が空気に変容する。

第三の「レギメン」によって、空気が火に変容する。

われわれは、このマンダラは諸対立の能う限り完全な一致を、従ってまた三要素構成という男性的原理と四要素構成という女性的原理との一致を目指している、そしてこれによって錬金術のヘルマプロディトスとのアナロジーをなしている、と仮定しても多分間違ってはいないだろう。

脈動の三十二という数は四の乗数（この場合四の八倍）として登場していると考えられる。なぜなら経験的に言って、マンダラの中心にある四という数は周辺に向うに従って八、十六、三十二、あるいはもっと大きな四の乗数となるからである。ところでこの三十二という数はカバラ〔口伝によって伝承された秘伝的ユダヤ神秘思想の総称で、十四世紀にユダヤ人の間で市民権を得るに至ってこの名で呼ばれるようになった〕において大きな役割を演じている。イェツィラ書（Buch Jezirah〔創造の書〕）第一章一節には「神秘に充ちた三十二の智慧の道によりて、永遠なるもの（Jah）、万軍の主（Jhwh）、イスラエルの神、宇宙の生ける神にして王……その名を刻みたり」と記されている。三十二の道は「十のそれ自体全き数（セフィロト・Sephiroth〔本質ないし原理〕）と二十二の字母〔ヘブライ語アルファベット〕とより成れり」（第一章二節）。十という数の意味するところは次のごとくである、「一は生ける神の霊、二は霊より出たる霊、三は霊より出たる水、四は水より出たる火、五より十まではそれぞれ高、低、東、西、南、北」（第一章一四節）（一三五）。すでにコルネリウス・アグリッパもこう言っている、「ヘブライの学者たちは三十二という数を智慧と結びつけている。というのも三十二はアブラハムによって示された智慧の道の数だからである」（一三六）。フランクは三十二という数をカバラ思想の三位一体、すなわちケテル（Kether〔王冠〕）、コクマ（Chochma〔智慧〕）、ビナ（Bina〔理性〕）と関連づけてこう述べている、「この三者は存在する一切のものをみずからの内に包含し、かつ統一している。しかし三者はさらに白頭の長《おさ》、古老中の古老〔永遠の神〕において統一されている。なんとなれば、彼こそ一切であり、一切は彼だからである。彼は、ただ一つの頭に統一されているところの三つの頭として表現されることもあるし、あるいはまた脳に比せられることもあるが、この脳は統一を損うことなく三部分に分かたれ、ちょうど神性が三十二の奇蹟の道を通じて全宇宙に広がるように、三十二の神経対を通じて全身に広がっている」(一三七)。

この三十二の「秘密の通路 canales occulti」は、クノル・フォン・ローゼンロート(訳注16)の言及しているところでもある。彼はコクマをあらゆるものの綜合統一（「すべての道のうちの最高の道にして、一切を包摂する semita altissima omnium complectens omnes」）と呼び、そのための例証として旧約ヨブ記第二八章七節の「その道は鷙鳥《あらきとり》もこれを知らず、鷹の目もこれを見ず」という句を引合いに出している(一三八)。

数の象徴に関して非常に有益な論文を著したルネ・アランディはこう書いている、「三十二は……有機物世界に顕現する分化の数である。これは創造行為によって発生したものではなく、むしろ創造主が構想していたところの、被造物の種々の形態の構図《プラン》もしくは図式《シェーマ》である……八と四とを掛け合わせて出てきた……」(一三九)。カバラの三十二という数がブッダの子にそなわる三十二の瑞相（mahāvyanjana〔三十二相〕）と関連づけられうるものであるかどうかは、はっきりしない。

この幻覚像が宇宙的《コスミック》な様相を持っている（宇宙時計！）点を考えれば、これは時間・空間関係の一種の縮図、ことによったら時間・空間関係の根源を示すもの、いずれにしても時間・空間関係の本質を表すものであると推測せざるをえない。つまり、数学的には四次元的性格のものであるが、それが見かけの上だけ三次元的なものと

図99　石《ラピス》の時間象徴。十字架と，三福音書家象徴および人間（天使を代理する）とは，キリストとのアナロジーを暗示する。偽トマス・アクィナス『錬金術について』（1520年）より

して映し出されているというわけである。が、このような解釈は私の証明能力を越えているので、あくまでこの推測にこだわるつもりはない。

しかし一方、歴史的比較材料による解釈ということになると話は別で、少なくともこの像の大まかな点に関しては、幸いなことにもっと確信をもって物が言える状態にある。まず第一に三大陸にわたるマンダラ象徴の全体を自由に見わたすことができるし、第二に特にこの像のための比較材料として、占星術の影響下にとりわけ西洋で発展を遂げたマンダラによる時間象徴の事例を掌中にしているからである。占い用の天宮図《ホロスコープ》（図100参照）自体がすでに、真中に不可解な中心点があり、（一四〇）「十二宮」と遊星系とを伴った左廻りの「周回」の見られる一**種のマンダラ（一種の時計）**である〔左廻り

図100　十二宮，獣帯，遊星の描かれた天宮図《ホロスコープ》〔星占い図〕ライマン『誕生日の星辰の位置による占い用暦』（1515年）の題扉のための木版画（エアハルト・シェーン作）

図101　四福音書家の象徴に囲まれて，光輪の中に坐すキリスト。
サン・ジャック・デ・ゲレ寺院（ロワール・エ・シェール県）のロマネスク様式の壁画

に関しては図100の場合、一番外側の十二宮につけられている番号がこれを示している〕。

教会芸術のマンダラ、特に本祭壇の前の床や方形空間《フィールング》〔身廊と袖廊の交差空間〕の下の床に見られるマンダラは獣帯や四季を利用したものが多い。さらに、キリストと教会暦との同一視もこれに類するものであって、キリストは一年を経めぐる活動の不動の極点であると同時に当の活動そのものであると見られている。人の子キリストは個我観念の一種の先取であると言える（図99参照）。それゆえヒポリュトス(訳注17)は、拝蛇教徒のあいだにキリストとその他の個我の同義語の数々とのグノーシス主義的混合が見られることを報告しているのである。これと類縁関係にあるのが古代エジプトのホルス象徴であって、一方では、三種の動物と一人の天使とによって示される四福音書家象徴に囲まれた君臨せるキリストという形をとり（図101参照）、他方では、四人の息子たちと共にある父ホルス、ないしはホルスの四人の息子たちと共にあるオシリス（一四一）（図102参照）という形をとっている。そして言うまでもなくホルスは、「昇り行く太陽《ヘリオス》〔神〕（一四二）ἥλιος ἀνατολῆς」でもあって、初期のキリスト教徒はまだ、キリストをこれと同一視して崇めていたのである。

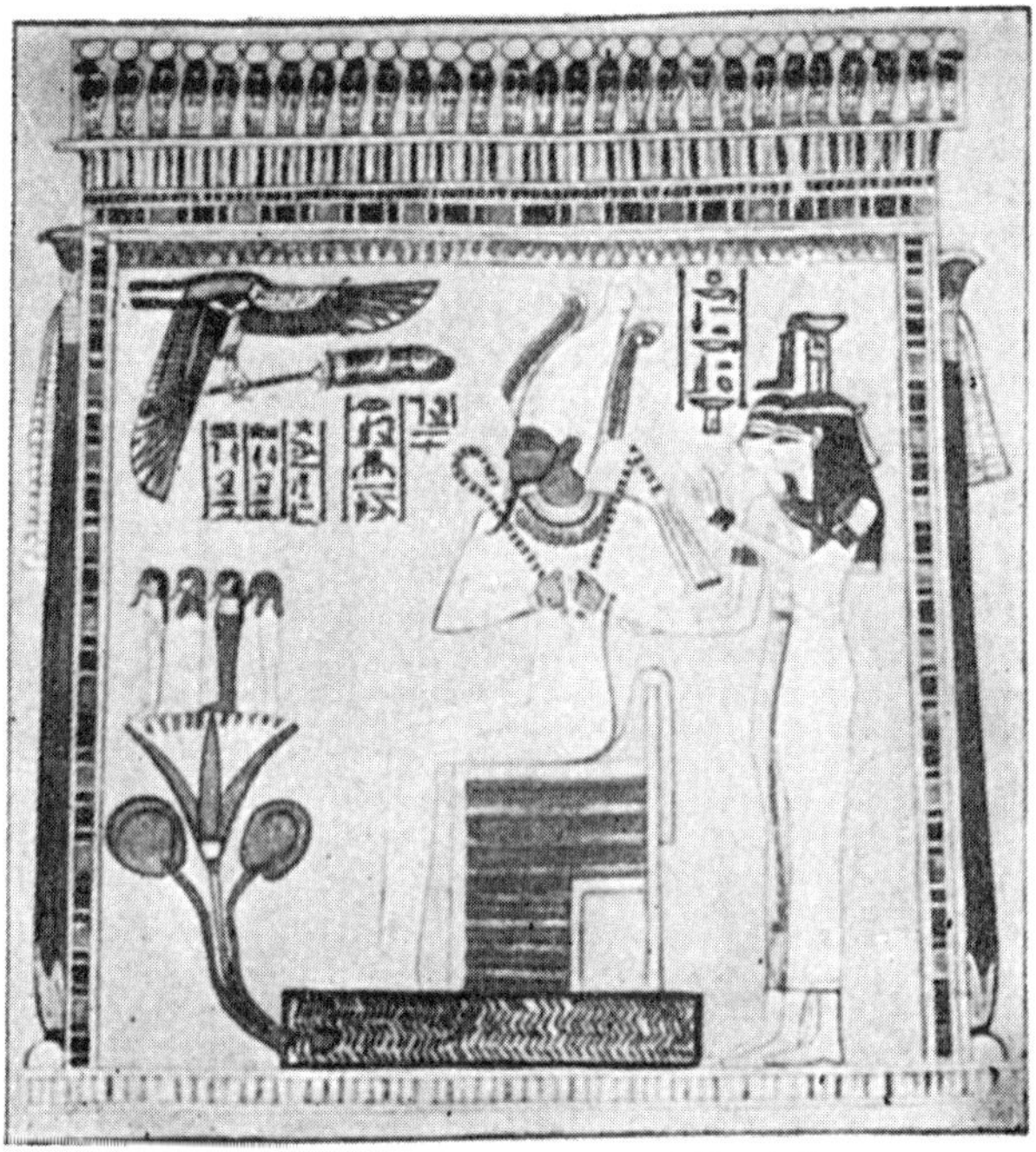

図102　オシリスと蓮華上のホルスの四人の息子たち。エジプトの『死者の書』（ハニファ・パピルス文書）より

この幻覚像との特に注目すべき類似は、ギュイヨーム・ド・ディギュルヴィルに見られるそれである。彼はシャーリスのシトー修道会修道院の副修道院長でノルマン系詩人であり、一三三〇年から一三五五年にかけダンテとは無関係に三つの『巡礼行』を書いた。それは「人間の生、霊魂およびイエス・キリストの巡礼行 Le pèlerinages de la vie humaine, de l'âme et de Jésus-Christ」（一四三）である。そのうちの『霊魂の巡礼行』の最終節で天国《パラダイス》に関する幻覚〔夢〕が出てくる。これによると天国《パラダイス》は七つの大きな圏から成っており、その一つ一つがさらに七つの小さな圏を含んでいる。（一四四）すべての

圏は回転しており、この運動は「世紀《シエクル》 siècle」と呼ばれる。天上の「世紀《シエクル》」は地上の世紀の原型《プロトタイプ》をなすものである。詩人ギュイヨームの道案内をつとめる天使は彼にこう説明する、「聖なる教会はその祈りの中に世紀の世紀において (in saecula saeculorum)〔「数百年の数百倍において」すなわち「千代に八千代に」というような意味〕なる言葉を加えているが、これはこの世の時ではなく、永遠なる時を指しているのである」。「世紀《シエクル》」は同時に、祝福された者たち〔死者〕の住む天界でもあって、「世紀《シエクル》」と「天 cieux」とは同一のものとされる。純金でできている最高の天には、王がまるい玉座に坐って太陽よりも明るく輝いている。沢山の宝石でできた王冠 (couronne〔光環《コロナ》〕) が王を取巻いている。王の隣の、褐色の水晶で作られたまるい玉座には王妃が坐っていて、罪人《つみびと》たちのためにとりなしている(図103参照)。

「黄金色《きんいろ》の天を見上げた時、旅人〔ギュイヨーム〕は直径三フィートの不思議な円を認めた。それは黄金色の天のある箇所から現れ出て、再び別のある箇所からその中に姿を消したが、それはちょうど一巡したという恰好であった (Il sortait du ciel d'or en un point et y rentrait d'autre part et il en faisait tout le tour)」。この円はサファイア色、つまり青色をしている。それは直径三フィートの小さな円で、明らかにこの小さな円は、ある大きな円の上を円盤が転がるように動いていったのである。そしてこの大きな円と天の黄金色の円とが交差しているのである。(一四五)

ギュイヨームが天を仰いだままこの光景に我を忘れていると、突然今度は、緋の衣を纏い、黄金の冠と帯とをつけた三人の霊が現れ、黄金色の天の中に姿を消す。この一瞬は地上の教会における祝祭と同じように、「一つの祝祭 une fête」なのだと天使はギュイヨームに説明する。「お前が見ているこの円〔小さな青色の円〕は暦である Ce cercle que tu vois est le calendrier.」。

図103　花婿と花嫁（Sponsus et sponsa）
ダ・サンタグネーゼ「戴冠式の装飾屏風」の一部（15世紀）

さらに続けて、

この暦はその一めぐりをくまなく廻りつつ
聖者らの日々を、
聖者らの祭らるべき時を示す。
円を一めぐりすると一年、
星一つは一日にあたり、
太陽一つは三十日か
あるいは獣帯を表すものである。

Qui en faisant son tour entier,
Montre des saints les journées
Quand elles doivent être fêtées.
Chacun an fait le cercle un tour,
Chacune étoile y est pour jour,
Chacun soleil pour l'espace
De jours trente ou zodiaque.

図104　獣帯を創造する三位一体の神。
ロンバルドゥス『秘蹟について』（14世紀）より

天に見えた三人の形姿は聖者たちであって、あの光景は彼らの祝祭の瞬間だったのだ。黄金色の天に消えていった小さな円は幅三フィートであり、同じようにそこに消えたのは三人の形姿である。円も形姿も暦円（図104参照）と同じように、永遠における時間契機を意味している。が、「暦」の直径がまさに三フィート、聖者の数がまさに三人であるのは一体なぜか、この点ははっきりしないままである。もちろんここで、われわれは夢見者の幻覚に出てくる三つの律動《リズム》を想い起さざるをえない。あの律動《リズム》は、青色の円の上の指針の動きによって惹き起され、ちょうど暦円が黄金色の天に謎を残したまま入り込んでいったのと同様に、はっきりしないまま体系全体に入り込み広がっていた。

ところで道案内の天使はさらに続けてギュイヨームに対し、獣帯（十二宮）の一つ一つの意味をキリスト受難史との関連で教示する。そして最後に魚座に触れて、魚座では十二人の漁夫の祝祭が催され、そのあとで彼らは三位一体の前に進み出ることが許されるのだと説く。これを聞いてギュイヨームは急に、自分が三位一体の本質についてはっきり理解したことはこれまで一度もなかったことを想い出し、天使に説明してくれるよう頼む。天使はこう答える、「さて、色には基本的なものが三つある（Or, il y a trois couleurs principales）、すなわち緑と赤と黄金色である。これら三色が一つに結合しているところは、多くの波形模様絹織物や孔雀のような多くの鳥の羽根に見られる。三つの色を結びつけて一つにすることのできる全能の王は、一つのものから三つのものを作り出すこともできるのではあるまいか」。絢爛豪華な黄金色は父なる神の色、赤はその流したる血のゆえに息子なる神の色、そして「萌え出る生命と蘇る生命の色 la couleur qui verdoie et qui réconforte」すなわち緑は、聖霊の色である。こう語った後天使は、もうこれ以上尋ねてはならないとギュイヨームをいましめ、姿を消す。ギュイヨームは目を覚まし、寝台に眠っていたことに気づく。こうして『霊魂の巡礼行』は終る。

われわれとしてはしかし、まだ尋ねてみないわけにはいかない——「それでは三つしかないが、第四のものはどこにあるのか」〔プラトン『テイマイオス』冒頭句に倣った言い方〕、なぜ青が欠けているのか、と。青は、他ならぬわれわれの夢見者の「乱された」マンダラでも欠けていた色である。ところが奇妙なことに黄金色の円〔すなわち天〕と交差して一巡する「暦」も、三次元のマンダラである垂直円もともに青色をしている。となるとこういう推測が成り立つ。「青」は垂直に相当し、従って高さと低さ〔深さ〕を意味する（青い空は上に、青い海は下にある！）、垂直の幅の短縮は正方形を水平な長方形に変える、つまり意識膨張（Bewußtseinsinflation）[一四六] に似た現象を誘発する、従って垂直は無意識に相当する。しかし無意識は男性にあっては女性的徴候を帯びているものであるが、この点はどうか。これは、天国において処女マリアの纏っているマントが伝統的に青色とされていることに気づけば、謎が解ける（図105参照）。ギュイヨームは「王 Roy」の三位一体の問題に心を奪われて、もう一人の「王妃 Reyne」のことはすっかり忘れてしまっているのである。ファウストはこの天界の女王〔聖母〕に次のような崇拝の言葉を捧げる。

図105　星空の化身としての処女マリア。『人間救済の鏡』（15世紀）より

世界を支配する至高の女王よ。
青い蒼穹《そうきゅう》の天幕のうちに
汝《なんじ》の秘密を
窺わしめよ。　（一一九九七―一二〇〇〇行）

ギュイヨームにおいて虹の四基本色のうち青色が欠けているのは、青色が女性的性質のものであるがゆえに避けがたい結果だったのである。しかし「アニマ」は、女性と同じように男性の高さと深さを意味する。青色の垂直円なしには黄金のマンダラといえども実体〔現実体〕を持たない二次元的性格のものに、すなわち単なる抽象的な像にとどまらざるをえない。「今まさにここにおいて Hier und Jetzt」

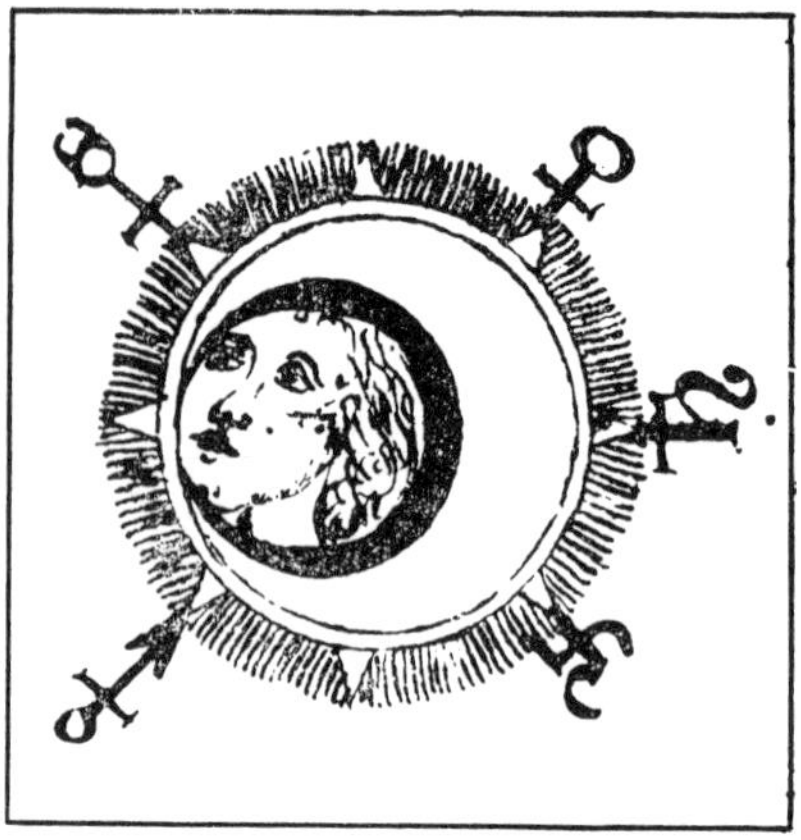

図106　「月の霊液《エリクシル》」
ヴァチカン古写本（17世紀）より

という時間と空間の要因が加ってはじめて、現実が生じうるのである。そして全体性が現実となるのはただの一瞬においてのみであって、この一瞬こそまさしく、ファウストが生涯求め続けたあの瞬間に他ならないのである。

王の傍に褐色の、すなわち土色の水晶玉座に坐る王妃を書き添えた時、ギュイヨームの内なる詩人が異端的真理を予感していたことはまず間違いない。実際、女性なる大地を持たない天などが考えうるであろうか！　男性は、女性なる王妃が彼の黒き魂のためにとりなしてくれなければ、いかにしてその完成に達することができるであろうか！　彼女こそまさしく暗きものに精通する存在であって、されぱこそ――むろん極く微かに暗示されているにすぎないが――その土色の玉座を、すなわち大地そのものを天国へと携え昇ったのである。彼女はかくして黄金色と赤と緑とに、欠けている青を附け加え調和に充ちた全体を形づくるのである。

四　個我象徴について

「宇宙時計」の幻覚は、客観的に心的なものの諸象徴の、その発展過程における最後のものでもなければ最高のものでもない。とはいえこれは、夢見者によって得られた夢の全系列《シリーズ》の最初のほぼ三分の一、すなわちおよそ四〇〇の夢と幻覚とから成る材料を締め括るものである。この夢の系列《シリーズ》は、私がこれ以前にすでに長い間に亙って沢山の個人の事例でばらばらに観察していた一つの心的事実を、類稀な完璧さで描出しているという点から言って、注目に値するものである。(一四七) むろんこれは客観的材料そのものの完璧さに負うものではあるが、そればかりでなく、そういう材料に対する夢見者の克明綿密を極めた観察態度に負うものである。その意味で、われわれが無意識の綜合統一作業を順を追ってつぶさに追い続けることができたのは夢見者のお蔭であると言わねばならない。ここで取扱った五九の夢の間に生じた残る三四〇の夢を考察の中に取入れていたならば、綜合統一過程の複雑微妙な変転のありさまは一層完璧に表現されていたであろう。しかし残念ながらこれは不可能であった。なぜならこれらの夢はある部分で夢見者の個人的な生活に深くかかわるところがあって、公けにするのが憚られたからである。そういうわけで私の考察は非個人的な材料に限定せざるをえなかった。

　私は以上の論述において、個我の諸象徴をその発展の相を通して理解しやすいものにすること、そしてこの種の経験材料を扱う際につきものの諸困難を幾分かでも克服することに努めたつもりであるが、所期の目的を果しえていたら幸いである。説明と補足のために欠かせない比較材料をもっと沢山、いまの何倍も盛り込むということについては、私としてももちろん充分に考えた。しかし意味連関が余りにも錯綜し晦渋になることを恐れたので、この点では極力控え目にするよう絶えず自分に言い聞かせた。その結果多くはただ暗示するだけという恰好になっているが、これを無責任から出たものと考えないでいただきたい。私の手許には私の諸見解に対する傍証が山ほど揃っており、もしその方がよければいつでも提出できると思っている。しかし、詳細にわたる裏付を見せつけられれば読者は、この複雑極まりないテーマについて恰も私が何か決定的なことを言おうとしている、最

図107　救世主をみごもった処女マリア。
『人間救済の鏡』（15世紀）より

終的な断を下そうとしているかの印象を受けるであろう。これは私の欲せざるところである。ところで私が無意識の自発的な諸現象を一系列《シリーズ》の形で扱ったのは、確かにこれが初めてではない。拙著『リビドーの変容と象徴』（訳注18）ですでに一度試みたことである。しかしあのケースの重点は（思春期の）神経症的問題にあったのであり、今度の場合は問題はすでに個体化にまで拡大されている。そればかりか、対象となった二人の人物の間に極めて大きな相違がある。前のケースでは、私はこの人物の場合本人に直接会ったことは一度もなかったが、心的破局（精神病）に終った。これに反して今度のケースは、これまでにも精神的にすぐれた人物においてよく見かけたような、正常な発展を辿っているのである。

　しかしこのケースで特に注目すべき点は、中心象徴の発展における首尾一貫性である。これを見ていると、無意識過程が一つの中心の周りを螺旋状に動きつつ、徐々に中心に近づいていき、それにともなって「中心」の特質が次第次第に明瞭になってくるという印象を拭い難い。あるいは逆にこう言うこともできようかと思う。すなわち、それ自体としては認識されえない中心点が、無意識中の相互に乖離している諸事象や諸過程に磁石のように作用し、これらのものを徐々に、恰も結晶格子の中に捉え込むかのように一つの連関の中に捉え込むというわけである。それゆえ中心が（これは他のいろいろなケースで見られたことだが）巣網の中の蜘蛛（図108参照）という形で現れることも稀ではない。これは特に、意識態度が無意識の諸過程に対する不安にまだ強くとらわれている場合に見られる。しかしわれわれのケースにおけるごとく、心的過程が一旦動き出し進展し始めれば、中心象徴は劇的紛糾葛藤の渾沌《カオス》という個人的な心の外観に惑わされることなく、この渾沌《カオス》の真只中を首尾一貫して、しかもみずからを絶えず甦新しつつ、目的に向って進んでゆく。これはちょうど、かの偉大なベルヌーイ（訳注19）の墓碑銘（一四八）において螺旋〔渦線《かせん》〕について言われている言葉、「その変転回帰するがごとく、われまた蘇えらん Eadem mutata resurgo」さながらのように見える。そういうわけで中心を螺旋を用いて表現した例は非常に多く、たとえば、創造の点である卵に巻きつき上る蛇などもその一例である。

実際のところ、生とその内的緊張のすべてとを形づくっている個人的な葛藤や主観的な劇的波瀾の数々は、もしかしたら、このような奇異にして不気味な結晶化過程が必然不可避にして決定的であるがゆえにこれを避けようとする、単なる躊躇、不安な後込みではないのか、いやそれどころか取るに足らない些細な言いがかり、小心な言い逃れにすぎないのではないかとさえ思われる。個人的な心はちょうど一匹の臆病な動物のようなもので、中心に近づきたくてたまらないのだが恐くてたまらず、その周りを遠巻きにぐるぐる廻り、絶えず逃げ腰でありながら、しかし結局は段々とそれに近づいている――こういう印象を受けることがしばしばである。

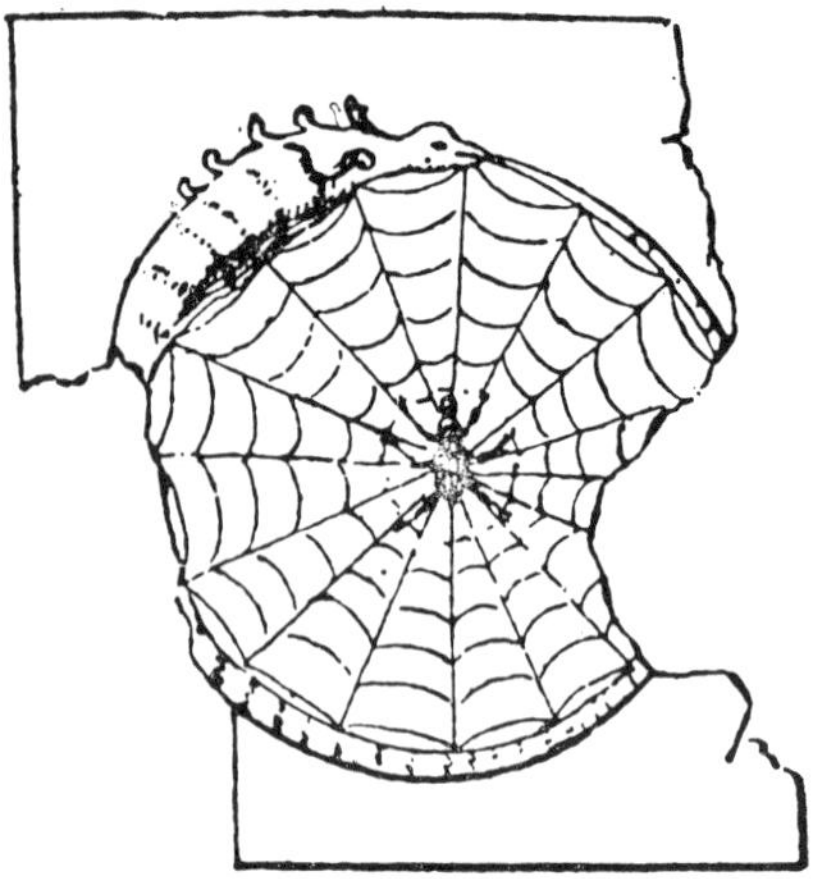

図108　ウロボロスに囲まれて，妄想と錯覚に誘う感覚世界の蜘蛛の巣を織りつづける永遠の織女マーヤー。バラモン格言集の題扉の，破損の見られるカット

私が「中心」の本質について何らかの認識を持っているなどという誤解は決してしないでいただきたい。というのも、「中心」は絶対に認識不可能であって、それゆえその現象形態を通じて象徴的に表現しうるにすぎないからである――尤もこれは経験的対象のすべてにあてはまることである――。中心の特別の諸性質のうちで以前から私の注意を惹いていたものの一つは四要素構成という現象（図109参照）である。もちろんこれは、たとえば四つの方位やこれに類するもののように必ずしもいつも「四」という形で現れてくるというわけではないのであ

図109　四人の福音書家とその象徴，ならびにエデンの園の四つの川。中央はエゼキエルの輪で，中に「生命の霊 spiritus vitae」がいる（エゼキエル書第1章21節）。アシャフェンブルク文庫の聖福音集の中にある細密画（13世紀）

って、このことは三と四との鬩《せめ》ぎ合いがそれほど稀ではない[一四九]ことを考えてみれば判る。まったく同じように、しかし三と四とのそれに較べれば少ないが、四と五との鬩ぎ合いというケースも見られる。そしてこの場合、五つの放射軸を持っているような五要素構成のマンダラは対称構造《シンメトリー》に欠陥が見られるところから異常《アノルマール》と見なされる。[一五〇]従ってこれらのことを考え合わせると、普通《ノルマール》の場合は四に対する紛れもない固執が存在している、もしくは、統計的に見て四という現象にかなり大きな蓋然性があるというふうに言ってよいと思う。ところで――これはやはりどうしても言及しておかなければならないと思うが――人体を構成する主たる化学元素が原子価四の炭素であるということは、不思議な「自然の戯れ lusus naturae」と称してしかるべきである。加えて「ダイアモンド」も周知のように炭素結晶体である。炭素は黒い（石炭、黒鉛！）、が、ダイアモンドは「最も澄み切った水 hellstes Wasser」（「最も明るい輝きを持つもの」）である。このようなアナロジーを持出すことは、もし四という現象が意識の単なる拵えものであって、客観的に心的なものの自発的産物でないとしたら、憐れむべき知性の戯言《たわごと》にすぎないということになろう。夢は自己暗示によって著しい影響を蒙る――むろん形式よりもむしろ意味に関しての話であるが――と仮定するとしても、しかしそれならば夢を見る者の意識が無意識に四という観念を押しつけるために非常な努力を行ったということが証明されなければなるまい。ところが本書で扱ったケースでも他のいろいろなケースでも私の観察した限りのものにおいては、そういう意識のはたらきかけがなされた形跡は全然ない――もちろん歴史上のさまざまな時代に見られる、またいろいろな人種に見られる無数の類似現象のことはまったく度外視した上での話である[一五一]（図110、および50、61、62、63、64、65、66、82、109等を特に参照）――。このような事実を全体的に見わたしてみさえすれば、四によって表現されるある心的要素が存在すると嫌でも考えないわけにはいかない。少なくとも私はそう思う。そのためにはわざわざ大胆な思弁や奔放な空想を駆

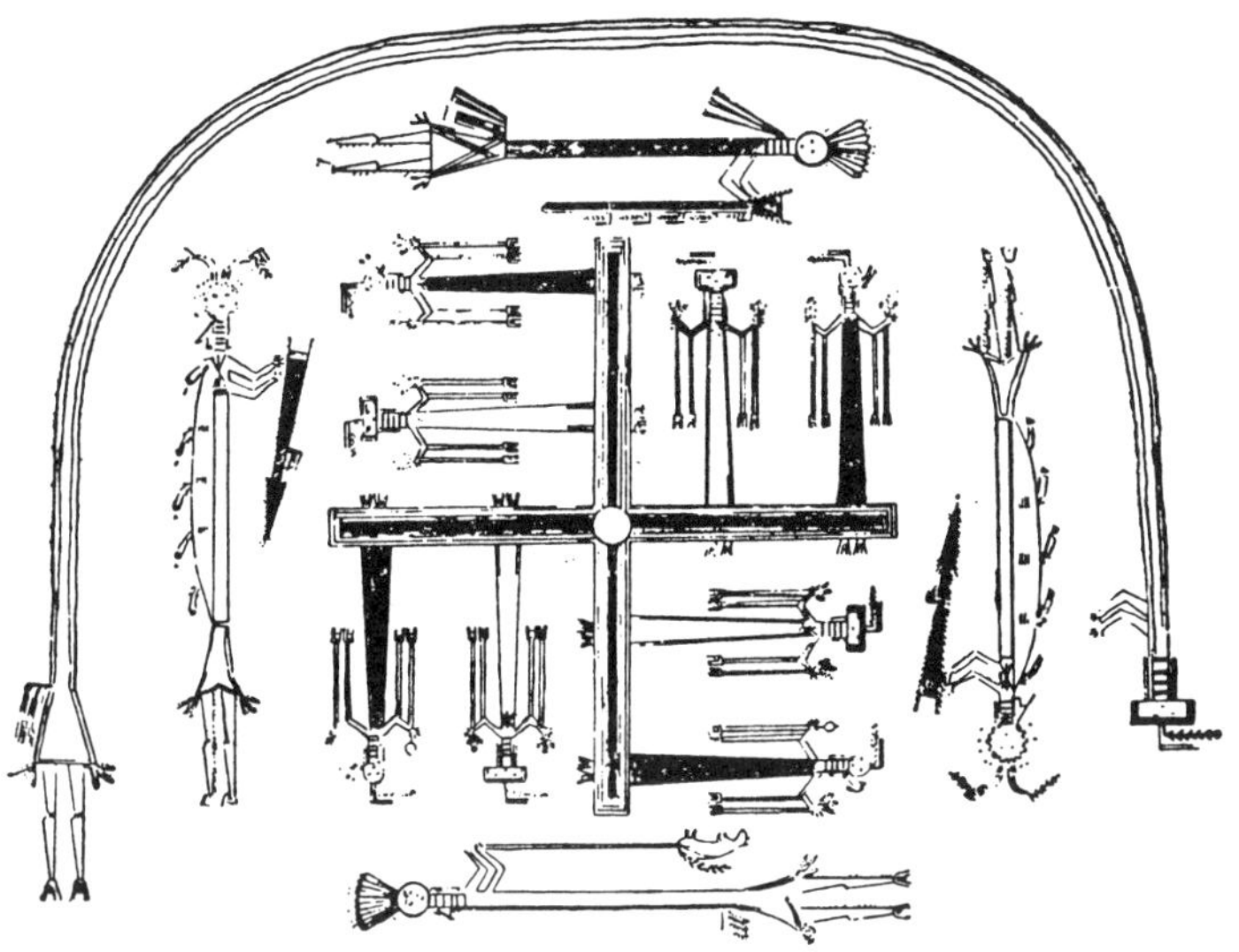

図110　ナバホ・インディアン（北アメリカ）の砂絵。

使する必要はまったくないのである。ところで私は中心を「個我」という術語で呼ぶことに決めたが、これは経験的および歴史的諸データを慎重かつ入念に考量した結果である。唯物論者は難なくこう言ってのけるだろう、「中心」とは、心が肉体と融合して見分けがつかなくなるあの地点にすぎない、と。これに反して唯心論者はこう主張するだろう、「個我」などと言っているが、それは魂と肉体とに生気を与え、あの創造の場から時間と空間の中へ侵入する「霊」のことを言っているにすぎない、と。私はこのような形而下的および形而上的思弁を極力避けて、経験的諸事実を確認することにのみ腐心したいと思っている。人類の認識の進歩を考えれば、これの方が、目を血走らせて流行を追い求める主知主義的傾向や、あるいは信仰の世界のいわゆる「宗教的」な倨傲の尻馬に乗るよりも、比較にならないほど意味があると確信しているからである。

私の経験の及ぶ限りで言えば、われわれが直面しているのは客観的な心において極めて重大な意味を持つ「核心的事象」、すなわち一種の目的像（Bilder des Zieles）なのである。これらの目的像は「目的志向的」な心的過程に、恰も自分で自分を適合させるかのように、つまり外的な示唆に動かされることなくそうするかのように〔一五二〕見える。もちろん外部にはたとえば空腹感というようなある種の心的窮迫状態が常に存在する。しかしたとえば空腹感が目的として想い浮かべるのは、馴染みの好物というのが相場であって、意識にとって、未知の、それどころか奇怪極まる食物などでは絶対にありえない。このような心的窮迫状態に対して自発的に立現れてくる目的、つまり「治癒的 heilend〔救済的〕」に作用するであろう、全体化に寄与するであろう像は、まず初めは意識にとってはまったく見ず知らずのものであって、その謎を解く手がかりを見つけるのは並大抵の苦労ではない。むろん、このような目的像がドグマ的妥当性を持っているような時代と環境の中で生活している人間の場合は事情は異なる。こういう人間の場合は、これらの像は初めから自明のこととして意識の前に現れるわけで、そのため無意識にはいわば意識の中に自分自身が映じている不思議な鏡像が示されることになり、無意識はその中に自分自身を認めて意識に結合する。

　ところでマンダラ・モチーフの発生の問題について言えば、まず最初ちょっと見た目には、夢の系列《シリーズ》が進展するに従って次第に発生してくるかのような印象を受ける。しかし実際にはただ、現象の仕方が次第に明瞭の度を深め、分化の度を深めてくるというにすぎないのであって、これは疑いを容れない。それは常に存在していたのであり、本当は第一番目の夢からすでに登場していたのである（いみじくもあの「妖精たち」が「私たちはいつだってちゃんと居たんですよ、ただあなたが気づかなかっただけです」と言っているように）。従って、それはア・プリオリに存在するある型《タイプ》、つまり集合的無意識に内在し個々人の生成消滅とは無関係に存在する一つの元型であると考える方がずっと実情に即しているように思われる。元型とは常に在るもの、いわば「永遠の」現在であって、問題はただ意識がこれを知覚するかどうかということだけである。それゆえ私は、夢の系列《シリーズ》が進展するにつれてマンダラ・モチーフがより明瞭に、より頻繁に現れてくる（一五三）ということは、ア・プリオリに存在する型をより精確に知覚するということと同じだと考える方が、マンダラが系列《シリーズ》の進展の中でいわば初めて生み出されると考えるよりも、ずっと信憑性のある仮説であり、観察の諸結果をずっとうまく説明する仮説であると思う。初めて生み出されるとする仮説はたとえば、人格を覆う帽子だとか、円を描く蛇だとか、永久運動だとかいったような重要な観念がすでに最初の方から登場している（第二章、1および5の夢、第三章マンダラ夢9）という事実と矛盾する。

　マンダラ・モチーフが元型であるとするなら、集合的に、つまり理論上はどの人間にも現れるはずである。ところが実際上は、はっきりそれと判る形で出会えるのは比較的少数のケースだけである。しかしこのことは、マンダラ・モチーフが秘密に充ちた極点の、すなわち究極的には一切のものがその周りを廻っている極点の役割を演ずるということを妨げるものでは決してない。あらゆる生の営みは結局のところ全体的なるものの、すなわち個我の実現〔現実化〕である。従ってこの実現はまた個体化（Individuation）とも呼ばれうる。なぜなら、あらゆる生の営みは個（Individuum）という担い手ないし実現者と不可分に結びついており、これなくしてはそもそも生などというものは考えられないからである。ところであらゆる生の担い手はそれぞれ個としての限界と可能性（Bestimmtheit und Bestimmung〔すでに決定されているものとこれから決定するもの〕）を持っている、そして、このようなものとして己れみずからを実現することこそ生きて存在するということの意味に他ならない。なるほど「意味 Sinn」は「無意味 Unsinn」と呼んでもまったく同じである場合がしばしばありはする。しかし存在の秘密と人間の悟性とのあいだにはどうしても埋めることのできない何ほどかの溝が常に存在し続けているの

図111　すべての色の合一である「孔雀の尾 cauda pavonis」。全体性象徴。ボスキウス『象徴の術』（1702年）より

である。「意味」も「無意味」もこのような状態にある人間が生きる方向を定めるために極めて人間的な欲求から作り出した言い換え言葉であって、「意味」と言おうと「無意味」と言おうと問題は生きるために充分な方向づけをするという方にあるのである。

　歴史的なもろもろの類似を見れば判るように、マンダラ象徴は決して他に例がないような珍奇な代物ではなく、――こう言ってもよいと思うが――一定の法則にもとづく現象である。もしそうでなかったら、そもそも比較材料など存在するはずがない。そしてまさに、あらゆる時代あらゆる民族の精神的諸産物との比較が可能であるということこそ、客観的に心的なものにおける諸過程が「一般的同意 consensus gentium」によって測り知れない重要性を与えられてきたということの何よりの証拠なのである。われわれが軽率にこれを看過してはならないということは今さら言を俟たないであろう。私の医者としての諸経験は連綿として続けられてきたこのような価値評価にただ裏付けを与えることができるにとどまる。確かに、事柄を余り真面目に考えすぎるのは非科学的だと考えている人々もいる。彼らは生真面目に事に接することで知的な遊戯の邪魔をされたくないと思っているのである。しかし、人間の感情の価値を等閑に附すような医者は取返しのつかない誤りをおかすであろう。そしてもし彼がその科学的態度というやつで、秘密に充ちた、理解し難い自然の作用を矯正しようとするならば、それは自然がもたらす治癒過程〔救済過程〕をその浅薄な小理屈の犠牲にすること以外の何ものでもない。われわれは最後に古《いにしえ》の錬金術的叡智にもう一度心して耳を傾けてみようではないか。「最も自然にして完全なる作業《オプス》は己れみずからの似姿を作り出すことである Naturalissimum et perfectissimum opus est generare tale quale ipsum est.」。

原注

一　この点に関してはツィンマー『インドの礼拝像に見られる芸術形式とヨーガ』の説明（Heinrich Zimmer: Kunstform und Yoga im indischen Kultbild 1926）、およびヴィルヘルムとユングの共著『黄金の花の秘密』を参照。

二　アヴァロン編訳『蛇の魔力』中に収録されている（Arthur Avalon: [Hg.] The Serpent Power...Two works on Tantrik Yoga, translated from the Sanskrit. London 1919）。

三　ライツェンシュタイン『ヘレニズムの秘儀宗教』参照（Richard Reitzenstein: Die hellenistischen Mysterienreligionen. Ihre Grundgedanken und Wirkungen. Leipzig und Berlin 1910）。

四　「形而上的 metaphysisch」という語が括弧付で用いられている意味は、この語が何ものも「措定」しておらず、非本来的な形で心理学的に使用されているということ、そしてそれによって夢の発言の固有の性質を表そうとしているということである。

五　これはまさしくマイスター・エックハルトの言った通りである――「それは完全に内に在る。外にではなくすべては内に在るのだ」（プァイファー編『十四世紀ドイツの神秘主義者』Deutsche Mystiker des 14. Jahrhunderts, hg. von Franz Pfeifer, 2 Bde, Leipzig 1845/57, II, S. 8, 37）。

六　夢は私に「名指しで」触れたわけではなく、せいぜいのところ仄めかしたというにすぎないから、無意識が特に私個人を問題にする意図を持っていないことは明らかである。

七　ユング『心理学的類型』Kap. X を参照。

八　ドイセン『哲学通史』Paul Deussen: Allgemeine Geschichte der Philosophie, 2 Bde, Leipzig 1906/15, I.

九　ベインズ『コプト・グノーシス派の一論説』Charlott A. Baynes: A Coptic Gnostic Treatise contained in the Codex Brucianus-Bruce Ms. 96, Bodleian Library, Oxford. Cambridge 1933.

一〇　同右 S. 89.

一一　蓮華に坐すブッダ、シヴァ等（図52参照）。薔薇の中、すなわちマリアの胎内にいるキリスト（これに関してはザルツァー『マリアの象徴と形容語』Anselm Salzer: Die Sinnbilder und Beiworte Mariens in der deutschen Literatur und lateinischen

Hymnen-Poesie des Mittelalters. Linz 1893 の中に豊富な例がある)。また金剛（ダイアモンド）体の胚胎処は黄金の花の内にある。以上に関してはマンダラ夢16の、正方形空間における「周回」を参照。

一二　ベインズ同上書 S. 58 ―― この点に関してはヴァジュラ・マンダラ（図43）を参照。ヴァジュラ・マンダラの中央には十二の小さな金剛杵（ドールジェー）に囲まれた一つの大きな金剛杵が見られるが、これは十二のモナドを冠として戴く一つのモナドに照応する。さらに四つの門のそれぞれに金剛杵が一つずつある。

一三　ベインズ同上書 S. 94.

一四　同右 S. 70.

一五　イレナエウス（エイレナイオス）『異端駁論』Irenaeus (Bischof von Lyon)：〔Adversus haereses〕Ⅲ, XI. = Irenaeus: Contra omnes haereses libri quinque. hg. von J. E. Grabe, London 1702 およびクレメンス『ストロマティス』Clemens von Alexandrien: Stromata (In: Jacques Paul Migne〔Hg.〕, Patrologiae cursus completus: Patrologia Graecae, 166 Bde. Paris 1857–1866, Ⅷ col. 685–Ⅸ col. 602), Ⅴ, Ⅵ. を参照。教会の馬テトラモルフ（図53参照）もこれに類似のものである。

一六　『薔薇園』（『錬金の術叢書』Ⅱ, S.240)。このヘルメス・トリスメギストスからの引用文は『黄金論説』Tractatus aureus, Kap. Ⅳ（『化学の術』Ⅰ, S. 23 f. ならびに『霊妙化学叢書』Ⅰ, S. 427 f.）から取られている。

一七　ベインズ同上書 S. 87.

一八　『薔薇園』の中の匿名のヘルメス引用文には、誤りの多い異校文と言って済まされないような実に気儘な改変が見られる。それはもはや新たな創作と言ってよく、それにヘルメスの名を冠することによって一層の権威を与えているのである。私は念のため『黄金論説』〔『化学の術』収録のもの〕の一五六六年、一六一〇年、一六九二年の三つの版を比較してみたが、それらはすべて同じであった。『薔薇園』の引用文（S. 239 f.）は『黄金論説』（S. 23 f.）では次のようになっている。Iam Venus ait: Ego genero lumen, nec tenebrae meae naturae sunt ... me igitur et fratri iunctis nihil melius ac venerabilius.（かくしてウェヌス〔ヴィーナス〕は言えり、「われ光を生めども、闇わが本性にあらず……われみずからと同胞《はらから》との結合、これにも増して価値高きものはなし」）。

一九　ミューリウス『改革された哲学』S. 19.

二〇　『錬金の術叢書』Ⅱ, S. 356.

二一　同右 S. 359.

二二　同右 S. 359 f.

二三　ユング『自我と無意識との関係』を参照（Ges. Werke Ⅶ, Paragr. 296 ff.)。

二四　ユング『パラケルスス論』S. 150 f. を参照（『精神現象としてのパラケルスス』Ges. Werke XIII, Paragr. 209 ff.)。

二五　マイスター・エックハルトはこう言っている、「……〈私がこの地上にやってきたのは平和をもたらすためではなく、剣をもたらしてすべてのものを切り離すためである。兄弟を、子供を、母親を、友を汝から分かつためである。これらのものこそ真に汝の敵なのであるから〉。汝の心を慰めるやさしきものこそ真に汝の敵である。汝の眼がそのすべてを見、汝の耳がそのすべてを聴き、汝の心がそのすべてを記憶する時、まことにこれらすべてのものの中で汝の魂は破壊されざるをえないであろう」(ファイファー編『十四世紀ドイツの神秘主義者』Ⅱ, S. 14,23 ff.)。

二六　ユング『再生について』(ユング『無意識の諸形象』の内) Jurg: Über Wiedergeburt (In: Jung, Gestaltungen des Unbewußten, Zürich 1950), S. 39 ff. 〔Ges. Werke Ⅸ/1, Paragr. 135 ff.〕を参照。〔第一の例は、ルカ伝第二十四章一三節—三五節のエマオに向う二人の弟子の道連れとなるイエス。第二の例は叙事詩『マハーバーラタ』第六巻二五章—四二章の宗教詩『バガヴァッド・ギーター』でアルジュナ王子の対話の相手という形でその伴侶をつとめるヴィシュヌの化身クリシュナ。第三の例は、『コーラン』においてムーサー(モーゼ)の辛抱強さを試しつつ共に旅を続けるアル・ハディル(緑色の男)〕。

二七　フォラース『ハディル』Karl Vollers: Chidher (In: Archiv für Religionswissenschaft Ⅻ, Leipzig 1909, S. 234-284), S. 235.

二八　『薔薇園』(『錬金の術叢書』Ⅱ, S. 239)。この『黄金論説』からの引用は『化学の術』一五六六年版では次のようになっている Largiri vis mihi meum ut adiuvem te. 〔「汝われのものをわれに与えんと欲す、しかしてわれ汝を助けんがためなり」〕。

二九　『薔薇園』のアリストテレスからの引用とされる文にこう言われている(『錬金の術叢書』Ⅱ, S. 317)。「汝、王冠を戴ける王らの、それによりて敬われるところのものを石《ラピス》に選ぶべし。……かくなるものこそ火に近ければなり Elige tibi pro lapide, per quem reges venerantur in Diadematibus suis ... *quia ille est propinquus igni*」。

三〇　これに関しては、クレオパトラがその中で水の意味を説いているコマリオス文書(Komarios-Text)を参照(ベルトロ『古代ギリシア錬金術集成』Ⅳ, XX. 8 f.)。

三一　『薔薇園』に次のような言葉がある(『錬金の術叢書』Ⅱ, S. 378)。「かくのごときわれらが石《ラピス》は、火より創られし火にして、火となる。然してその魂は火の内に棲めり Lapis noster hic est ignis ex igne creatus et in ignem vertitur, et anima eius in igne moratur」。この文句の典拠となったのは次の言葉ではないかと思われる。「われらが石《ラピス》、すなわち火の瓶は、まさしくかくのごとく火より創られて火に還えるものなり Item lapis noster, hoc est ignis ampulla, ex igne creatus est, et in eum vertitur」(『賢者の寓喩』〔『霊妙化学叢書』Ⅰ, S. 468a〕)

三二　「われらが水 aqua nostra」は「永遠なる水 aqua permanens」とも呼ばれ、その意味ではギリシア人の「神の水 ὕδωρ θεῖον」に一致する。実例——「その内よりわれらが最も価値高き石《ラピス》の生じ来たる永遠の水 aqua permanens, ex qua quidem aqua lapis noster preciosissimus generatur」(『賢者の群』〔『錬金の術叢書』Ⅰ, S. 13〕)あるいは「石《ラピス》はすなわちかかる永遠の水なり。しかしてそれ水にある限りにては石《ラピス》にあらず Lapis enim est haec ipsa permanens aqua, et dum aqua est, lapis non est」（同 S. 16）。「水」の卑俗性〔安価〕については非常にしばしば強調されている。その一例（同 S. 28）——「われらの探し求むるもの、巷にて甚しき安値にて売られおるなり。しかしてもしわれらの求むるを知らば、商人ら、かくも安き値にて売ることはあるまじ Quod quaerimus publice minimo precio venditur, et si nosceretur ne tantillum venderent mercatores」。

三三 このことは錬金術師たちにあっては大抵の場合漠然と暗示されているだけである。たとえば「息子らよ、脂厚き肉を摂るべし Fili, accipere debes de pinguiori carne」（『薔薇園』のアリストテレスからの引用〔『錬金の術叢書』Ⅱ, S. 318〕。『黄金論説』（Kap. Ⅳ）ではこう言われている、「人の子はその太初より自然の胎より出来たるものにして、自然の臓腑すなわち肉なり Homo a principio natura generatur, cuius viscera carnea sunt ...」。

三四 ユング『パラケルスス論』S. 111 und 114（『精神現象としてのパラケルスス』Ges. Werke XIII, Paragr. 185 ff.）を参照。

三五 クーンラート『ヒュレアーリシュな渾沌、すなわち原初物質的な、普遍的ないし全般的な、自然なる渾沌について』〔以下『ヒュレアーリシュな渾沌について』と略記〕Heinrich Khunrath: Von hylealischen, das ist, pri-materialischen catholischen oder algemeinen, natürlichen Chaos, Magdeburg 1597, S. 204 f. を参照。

三六 錬金術師たちの言う「マグネシア magnesia」は、いわゆるマグネシア〔酸化マグネシウム〕（化学記号 MgO）とは何の関係もない。クーンラートによれば（同上書 S. 161）、それは「神的ないし超自然的物質 materia caelestis atque divina」すなわち「賢者の石の物質 materia lapidis philosophorum」であり、秘密物質ないし変容物質である。

三七 クーンラート同上書 S. 203.

三八 このモチーフの図解入り説明がマイアー『化学の探究』Michael Maier:〔Scrutinium chymicum〕Secretioris naturae secretorum scrutinium chymicum, Frankfurt a. M 1687, Emblema XXI に見られる。しかしマイアーは三要素構成を別様に考えている（図60参照）。彼はこう言っている（S. 63）、「まさしくかくのごとく哲学者たちは、四角形は三角形に、ということはすなわち肉体（corpus）と精神（spiritus）と魂（anima）とに変じなければならないと主張する。この三つのものは赤に先立って三つの色において現れる。すなわち肉体ないし大地は悪魔の黒色において、精神は水のように月の白色において、魂ないし空気は太陽の黄色において。そうすれば三角形は完全なものとなる。しかし三角形は三角形で円へと変化させられなければならない、すなわちもはや変ることなき赤色へと Similiter volunt Philosophi quadrangulum in triangulum ducendum esse, hoc est, in corpus, spiritum & animam, quae tria in trinis coloribus ante rubedinem praeviis apparent, utpote corpus seu terra in Saturni nigredine, spiritus in lunari albedine, tanquam aqua, anima sive aër in solari citrinitate. Tum Triangulus perfectus erit, sed hic vicissim in circulum mutari debet, hoc est in rubedinem invariabilem.」 第四のものはここで

は火である、しかも永遠不滅の火である。

三九　クーンラート同上書 S. 207.

四〇　マンダラ夢10の説明部分に出てくる「都市」と「城」とを参照（あわせて図31、50、51を見よ）。錬金術師たちも四角形から生ずる「まるきもの」rotundum を「城壁に囲まれた都市」oppidum と解している（アエギディウス『自然と哲学者の息子との対話』Aegidius de Vadis: Dialogus inter naturam et filium philosophiae を参照〔『化学の劇場』II, S. 115〕）。

四一　偽アリストテレスからの引用とされているが、『アリストテレスの論説』Tractatus Aristotelis alchymistae ad Alexandrum Magnum, De lapide philosophico（『化学の劇場』V, S. 880 ff.）中にはこの文句は見出されない。

四二　『黄金論説』注解（Hermetis Trismegisti tractatus vere aureus, de lapidis philosophici secreto ... cum scholiis Dominici Gnosii. Leipzig 1610）では「賢者の秘密の四角形 quadrangulum secretum sapientum」というふうに言われている（S. 43）。正方形の真中に放射状の線を持つ円が一つある。これについて注解はこう説明している。「汝の石《ラピス》を四元素に分かち……それらを一つに結合せよ……さすれば汝、完全なるマギステリウム（magisterium〔智の最高段階、すなわち賢者の石の産出〕）に達せん Divide lapidem tuum in quatuor elementa ... et coniunge in unum et totum habebis magisterium」（偽アリストテレスからの引用）。真中の円は、「敵同士の間に、もしくは〔四〕元素の間に平和をもたらす仲介者 mediator」と呼ばれ、「いな、このものこそ円積法 quadratura circuli を可能ならしめるものに他ならない」と言われている（*mediator*, pacem faciens inter inimicos sive elmenta imo hic solus ⟨mediator⟩ efficit quadraturam circuli）（S. 44）。「周回」に類似するものは「精気の循環、もしくは循環する蒸溜 circulatio spirituum sive distillatio circularis」である。「精気の循環ないし循環する蒸溜とは、すなわち外なるものを内へ、内なるものを外へということである。同様に下なるものと上なるものとが同一の円の中に一つになるならば、汝はもはや、外にあったものが何か内にあったものが何かも、また下と上とにあったものが何かも識別しえないであろう。すなわち一切は一つの円もしくは容器において一つになるであろう。この容器はすなわち哲学の真のペリカン（Pelecanus）であり、これ以上のものはこの世広しといえども存在しない hoc est exterius intro, interius foras: item inferius et superius, simul in uno ciculo conveniant, neque amplius cognoscas, quid vel exterius, vel interius, inferius vel superius fuerit: sed omnia sint unum in uno *circulo sive vase*. Hoc enim vas est Pelecanus verus Philosophicus, nec alius est in toto mundo quaerendus.」〔「ペリカン」は特別の形をしたレトルトを意味すると同時に、プロジェクションにおいて粥状の卑金属の中に投ぜられて、その卑金属から黄金を生み出す基となるところの、賢者の石の象徴でもある——後者はキリスト教の寓喩におけるペリカンと類似している。図89参照〕。

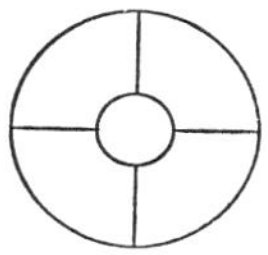

この過程は上の図によって説明される。四つに分割されている部分が「外なるもの」である。これは四つの川で、内なる「大洋」〔小円〕に流れ入ったり出たりしている（以上、S. 262 f.）。

四三　ヴィルヘルムとユングの共著『黄金の花の秘密』Ausgabe 1939, S. 112.

四四　ユング『メルクリウスの精』Jung : Der Geist Mercrius. In : Eranos Jahrbuch Ⅸ (1942). Zürich 1943. Erweiterte Neuausgabe in : Symbolik des Geistes. Zürich 1948 und 1953〔Ges. Werke XIII〕

四五　Karl Preisendanz〔Hg.〕: Papyri Graecae magicae. Die griechischen Zauberpapyri, 2 Bde. Leipzig 1928/31, Ⅰ, S. 195.

四六　ブルフマン『ギリシア詩人に見られる神々の形容語』を参照（C. F. H. Bruchmann: Epitheta Deorum quae apud poetas Graecos leguntur, Ergänzung zu : Ausführliches Lexikon der griechischen und römischen Mythologie, Leipzig 1893, s. v.)。

四七　カルタリ『古代人の心に映じた神々の像』Vincenzo Cartari : Le Immagini de i dei de gli antichi. Lyon 1581. 引用はそのフランス語版 Le Images des dieux des anciens, traduites et augmentées par Antoine du Verdier, Lyon 1581, S. 403.

四八　ユング『パラケルスス論』S. 81〔『精神現象としてのパラケルスス』Ges. Werke XIII, Paragr. 168 und 206 ff.〕

四九　ユング『錬金術に見られる救済の諸表象』〔本書第三部。下巻に収録〕を参照。

五〇　バッジ『エジプト人の神々』Ⅰ, S. 21 und 404.

五一　この夢は私の講義集『心理学と宗教』の中で特別の評価を与えられたものである〔日本教文社版ユング選集第四巻『人間心理と宗教』四六頁以下〕。

五二　トラミティアのオルペウスを扱ったモザイクに見られる銘（アイスラー『漁夫オルペウス』Robert Eisler : Orpheus the Fisher, London 1921, S. 271 f.)。この銘は酒飲礼讃の一種の洒落であろう。そう解しても古代の秘儀の精神に反しないことは、たとえばポンペイの「神秘の館」のあのフレスコ画を見ても判る（マイウリー『神秘の館』Amadeo Maiuri : La Villa dei misteri. 2 Bde. Rom 1931 参照)。この画では酩酊と陶酔《エクスタシー》とが単に密接な関係にあるというばかりか、むしろ同一のものとして描かれていると言ってよい。しかし加入儀礼は昔から五体健全祈願の意味も含んでいるから、この銘は事によったら本当に水を飲むことに警告を発しているものかも知れない。というのも水を飲むことは周知のように、南の諸地方では赤痢と腸チフスの生みの母だからである。

五三　アイスラー同上書を見よ。

五四　夢見者の見方は大体このようなものであった。

五五　図170, 171, 172, 174, 176, 177をも参照。

五六　アルノビウス『反異教論』Arnobius : Adversus gentes (In : Migne〔Hg.〕, Patrologia Latina. Ⅴ col. 1125), Ⅴ, 21. 中世の同じような諸慣習に関しては、ハマー＝プルクシュタル『中世のグノーシス派の二つの小箱に関する研究』Joseph de Hammer-Purgstall : Mémoire sur deux coffrets gnostiques du moyen âge. Paris 1832.（図70参照）

五七　アヴァロン編訳『蛇の魔力』およびウッドロフ『シャクティとシャクタ』 Sir John George Woodroffe : Shakti and Shakta. Madras 1920 を参照。

五八　錬金術師たちはラクタンティウス『完全なる作業』の中の「粗く無秩序なる物質の混乱せる山である渾沌《かおす》から」a chao quod est rudis inordinataeque materiae confusa congeries という文句をよく引合いに出す（Lactantius Firmianus : Opera omnia, hg. von Samuel Brandt und Georg Laubmann〔Corpus scriptorum ecclesiasticorum Latinorum〕, 3 Bde, Wien 1890–1897, Ⅰ, S. 14, 20）。

五九　ドライフース『古代ユダヤ聖書注解書の捉え方によるアダムとイヴ』 J. Dreyfuss : Adam und Eva nach der Auffassug des Midrasch. Strassburg 1894. ただしこの部分の記述はライツェンシュタイン『ポイマンドレス』中の上記の書物からの引用に拠った（S. 258）。

六〇　エイレナエウス・フィラレテス（Eirenaeus Philalethes）は十七世紀初頭のイギリスに生きていた人物〔この匿名の意味するところは「真理の穏やかなる愛好者」〕。この箇所の引用はその著『ゲオルギウス・リプラエウス氏の錬金術的詩作品の解釈』 Eirenaeus Philalethes : Erklärung der Hermetisch poetischen Werke Herrn Georgii Riplaei, Übersetzung, Hamburg 1741, S. 133 f.〔Georgius Riplaeus = Sir George Rpley〕

六一　ユング『結合の神秘』参照（Jung : Mysterium Coniunctionis, Untersuchungen über die Trennung und Zusammensetzung der seelischen Gegensätze in der Alchemie, unter Mitarbeit von Marie-Louise von Franz, 2 Bde in 3 Bden, Zürich 1955, Ⅱ, S. 34, Anm. 121）〔Bde Ⅰ und Ⅱ als Ges. Werke XIV/1 und 2, 1968〕

六二　これに関してはマンダラ夢10の説明部分（一五六頁九行目の節）を参照。特に次の言葉に注意。「余は余が母の腕と胸に抱かれ余が母の本体に結ばれてある者なれば、絆を永遠に、余が本体の瓦解するを防ぎて安らかならしめん et ego vinctus ulnis et pectori meae matris et substantiae eius, continere, et quiescere meam substantiam facio」（『黄金論説』Kap. Ⅳ〔『化学の術』S. 24〕）。

六三　私の定義する「アニマ」という観念は、決して新事実というようなものではなく、むしろ元型の一つであって、われわれはこの観念に到る所で出くわす。むろん錬金術にも見られるものであって、たとえば次のような注釈がそれを示している。「日なたを歩く人の後を絶えず影が随いて行くがごとく……われらが両性具有のアダムは、その姿形は男ではあるが、しかしいつも身体の中に隠せるイヴもしくは女〔妻〕を共に連れ歩く Quemadmodum in Sole ambulantis corpus continuo sequitur umbra . . . sic hermaphroditus noster Adamicus, quamvis in forma masculi appareat, semper tamen in corpore *occultatam Evam sive foeminam suam secum circumfert.*」（『黄金論説』の注釈〔『霊妙化学叢書』Ⅰ, S. 417 b〕）。

六四　ユング『心理学的類型』の「定義」の中の「劣等機能」の項を見よ〔日本教文社版ユング選集第一巻『人間のタイプ』二二六頁以下〕。

六五　『黄金論説』中にはこうある（『化学の術』S. 17）、「すなわち男は女の天にして、女は男の地なり verum masculus est coelum foeminae, et foemina terra masculi」。

六六　テルトゥリアヌス『ユダヤ人への駁論』Tertullianus : Liber adversus Judaeos (In : Migne〔Hg.〕, Patrologia Latina, II col. 595-642), XIII.

六七　この綜合統一《シンテーゼ》を錬金術はその最重要課題の一つと見ていた、「それゆえ赤き奴隷 servuus の男なる息子を、その芳しき香りの妻と結合せよ、そうすれば両者は一つになって芸術品 ars を生み出すであろう」（ルスカ『賢者の群』S. 62）。また綜合統一はしばしば兄妹の近親相姦との形で表されたが、この見方は『アリスレウスの幻像』Enigmata ex visione Arislei philosophi, et allegorijis sapientum（『錬金の術叢書』Bd. I）に源を発するもののように思われる（「海の王」の子供たちである、タブリキウス（Tabricius）とベヤ（Beya）との交悦が描かれている図167をも参照）。

六八　「亀の甲羅 testudo」は錬金術の器具の一つである。すなわち炉にかけられた煮沸容器にこの甲羅で蓋をしたのである。レナヌス『穴より立現れたる太陽』を参照（Johannes Rhenanus : Solis e puteo emergentis sive dissertationis chymotechnicae libri tres. Frankfurt a. M. 1613, S. 40)。

六九　ユング『変容の諸象徴』Jung : Symbole der Wandlung, Analyse des Vorspiels zu einer Schizophrenie, 4., umgearbeitete Auflage von „Wandlungen und Symbole der Libido" (1912), Zürich 1952, Index s.v.〔Ges. Werke XII〕

七〇　『錬金の術叢書』II, S. 220 のセニオルからの引用箇所（Senior-Zitat)。「緑色 viriditas」は場合によっては「アゾート Azoth」とも呼ばれる。「アゾート」は「石《ラピス》」の数ある同義語の一つである。

七一　クリスティアノス（Christianos）という匿名の人物はベルトロによれば（『錬金術の起源』Marcellin Berthelot : Les Origines de l'alchimie, Paris 1885, S. 99 f.）、ステファヌス・フォン・アレクサンドリア（Stephanus von Alexandria）と同時代、すなわち大体七世紀の初期に生きていた人物である。

七二　ベルトロ『古代ギリシア錬金術集成』VI, V, 6, Zeile 16. このほとんど獣的と言ってもいいほどの喘ぎ唸るような調子 ἐκραύγαζεν は、陶酔状態《エクスタシー》を物語るものである。

七三　『錬金の術叢書』I, S. 319 ff. に彼女の手になるとされる論説（アラビア起源か?）『錬金術におけるマリア・プロフェテイサの業績』Practica Mariae Prophetissae in artem alchemicam がある。

七四　エピファニウス『パン籠』Epiphanius :〔Panarium〕Contra octoginata haereses opus quod inscribitur Panarium sive Arcula (In : Migne〔Hg.〕, Patrologia Graeca, XLI col. 173-XLII col. 832), XXVI. 『ソフィア信仰』Pistis Sophia

〔三世紀コプト語記録文書・Deutsche Ausgabe von Carl Schmidt. Leipzig 1925〕のマリアムネ（Mariamne）およびマリア・マグダレーナとのこれ以外に考えられうる諸関連については次の二著を参照。ライゼガング『グノーシス』Hans Leisegang: Die Gnosis. Leipzig 1924, S. 113 f. およびシュミット編『コプト語のグノーシス派文献』Carl Schmidt〔Hg.〕: Gnostische Schriften in koptischer Sprache aus dem Codex Brucianus herausgegeben, (Texte und Untersuchungen der altchristlichen Literatur VIII) Leipzig 1892, S. 596 ff.

七五　アロス（Aros）はホロス（Horos）〔ホロスはオリエント神話のオシリスとイシスの息子ホルス〕。このマリアの対話の基礎になったのは『予言者イシス息子に「語る」』Ἶσις προφῆτις τῷ υἱῷ αὐτῆς（ベルトロ『古代ギリシア錬金術集成』I, XIII）であると考えられる。イシスとマリアとはよく取違えられた。

七六　『錬金の術叢書』I, S. 320.

七七　『ヒュレアーリシュな渾沌について』S. 239.

七八　『バシリアヌスの箴言』Aphorismi Basiliani sive canones Hermetici（『化学の劇場』IV, 1613, S. 368）

七九　『合一の集い』（『化学の術』S. 247 und 255.）

八〇　アルナルドゥス・デ・ヴィラノヴァは、その論説の核心を次のような詩句で見事に要約している（アルナルドゥス『詩歌』Arnaldus de Villanova〔Arnoldus de Villa Nova〕: Carmen〔『化学の劇場』IV, 1613, S. 614 f.〕）。

Maria, mira sonat, breviter quae talia sonat:
Gumi cum binis fugitivum figit in imis.
……………………………………
Filia Platonis consortia iungit amoris:
Gaudet massata, quando tria sunt sociata.

（マリアは不思議な文句を唱える、簡潔な言葉で不思議な文句を唱える。
マリアはゴムにゴムを重ねて逃げんとするものをしっかりと地の底に固着する。
……………………………………
プラトンの娘は惹き合う愛を結びつけ、
嚙まれしものを歓びを以って見る、三つのものが融合したからである。）

八一　この点に関してはパラケルススの「アデク Adech」についての拙論を参照（ユング『パラケルスス論』S. 139 ff.〔『精神現象としてのパラケルスス』Ges. Werke XIII, Paragr. 168 und 203 ff.〕。

八二　『ウパニシャッド』I, 4, 3.（ミュラー編『ウパニシャッド』Max Müller〔Hg.〕: The Upanishads, Part I, II〔Sacred Books of the East I, XV〕, Oxford 1879, 1884,〔Enthält Brihadaranyaka und Chhandogya Upanishaden〕, II, S. 85 f. を参照）。

八三　『賢者の寓喩』の XIV 節（『化学の劇場』V, S. 86）ではこのことがやや異なる言い廻しで表現されている。「一があって二、二があって三、三があって四、四があって三、三あって二、二あって一 Unum et est duo, et duo et sunt tria, et tria et sunt quatuor, et quatuor et sunt tria, et tria et sunt duo, et duo et sunt unum.」これが一の四分（Tetramerie）と、四の一への綜合統一を言っているのは明らかである。

八四　『詩と真実』第二部第八章参照。

八五　Paracelsus: Ein ander Erklärung der gantzen Astronomie. Sudhoff/Matthiessen〔Hg.〕XII, S. 447 ff.

八六　Janus Racinius〔Hg.〕: Petrus Bonus, Pretiosa margarita novella..., Venedig 1546. この点に関するパラケルススの言説については以下の箇所を参照。Paracelsus: Bücher und Schriften, hg. von Iohannes Huser, 2 Bde（以下 Huser〔Hg.〕と略記）, II, S. 451. ここでは「メルクリウスの水 aqua mercurialis」が「バッカスの白く光り輝く澄み切った液 Bacchi candens et limpidus humor」（！）と呼ばれている。作業においては王と息子とが一つに結合され、最後に残るのは再生した王と五人の下僕だけである。「六」（senarius）は後期の錬金術においてはじめて、それも控え目な役割を演ずるにとどまる。

八七　Huser〔Hg.〕I, S. 530

八八　これについては『ファウスト』第二部を参照。天使たちは悪魔メフィストを欺いた後、ファウストの「不滅なるもの Unsterbliches」〔一一九三四行〕。鷗外訳では「不死の霊」、高橋義孝訳では「霊」と訳されている〕を天上へと運ぶ。天使の運ぶものは初期の稿では「ファウストの円現《エンテレキー》 Faustens Entelechie」であった。

八九　これに関しては『錬金術論集』DE ALCHEMIA（巻末「錬金術テクスト集成一覧」参照）、Nürnberg 1541 の中の『エメラルド板』Tabula smaragdina Hermesti Trismegisti（S. 363）に記されている変容物質の諸運動を見よ。

九〇　ベルナルドゥス『主の昇天に関する第四の説教』Bernardus（Bernard von Clarivaux）: Sermo IV de ascensione Domini, col. 312. In: „Sermones de tempore"〔In: Migne〔Hg.〕: Patrologia Latina CLXXXIII col. 35-359〕

九一　ピキネッルス『象徴の世界』Philippus Picinellus（Picinello）: Mundus symbolicus, Köln 1681, Index（s. v. „rota"）.

九二　ベーメ『地上と天上の神秘について』Jacob Boehme: Vom irdischen und himmlischen Mysterium, Kap. V, 1 f.〔なおユングの依拠しているベーメの著作は次の著作集に収録されているものである。Jacob Böhme: Des gottseligen, hocherleuchteten J' B' Teutonici Philosophi alle Theosophischen Schriften. 3 Bde. Amsterdam 1682〕

九三　ベーメ『三重の生について』Hohe und tiefe Gründe von dem dreyfachen Leben des Menschen, Kap. Ⅸ, 58 ff.

九四　ベーメ『物のしるしについて』De signatura rerum, das ist : Von der Geburt und Bezeichnung aller Wesen, Kap. XIV, 11.

九五　同右 Kap. XIV, 12.

九六　同右 Kap. XIV, 13.

九七　同右 Kap. Ⅳ, 25.

九八　ユングとケレーニイの共著『神話学入門』〔邦訳、杉浦忠夫訳、晶文社、一九七五年〕の中の論文『童児神』を参照（C. G. Jung und Karl Kerényi : Einführung in das Wessn der Mythologie. Das göttliche Kind/Das göttliche Mädchen. Zürich 1951〔Jungs Beiträge in : Ges. Werke Ⅸ/1〕。

九九　ベーメ『物のしるしについて』Kap. Ⅳ, 26.

一〇〇　ベーメ『明るき魂と暗き魂との対話』Gespräche einer erleuchteten und unerleuchteten Seele, S. 11-24.

一〇一　『薔薇園』（『錬金の術叢書』Ⅱ, S. 214 f.)

一〇二　「……石《ラピス》の中より出来たるものにあらざれば何ものもその中に入るをえず。未知のものの石《ラピス》に混りたれば、それはただちに堕落するがゆえなり ... nec intrat in eum 〈lapidem〉 quod non sit ortum ex eo, quoniam si aliquid extranei sibi apponatur, statim corrumpitur」（同右 S. 213)。

一〇三　「息子よ、光の中よりその影を取り出せ。すなわちその第四の部分を取り出せ。その意味するところはすなわち、酵母の一つの部分と不完全なる肉体の三つの部分とを取り出すことなり…… Fili, extrahe a radio suam umbram : accipe ergo quartam partem sui, hoc est, unam partem de fermento et tres partes de corpore imperfecto ...」――石《ラピス》製造のための処方(『薔薇園』の中のヘルメスからの引用〔『錬金の術叢書』 Ⅱ, S. 317〕)。「影 umbra」については同じく S. 233 に「術の基礎をなすは太陽〔の光〕とその影なり Fundamentum artis est Sol, et eius umbra」という言葉もある（図81参照)。因に上記テキストは、ヘルメスの『黄金論説』とは文意が同じというだけで、字句に関してはもとの文そのままではない。

一〇四　マンダラ夢58を参照。錬金術に出てくる禿鷹、鷲、鳥は根本的には同義語である。

一〇五　このヘルメスからの引用も恣意的な改変である。この箇所は実際には次のようになっている。Ego sum albus nigri, et rubeus albi, et citrinus rubei, et certe veridicus sum.〔われは黒色の白、白色の赤、赤色の黄にして、われの言はまさしく真なり〕（『黄金論説』〔『化学の術』S. 12〕)。このようにして四つの色の三つの意義が表現されているわけであるが、これは石《ラピス》に四つの本性と三つの色を賦与しているホルトゥラヌス（Hortulanus）の言（『錬金術論集』S. 372）と対照をなすものである。

一〇六　『錬金の術叢書』II，S. 207.
一〇七　同右 S. 208.
一〇八　同右 S. 317.
一〇九　「〔石〕は，これを溶解することも，これに浸透することも，これに混入せしめることもできずして，硝子化しうるのみ〈Lapis〉 nihilomius non funditur, nec permiscetur : sed vitrificatur ...」（『薔薇園』の中のアデマルスからの引用〔Ademarus-Zitat〕〔『錬金の術叢書』II，S. 353〕）。
一一〇　これに関しては，ここで言及することはできないが，非常に興味深い超心理学的《パラプシヒョローギッシュ》な類似事象が存在する。
一一一　マンダラ夢23の説明部分（本書二三四頁一行目以下の節）を参照。
一一二　これに関してはヴァリ『ダンテの神秘的言語と愛の忠義者』Luigi Valli : Die Geheimsprache Dantes und der Fedeli d'Amore. In : Europäische Revue VI/1 (Berlin, Januar-Juni 1930) S. 92-112 を参照。
一一三　『薔薇の小商人』Rosarius minor（『錬金術論集』S. 309 ff.）を参照。
一一四　「黒き尾を持つものから離れよ。なぜならそれは地の神々に属するものであるから Ab eo, quod nigram caudam habet abstine. terrestrium enim deorum est.」（フィキヌス『プラトン派哲学の祖たち』Marsilius Ficinus : Auctores Platonici. Venedig 1497, Fol. X，Ⅲ の中の『哲学者ピタゴラスの諸象徴』Symbola Pythagore phylosophi）。
一一五　本書の研究テーマから言って夢の心理学について詳論するわけにはいかないが，これには若干の説明を付け加えておかねばなるまい。一つのテーブルに同席（Zusammensitzen）することは，関係，結びつき，「綜合 Zusammensetzen」を意味する。テーブルがまるいということは，これが全体性への綜合であることを意味している。アニマ形象（すなわち擬人化された無意識）が自我意識から分離している場合には，この分離は，自我とアニマとの間に隔離を促すようなある個人的無意識の層が存在することを意味する。ある個人的無意識の層が存在するということは，本来なら意識しうるはずの個人的な心的内容が不当にも無意識裡に置かれているということを示す。つまり，いわゆる影が不充分にしか，というよりもむしろ全然意識されていないわけである。影は自我人格の否定的側面に相当するもので，その存在が不都合で遺憾であるところのあらゆる性質のものを包摂している。このような場合，影とアニマとは，両者とも無意識裡にあるがゆえに，互いに混り合っている。このような状態は夢の中ではたとえば「夫婦生活 Ehe」として表現される。ところがアニマ（あるいは影）の存在が認知され理解されると，両形象は混合状態を解かれて分離する。われわれの夢見者の場合がこれにあたる。つまり影は自我に属するものであるが，アニマは自我に属するものではないということが理解されるわけである。
一一六　これについては，私の講演『集合的無意識の諸元型について』でアニマの機能に関して述べられていることを参照（Jung : Über die Archetypen des Kollektiven Unbewußten, in : Eranos Jahrbuch VII〔1939〕，Zürich 1940，S. 206 ff. Neu-

ausgabe in: Von Wurzeln des Bewußtseins, Zürich 1954. 〔Ges. Werke IX/1, Paragr. 53 ff.〕)。 フライシャー編『人間の魂に関するヘルメス・トリスメギトスの言説』の中で、魂《アニマ》は（永遠なるものの）「最高の意思伝達者にして、最も近しき侍女」と呼ばれているが、これは意識と無意識とを仲介するというアニマの機能を見事に言い表している。

一一七 『薔薇園』（『錬金の術叢書』II, S. 237）

一一八 同右 S. 238.

一一九 同右 S. 235 f.

一二〇 同右 S. 231 f.

一二一 子宮は中心、すなわち生命を供給する容器である（図87参照）。石《ラピス》は聖杯と同じように、創造的容器そのもの、「生命の霊薬 elixir vitae」に他ならない。この容器が螺旋に、すなわち周回による漸次的接近の象徴である螺旋に取巻かれている。

一二二 マンダラの中心は、神々の座所にして誕生の場であるインドの蓮華に対応する。蓮華を表す語「パドマ padma」は女性的意味を有している。「容器 vas」は錬金術ではしばしば、「子供」の生まれてくる子宮と見なされている。「ロレトの連禱」においては、マリアは三度「容器」と呼ばれており（「霊の容器 vas spirituale」「誉れ高き容器 vas honorabile」「献身の象徴たる容器 vas insigne devotionis」）、中世の詩歌ではキリストを内に宿す「海の花 Meerblume」とも呼ばれている。また錬金術の容器と聖杯（図88参照）とは密接な関係にある。ヴォルフラム・フォン・エッシェンバッハ〔Wolfram von Eschenbach 一一七〇年頃—一二二〇年頃。ドイツ中世の代表的詩人、聖杯叙事詩『パルツイファル』の作者〕は聖杯の石を lapsit exillis と呼んでいるが、アルナルドゥス・デ・ヴィラノヴァ〔Arnaldus de Villanova 一二三五もしくは四〇年—一三一一か一二か一三年。中世の重要な医者、哲学者にして錬金術師〕も石《ラピス》を lapis exilis〔「見栄えのしない貧弱な」の意〕と呼んでおり（『薔薇園』〔『錬金の術叢書』II, S. 210〕）、これはヴォルフラムの呼称を解釈する上で重要な事実であるように思われる。

一二三 アヴァロン編『蛇の魔力』を見よ。

一二四 「黄金の花」〔金華〕と同義。

一二五 ここに言う投影は自然発生的現象であって、たとえば意図的に移し入れるというようなものではない。投影は意志とはまったく無関係な現象である。

一二六 フィラレテス『開かれた門』Philalethes: Introitus apertus ad occlusum regis palatium（『ヘルメス博物館』MUSAEUM HERMETICUM reformatum et amplificatum〔巻末「錬金術テクスト集成一覧」参照〕, XIX S. 655）

一二七 ユング『パラケルスス論』S. 146〔Ges. Werke XIII, Paragr. 229 und 237〕参照。

一二八 「乱された」マンダラは時折見られる。円もしくは正方形もしくは同じ長さの四本の腕を持つ十字架の偏異した形のすべてがこれに入る。同様に、基礎をなしている数が四ではなく、三あるいは五である形もこれに入る。六および十二という数はこれに入らない一種の例外的ケースである。十二は四と三とに関連していることもある。一年の十二の月と黄道十二宮とはわれわれの馴れ親しんでいる循環象徴である。同じように六も周知の循環象徴である。三は理念と意志との優位（三位一体）を示し、五は人間の形而下的側面の優位（唯物主義）を示す。

一二九　ユング『心理学的類型』S. 467 ff. 〔Ges. Werke Ⅵ, Paragr. 642 ff.〕の「機能論 Funktionenlehre」を参照。

一三〇　同右 S. 451 ff. 〔Ges. Werke Ⅵ, Paragr. 621 ff.〕を参照。

一三一　「けれども救済者その人が言っている〈われに近きものは火に近し、われから遠きものは天国から遠し〉と」（オリゲネス『エレミア書の説教』Homiliae in Jeremiam XX, 3. プロイシェン編『アンティレゴメナ』Erwin Preuschen 〔Hg.〕: Antilegomena, die Reste der außerkanonischen und urchristlichen Überlieferungen, Giessen 1923, S. 44 の引用による）。

一三二　カウチュ編訳『旧約聖書外典偽典』Ⅱ, S. 251 und 254.

一三三　この夢の詳しい注釈が、拙著『心理学と宗教』S.65 ff. 〔Ges. Werke Ⅺ, Paragr. 59 ff.〕にある〔日本教文社ユング著作集第四巻『人間心理と宗教』六七頁以下〕。

一三四　この幻覚像は拙著『心理学と宗教』S. 120 ff. 〔Ges. Werke Ⅺ, Paragr. 59 ff.〕で詳しく論じられている〔邦訳、同右一三〇頁以下〕。

一三五　ビショフ『カバラの諸要素』Erich Bischof: Die Elemente der Kabbalah, 2 Bde., Berlin 1913, Ⅰ, S. 63 ff. 「三二」という数のこれ以外の諸連関については同書Ⅰ, S. 175 f. に言及されている。

一三六　アグリッパ『隠秘哲学論』De occulta philosophia libri Ⅲ. 〔Köln〕1533, Ⅱ, Kap. XV, XXXII.

一三七　フランク『カバラ』Adolphe Franck: Die Kabbala oder die Religionsphilosophie der Hebräer, Übersetzung aus dem Französischen, Leipzig 1844, S. 137 f.

一三八　クノル・フォン・ローゼンロート編『ベールをとられたカバラ』Christian Knorr von Rosenroth 〔Hg.〕: Kabala denudata seu Doctrina Hebraeorum, 2 Bde. Sulzbach und Frankfurt 1677/84, Ⅰ, 601 f.

一三九　アランディ『数の象徴』René Félix Allendy: Le Symbolisme des nombres, Paris 1948, S. 378.

一四〇　ヒポリュトゥス『反証』（＝『全異端者の排撃』）Hippolytus: Elenchos 〔＝Refutatio omnium haeresium〕, hg. von Paul Wendland, (Die griechischen Schriftsteller der ersten drei Jahrhunderte) Leipzig 1916, lib. Ⅴ, Kap. Ⅹ.

一四一　図102はナイル河フィラエ島にある浅浮彫《バス・レリーフ》（バッジ『オシリスとエジプトにおける復活』E. A. Wallis Budge: Osiris and the Egyptian Resurrection, 2 Bde, London 1911, Ⅰ, S. 3. およびバッジ編『死者の書』The Book of the Dead, Facsimiles of the Papyri of Hunefer, Anhai, Kerasher, London 1899, pl. 5)。ケラシャー・パピルス（バッジ上記箇所）に見られるように、場合によっては三人は動物の頭部を、一人は人間の頭部を持っていることもある。そればかりか、四福音書家も七世紀のある古写本（Gellone）においては動物の頭部を持つものとして描かれており、これは他にもロマン民族の遺物《モニュメント》で時折見かけることがある。

一四二　メリトン・フォン・ザルデス（Meliton von Sardes）ではこう呼ばれている。キュモン『ミトラの秘儀に関する文献と遺物』Franz Cumont: Textes et monuments figurés relatifs aux mystères de Mithra, 2 Bde, Brüssel 1896/99, Ⅰ, S. 355 に引用されているザルデスの『アナレクタ・サクラ』Analecta sacra に拠る。

一四三　ドラコット『ギュイヨーム・ド・ディギュルヴィル』Joseph Delacotte: Guillaume de Digulleville (poète normand); Trois romanspoèmes du XIVe siècle. Les pèlerinages et la divine comédie. Paris 1932.

一四四　沢山の小さな球を内に持つ球の夢〔マンダラ夢21〕と一致する表象である。

一四五　この部分に関してはオリゲネスの次の言葉を見よ。「小さな黄色の円……そしてもう一つの円は青色　circulus flavus et ... alter caeruleus」（『ケルソス駁論』Contra Celsum, Ⅵ, Kap. 38.）。

一四六　この概念については拙著『自我と無意識の関係』S. 184 ff.〔Ges. Werke Ⅶ. Paragr. 227 ff.〕の「膨張 Inflation」に関する論述を参照。

一四七　ヴィルヘルムとユングの共著『黄金の花の秘密』に対する私の注、および『自我と無意識の関係』を参照。

一四八　バーゼル大寺院の廻廊にある。

一四九　私の観察した諸例では、この現象は特に男性の場合に見られた。これが偶然であるかどうかは、私には判らない。

一五〇　これは主として女性において観察された。しかしこの現象は観察されることが稀なので、これ以上のことは言えない。

一五一　この種の類似事象のうち本書では極く僅かのものにしか触れていない。

一五二　われわれが扱った夢見者の場合、目的として現れた像は、歴史的材料と比較してみる時、しばしば目的像であると同時に起源像（Bild *Ursprugs*）でもあるという二重性を帯びている。歴史的材料の例としてたとえば旧約聖書のパラダイスの観念、そして特にスラヴ・エノク書に見られるアダムの創造を挙げておこう（フェルスター『アダムの創造と命名』Max Förster: Adams Erschaffung und Namengebung. Ein lateinisches Fragment des s. g. slawischen Henoch. In: Archiv für Religionswissenschaft Ⅺ〔Leipzig 1907〕S. 477-529.）。

一五三　四〇〇の夢をそれぞれ五〇ずつ八つの群に分けるとすると、マンダラ・モチーフの分布は次のようになる。

一群	6	五群	11
二群	4	六群	11
三群	2	七群	11
四群	6	八群	17

すなわち、夢の系列が進展するにつれてマンダラ・モチーフが著しく増加していくのが判る。

訳注

1　マルキオン（Marcion）は紀元八五年頃ポントスのシノペに生まれ一六〇年項に歿した原始キリスト教期の反ユダヤ的グノーシス思想家。彼は物質界の創造者と真の救世主イエスの父なる神とを二元論的に区別し、旧約のユダヤ的創造者（デミウルゴス）は新約でイエスの姿をとって顕現する真の神とは無関係であるとして、ユダヤ的世界創造の教説を排撃した。

2　以下に挙げられている第二章からの五つの夢、および本章の夢には、原書では1、2、3、4……という工合に通し番号が打たれているだけであるが、本訳書では第二章の夢と区別するために便宜上マンダラ夢1、マンダラ夢2……というふうに表記した。

3　全集版の編者注によれば、英語版ではこの部分に以下のような注がほどこされている。「錬金術における〈ホメロスの鎖〉とは、ヘルメス・トリスメギストスを先頭に鎖のごとく連なる偉大な賢者たちの列のことであって、この鎖は天と地とを結びつけている。同時にまたそれは、錬金術過程において次々に現象してくる諸物質や種々さまざまの化学的状態の連なりのことでもある」。

4　ハインリヒ・クーンラート（Heinrich Khunrath 一五六〇―一六〇五年）はドイツの医者にして、最も著名な錬金術師のひとり。パラケルススの強い影響を受けた。マニエリスムス的銅版画に彩られたその数々の著書は、錬金術が単なる思弁的なものに堕して行く直前の、真の錬金術的営為の極度に洗練された最終段階を示すものと言われている。

5　ハギア・ソフィア（Hagia Sophia）は六世紀にユスティニアヌス皇帝によってコンスタンチノープルに建てられた寺院でビザンチン様式の代表的建築物。一四五三年以来回教寺院《モスク》として使用され、一九〇〇年以降は博物館になっている。ハギア・ソフィアは「聖なる叡智」を意味する。

6　ディオニュソス神の従者とされていたサテュロスも山羊の蹄と角を持っていると考えられていた。

7　ザバジオス（Sabazios）はプリギュア・トラキア系の農耕の神。その秘儀は宗教的狂躁を伴う。蛇との結びつきは深く、蛇はザバジオスの聖獣であり、ザバジオスはゼウスが蛇の姿でペルセポネと交わって生まれたと言われ、またザバジオスも蛇の姿で小アジアの女祭司と交わって子供を得たと伝えられる。

8　拝蛇教徒（Ophiten またはNaassener）は蛇を崇拝する二世紀グノーシス派諸宗団の人々の総称。彼らは原罪の蛇を、旧約の創造者デミウルゴスが人間に与えようとしなかった認識《グノーシス》を人間にもたらしたという理由で、崇拝した。

9　リンガ（男根）を抱いてとぐろを巻いている蛇のこと。この蛇は人間の肉体に閉じこめられて眠る霊的生命力を表し、ヨーガの行（瞑想）によって目覚め、脊柱をはいのぼり、大脳の頂点にあるブラフマンの門が開かれることによって、真の個我であるプルシャに達するとされている。

10　『ツアラトゥーストラはかく語りき』序説 4、5、6、7 および第二部の「幻影と謎」の章の2を参照。

11　カベイロイの神々（Kabeiroi）はプリュギアの豊穣神で、紀元前五世紀以後航海の保護神として崇拝された。その数は三人とも四人とも七人とも言われ定かでない。秘儀においては地下の神々と同一視された。単数形はカベイロス（Kabeiros）。

12　ダクテュロイ（Daktyloi）は冶金の術を発明した巨大な力を有する侏儒神たち。その数は三人、五人、十人、あるいは百人とも言われ定かでない。

13　schon は「確かに……ではある」という意味の副詞で、aber に導かれる「だがしかし……」という文を期待しうるような一種の認容文的ニュアンスを表す。また besser（=better）という比較級は gut genug（=good enough）ではないというニュアンスをすでに含んでいる。

14　ヌミノース（numinos）はルドルフ・オットー（Rudolf Otto 一八六九年―一九三七年）がラテン語 numen から造った語で、畏敬と戦慄とを同時に惹き起す真に神的な力を意味する。オットー『聖なるもの』（岩波文庫・山谷省吾訳）を参照。

15　ロレト（Loreto）はマリアと縁の深いイタリアの巡礼地。ロレトの連禱（Lauretanische Litanei）は聖母マリアの形容語を連ねたマリア讃歌の一種。「神秘の薔薇」および「垣根に囲われた四角の庭」（「閉ざされた庭 hortus conclusus」）もこの形容語の一つ。

16　クノル・フォン・ローゼンロート（Knorr von Rosenroth 一六三一ないし三六―一六八九年）はドイツの著名な錬金術哲学者にしてカバラ主義者。

17　ヒポリュトゥス（Hippolytus 一三五年歿）はローマの司祭にして教会年代誌等の著述家。

18　C. G. Jung: Symbole der Wandlung. Analyse des Vorspiels zu einer Schizophrenie. 4.. umgearbeitete Auflage von „Wandlungen und Symbole der Libido." (1912). Zürich 1952. 〔Ges. Werke Ⅻ〕

19　ベルヌーイ（Jakob〔Jacques〕Bernoulli 一六五四―一七〇五年）はスイスの数学者で確率論・微積分の確立者のひとり。

図100　STRAUSS, H. A.: *Der astrologische Gedanke in der deutschen Vergangenheit.* München 1926, S. 54. ……… 279
図101　CLEMEN, P.: *Die romanische Monumentalmalerei in den Rheinlanden.* 2 Bde. Düsseldorf 1916, Fig. 195, S. 260. ……… 280
図102　BUDGE, E. A. W.: *Osiris and the Egyptian Resurrection.* London 1909. Titelbild (Ausschnitt) ……… 281
図103　Accademia, Venedig. ……… 283
図104　PETRUS LOMBARDUS, *De sacramentis.* Codex Vaticanus Latinus 681 (14. Jh.), Biblioteca Vaticana, Rom. ……… 285
図105　*Speculum humnae salvationis.* Codex Palatinus Latinus 413 (15. Jh.), Biblioteca Vaticana, Rom. ……… 287
図106　CARBONELLI, G., S. 155, Fig. 189 (Ausschnitt). 〔27を見よ〕 ……… 288
図107　*Speculum humanae salvationis.* 〔105を見よ〕 ……… 290
図108　MÜLLER, N., Tab. I Fig. 91. 〔72を見よ〕 ……… 292
図109　MOLSDORF, W.: *Christliche Symbolik der mittelalterlichen Kunst.* (Hiersemanns Handbücher X) Leipzig 1926, Tafel VI. ……… 293
図110　STEVENSON, J.: 《Ceremonial of Hasjelti Dailjis and Mythical Sand Painting of the Navajo Indians》. In: *Eighth Annual Report of the Bureau of Ethnology to the Secretary of the Smithonian Institution 1886/87* (Washington 1891) S. 229-285, Pl. CXXI. ……… 295
図111　BOSCHIUS, J., Symbol LXXXIV, Class. I, Tab. V. 〔37を見よ〕 ……… 298

1822. Tab. II, Fig. 17. …… 197
図73 Codex Palatinus Latinus 412 (15. Jh.), Bibioteca Vaticana, Rom. …… 201
図74 THENAUD. J. 〔6を見よ〕 …… 203
図75 MÜLLER, N., Tab. II, Fig. 40. 〔72を見よ〕 …… 207
図76 PORTA, G. della: *De distillationibus libri IX*. Straßburg 1609. …… 211
図77 Beide Abbildungen aus ROSCHER, W. H. 〔Hg.〕: *Ausführliches Lexikon der griechischen und römischen Mythologie*. 11 Bde. Leipzig 1884–1890, S. 316. …… 212
図78 MAIER, M.: *Symbola aureae mensae duodecim nationum*. Frankfurt a. M. 1617, II. S. 57, Titelbild. …… 216
図79 BONUS, P.: *Pretiosa margarita novella de thesauro ac pretiosissimo philosophorum lapide*. 〔Hg. von Janus Lacinius〕 Venedig 1546 〔auch: BIBLIOTHECA CHEMICA CURIOSA. 「錬金術テクスト集成一覧」参照〕 … 219
図80 *Speculum veritatis*. Codex Vaticanus Latinus 7286 (17. Jh.), Biblioteca Vaticana, Rom. …… 220
図81 MAIER, M., S. 133. 〔60を見よ〕 …… 225
図82 Aus einem russischen Manuskript des 18. Jh. (Privatbesitz). …… 227
図83 〔69を見よ〕 …… 232
図84 BOSCHIUS, J., Symbol CCLI, Class. I, Tab. XVI. 〔37を見よ〕 …… 234
図85 *Recueil de figures astrologiques*. Ms. 14770 (18. Jh.), Bibliothèque Nationale, Paris. …… 236
図86 KELLEY, E., S.109. 〔16を見よ〕 …… 238
図87 INMAN, Th.: *Ancient Pagan and Modern Christian Symbolism Exposed and Explained*. New York 1879. …… 241
図88 *Le Roman de Lancelot du Lac*. Ms. 116, Fol. 610v (15. Jh.), Bibliothèque Nationale, Paris. …… 242
図89 BOSCHIUS, J., Symbol LXX, Class. I, Tab. IV. 〔37を見よ〕 …… 247
図90 Fol. 82. 〔9を見よ〕 …… 252
図91 THURNEISSER ZUM THURN, L.: *Quinta essentia, das ist die höchste subtilitet, krafft und wirckung, beyder der fürtrefflichsten und menschlichem geschlecht am nützlichsten Künsten der Medicin und Alchemy*. Leipzig 1574, S. 92. …… 253
図92 *Ripley Scrowle*. 〔30を見よ〕 …… 259
図93 MICHELSPACHER, St.: *Cabala, speculum artis et naturae, in alchymia*. Augsburg 1654. …… 264
図94 BOSCHIUS, J., Symbol XXX, Class. II, Tab. II. 〔37を見よ〕 …… 265
図95 TRISMOSIN, S., Pl. XX. 〔32を見よ〕 …… 268
図96 I S. 104. 〔61を見よ〕 …… 269
図97 MAIER, M., S. 183. 〔31を見よ〕 …… 270
図98 Codex Palatinus Latinus 412 (15. Jh.), Biblioteca Vaticana, Rom. …… 272
図99 Fol. 74. 〔9を見よ〕 …… 278

abgöttischen Völker der Welt. Zürich 1748, Pl. XC, Nr. 1. ………………… 145
図45 KING, C. W.: *The Gnostics and their Remains*. London 1864, Fig. 14. 146
図46, 47 ELEAZAR, A., Nrn. 4 und 3. 〔10を見よ〕 ………………………………… 147
図48 STOLCIUS DE STOLCENBERG, D.: *Viridarium chymicum*. Frankfurt 1624, Fig. VIII. ………………………………………………………………… 150
図49 JACOBI, J.: *Die Psychologie von C. G. Jung*. Zürich 1940, S. 19.………… 152
図50 FLUDD, R., td/30, 87. 〔29を見よ〕 ………………………………………… 153
図51 VAN VREESWYK, G.: *De Groene Leeuw*. Amsterdam 1672, S. 123.…… 155
図52 KING, C.W., Fig. 6. 〔45を見よ〕 ………………………………………… 156
図53 KELLER, G., und A. STRAUB: *Herrad von Landsberg: Hortus deliciarum*. Straßburg 1879–1899, Tafel XXXVIII. ……………………………… 157
図54 *Rosarium philosophorum*, S. 359. 〔25を見よ〕……………………………… 159
図55 Albertina, Wien.……………………………………………………………… 162
図56 CARBONELLI, G., Fig. IX. 〔27を見よ〕 …………………………………… 166
図57 CARBONELLI, G., Fig. XI. 〔27を見よ〕 …………………………………… 168
図58 Chorfenster, Kloster Königsfelden, Schweiz (14. Jh.).…………………… 169
図59 JAMSTHALER, H.: *Viatorium spagyricum. Das ist: Ein gebenedeyter Spagyrischer Wegweiser*. Frankfurt 1625, S. 272. ………………………… 173
図60 MAIER, M.: *Secretioris naturae secretorum scrutinium chymicum*. Frankfurt a. M. 1687, Emblema XXI, S. 61.……………………………… 176
図61 LAIGNEL-LAVASTINE, M.: *Histoire générale de la médecine*. 3 Bde., Paris 1936–1949, I S. 543. ……………………………………………………… 177
図62 LOEFFLER, K.: *Schwäbische Buchmalerai in romanischer Zeit*. Augsburg 1928, Tafel 20. ………………………………………………………… 178
図63 LENORMANT, Ch., et J. J. WITTE: *Elite des monuments céramographiques*. 8 Bde., Paris 1844–1861, III Pl. LXXVIII. ……………………………… 180
図64 GLANVILLE, B. de: *Le propriétaire des choses*. 〔Übersetzt aus: CORBICHON, J.,: *Liber de proprietatibus rerum*.〕 Lyon 1482. ……………… 181
図65 GILLEN, O.: *Icongraphische Studien zum 〈Hortus Deliciarum〉 der Herrad von Landsberg*. Berlin 1931, S. 15. …………………………………… 182
図66 CHAMPOLLION, J. F.: *Panthéon égyptien*. Paris 1825. Bilder-Archiv der Ciba Zeitschrift, Basel. ……………………………………………………… 183
図67 *Speculum humanae salvationis*. Ms. 511 (14. Jh.)' Bibliothèque Nationale, Paris. ………………………………………………………………… 184
図68 Sammlung Hahnloser, Bern. ………………………………………………… 186
図69 Codex Urbanus Latinus 365 (15. Jh.), Biblioteca Vaticana, Rom. …… 191
図70 HAMMER, J. de: *Mémoire sur deux coffrets gnostiques du moyen âge*. Paris 1832, Tab. K. ……………………………………………………………… 195
図71 SCHEDEL, H.: *Das Buch der Chroniken und Geschichten*. Nürnberg 1493, S. V. ……………………………………………………………………… 196
図72 MÜLLER, N.: *Glauben, Wissen und Kunst der alten Hindus*. Mainz

図18 KOEMSTEDT, R.: *Vormittelalterliche Malerei.* Augsburg 1929, Abb. 50. 91
図19 BINYON, L., Pl. 102. 〔14を見よ〕 92
図20 *Tractatus ... de alchimia,* Fol. 9 4a. 〔9を見よ〕 96
図21 MYLIUS, J. D.: *Philosophia reformata continens libros binos.* Frankfurt 1622, S. 167, Fig. 18. 97
図22 *Mutus liber,* S. 11 (Ausschnitt). 〔2を見よ〕 99
図23 *Figurarum aegyptiorum secretarum* Ms. (18. Jh.), S. 13, C. G. JUNG Bibliothek, Küsnacht (Zürich). 102
図24 Ms. (ca. 1400), Universitätsbibliothek, Tübingen. 103
図25 *Rosarium philosophorum* (1550). 〔ARTIS AURIFERAE II「錬金術テクスト集成一覧」参照〕。 106
図26 PRINZ, H.: *Altorientalische Symbolik.* Berlin 1915, S. 6. 107
図27 CARBONELLI, G.: *Sulle Fonti storiche della chimica e dell'alchimia in Italia.* Rom 1925, Fig. X. 108
図28 BEISSEL, St.: *Die Geschichte der Verehrung Marias in Deutschland während des Mittelalters.* Freiburg i.Br. 1909, S. 105. 111
図29 FLUDD, R.: *Summum bonum* (1629). Bibliothèque Nationale, Paris, Réserve td/30, 87. 112
図30 *Ripley-Scrowle. Four Rolls drawn in Lübeck* (1588). Ms. Sloane 5025, British Museum, London, Nr. 1 (Ausschnitt). 113
図31 MAIER, M.: *Viatorium, hoc est, de montibus planetarum septem, seu metallorum.* Rouen 1651, S. 57. 116
図32 TRISMOSIN, S.: *Splendor Solis.* 〔AUREUM VELLUS「錬金術テクスト集成一覧」参照〕。 120
図33 *Le Songe de Poliphile,* S. 9. 〔5を見よ〕 123
図34 MYLIUS, J. D., S. 117, Fig. 9. 〔21を見よ〕 124
図35 Codex Urbanus Latinus 899, Fol. 85 (15. Jh.), Biblioteca Vaticana, Rom. 126
図36 Aus den Illustrationen zu *Faust,* 1. Teil, von EUGÈNE DELACROIX. 127
図37 *Tractatus ... de alchimia.* Fol. 95a. 〔9を見よ〕 129
図38 BOSCHIUS, J.: *Symbolographia sive de arte symbolica sermones septem.* Augsburg 1702, Symbol DCCXXIII, Class. I, Tab. XXI. 130
図39 ZIMMER, H.: *Kunstform und Yoga im indischen Kultbild.* Berlin 1926, Abb. 36. 139
図40 Privatsammlung. 140
図41 SPENCE, L.: *The Gods of Mexico.* London 1923, S. 38. 141
図42 CORNELL, H.: *The Iconography of the Nativity of Christ.* Uppsala 1924, S. 53. 142
図43 WILHELM, R., und C. G. JUNG: *Das Geheimnis der Goldenen Blüte.* Zürich 1938, Titelbild. 144
図44 HERRLIBERGER, D.: *Heilige Ceremonien oder Religionsübungen der*

図版出典一覧

各出典の最後の数字は当該図版が掲げられている本書のページを示す。

図1 *Liber patris sapientiae* in: THEATRUM CHEMICUM BRITANNICUM (1652) S. 210. 「錬金術テクスト集成一覧」参照。 …… 10

図2 *Mutus liber in quo tamen tota philosophia hermetica, figuris hieroglyphicis depingitur,* S. 11 (Ausschnitt). BIBLIOTHECA CHEMICA CURIOSA I, Anhang 「錬金術テクスト集成一覧」参照。 …… 14

図3 *Hermaphroditisches Sonn- und Mondskind. Das ist: Des Sohns deren Philosophen natürlich-übernatürliche Gebärung, Zerstörung und Regenerierung.* Mainz 1752, S. 28. …… 60

図4 Titelblatt das *Songe de Poliphile* (1600). 〔5を見よ〕 …… 64

図5 BÉROALDE DE VERVILLE, François: *Le Tableau des riches inventions ... qui sont représentées dans le songe de Poliphile.* Paris 1600. …… 68

図6 THENAUD, J.: *Traité de la cabale.* Ms. 5061 (16. Jh.). Bibliothèque de l'Arsenal, Paris. …… 73

図7 HORAPOLLO: *Hori Apollinis, Selecta hieroglyphica, sive Sacrae notae Aegyptiorum, et insculptae imagines.* Rom 1597, S. 5. …… 74

図8 Kupferstich von J. Th. de Bry aus: FLUDD, R.: *Utriusque cosmi maioris scilicet et minoris metaphysica, physica atque technica historica.* Oppenheim 1617, S. 4 und 5. …… 76

図9 *Tractatus qui dicitur Thomae Aquinatis de alchimia.* Ms. Voss. chem. F. 29, Fol. 53 und 87 (1520), Universitätsbibliothek, Leiden. …… 81

図10, 11, 12 ELEAZAR, A.: *Uraltes chymisches Werk usw.* 2 Aufl. Leipzig 1760, I S. 84, 85, 98. …… 83

図13 *Pandora: Das ist die edlest Gab Gottes, oder der werde und heilsame Stein der Weysen.* Hg. von H. Reusner. Basel 1588, S. 257. …… 84

図14 BINYON, L.: *The Drawings and Engravings of W. Blake.* London 1922, Pl. 79. …… 85

図15 *Emblematical Figures of the Philosophers' Stone.* Ms. Sloane 1316 (17. Jh.), British Museum, London. …… 87

図16 KELLEY, E.: *Tractatus duo egregii, de Lapide philosophorum.* Hamburg und Amsterdam 1676, S. 101. …… 89

図17 *Tractatus ... de alchimia,* Fol. 86 〔9を見よ〕 …… 90

	XIII	Quercetanus: Ad Iacobi Auberti Vendonis De ortu et causis metallorum contra chemicos explicationem [S. 170-202]
	XIV	Dee: Monas hieroglyphica [S. 218-243]
	XV	Ventura: De ratione conficiendi lapidis [S. 244-356]
	XVI	Richardus Anglicus: Correctorium [S. 442-466]
	XVII	Super arborem Aristotelis [S. 524-527]
Band III	XVIII	Melchiorius: Addam et processum sub forma missae [S. 853-860]
Band IV	XIX	Von der Materi und Prattick des Steins der Weisen [S. 284-293]
	XX	Aphorismi Basiliani sive canones Hermetici [S. 368-371]
	XXI	Dialogus Mercurii, alchymistae, et naturae [S. 509-717]
	XXII	Arnolus de Villa Nova: Carmen [S. 614 f.]
	XXIII	Guilhelmus Tecenensis: Lilium ... de spinis evulsum [S. 1000-1027]
Band V	XXIV	*Turba* philosophorum [S. 1-57]
	XXV	Allegoriae sapientum: supra librum Turbae [S. 64-100]
	XXVI	Tractatus Micreris suo discipulo Mirnefindo [S. 101-113]
	XXVII	Liber Platonis quartorum [S. 114-208]
	XXVIII	Tractatus Aristotelis alchymistae ad Alexandrum Magnum, De lapide philosophico [S. 880-892]
	XXIX	Epistola ... ad Hermannum archiepiscopum Coloniensem, De lapide philosophico [S. 893-900]
Band VI	XXX	Anonymus: Instructio patris ad filium de arbore solari [S. 163-194]
	XXXI	Christophorus Parisiensis: Elucidarius artis transmutatoriae metallorum [S. 195-293]
	XXXII	Grasseus: Arca arcani [S. 294-381]

THEATRUM CHEMICUM BRITANNICUM〔『英国の化学の劇場』〕... collected with Annotations by Elias Ashmole. London 1652.

I	Norton: The Ordinall of Alchimy [S. 1-106]
II	Liber patris sapientiae [S. 194-212]
III	Anonymus: Hermes Bird [S. 213-226]
IV	Verses Belonging to an Emblematicall Scrowle: Supposed to be invented by G. Ripley [S. 375-379]

	III	Hydrolithus sophicus, seu *Aquarium sapientium* [S. 73-144]
	IV	Joannes a Mehung: Demonstratio naturae [S. 145-171]
	V	Nicolaus Flamellus: Tractatus brevis, sive Summarium philosophicum [S. 172-179]
	VI	Gloria mundi alias Paradysi tabula [S. 203-304]
	VII	Lambsprink: De lapide philosophico [S. 337-372]
	VIII	Majer: Tripus aureus [S. 373]
	IX	Valentinus: Practica una cum duodecim clavibus usw. De magno lapide antiquorum sapientum [S.377-432]
	X	Nortonus: Tractatus chymicus dictus Crede mihi sive Ordinale [S. 433-532]
	XI	Testamentum Cremeri [S. 533-544]
	XII	Sendivogius: Novum lumen chemicum, e naturae fonte et manuali experientia depromptum [S. 545-600]
	XIII	Novi luminis chemici tractatus alter de sulphure [S. 601-645]
	XIV	Philalethes: Introitus apertus ad occlusum regis palatium [S. 647-699]
	XV	Philalethes: Metallorum metamorphosis [S. 741-774]
	XVI	Philalethes: Fons chemicae philosophiae [S. 799-814]

THEATRUM CHEMICUM〔『化学の劇場』〕, praecipuos selectorum auctorum tractatus ... continens.

		Bde. I-III Ursel 1602; Bd. IV Strassburg 1613; Bd. V 1622; Bd. VI 1661.
Band I	I	Hoghelande: De alchemiae difficultatibus [S. 121-215]
	II	Dorneus: *Speculativa philosophia* gradus septem vel decem continens [S. 225-310]
	III	Dorneus: Physica genesis [S. 367-404]
	IV	Dorneus: Physica Hermetis Trismegisti [S. 405-437]
	V	Dorneus: Physica Trithemij [S. 437-450]
	VI	Dorneus: Philosophia meditativa [S. 450-472]
	VII	Dorneus: Philosophia chemica [S. 472-517]
	VIII	Dorneus: Congeries Paracelsicae chemiae de transmutationibus metallorum [S. 557-646]
	IX	Bernardus Trevisanus: Liber de alchemia [S. 773-803]
	X	Zacharius: Opusculum philosophiae naturalis metallorum [S. 804-848]
Band II	XI	Aegidius de Vadis: Dialogus inter naturam et filium philosophiae [S. 95-123]
	XII	Penotus (alias B. à Portu Aquitanus): Philosophi artem potius occultare conati sunt quam patefacere ... [*Symboltabelle* S. 123]

Fassung der *Visio Arislei* S. 246 ff.]

AUREUM VELLUS〔『金羊皮』〕, oder der Guldin Schatz und Kunstkammer [o. 0] 1600.

- I [Trismosin:] Splendor solis [S. 8-93]
- II Melchior, Kardinal und Bischof von Brixen: Ein Philosophisch Werck unnd Gesprech von dem Gelben und Roten Man [S. 301-337]

BIBLIOTHECA CHEMICA CURIOSA〔『霊妙化学叢書』〕, seu rerum ad alchemiam pertinentium thesaurus instructissimus. Hg. von Johannes Jacobus Mangetus. 2 Bde. Genf 1702.

- Band I I Hoghelande: De alchimiae difficultatibus [S. 336-368]
- II Hermes Trismegistus: *Tractatus aureus* de lapidis physici secreto [S. 400-445]
- III Turba philosophorum [S. 445-465: eine zweite Fassung S. 480-494]
- IV Allegoriae sapientum supra librum Turbae XXIX distinctiones [S. 467-479]
- V Geber: *Summa perfectionis* magisterii [S. 519-557]
- VI Lullius: Compendium artis alchymiae et naturalis philosphiae secundum naturalem cursum [S 875-878]
- VII Raymundus Lullius: *Codicillus* seu vade mecum aut cantilena [S. 880-911]
- VIII Altus: *Mutus liber*, in quo tamen tota philosophia Hermetica, figuris hieroglyphicis depingitur [Bilderfolge anschliessend an S. 938]
- Band II IX Bonus: Margerita pretiosa, novella correctissima [S. 1-80]
- X Rosarium philosophorum [S. 87-119]
- XI Ficinus: Liber de arte chimica [S. 172-183]
- XII Senior Zadith: De chymia [S. 198-235]
- XIII Ripleus: Liber duodecim portarum [S. 275-285]
- XIV Sendivogius: Parabola, seu enigma philosophicum [S. 474-475]
- XV Orthelius: Epilogus et recapitulatio in Novum lumen chymicum Sendivogii [S. 526-530]
- XVI Hydrolithus sophicus, seu *Aquarium sapientum* [S. 537-558]
- XVII Grasseus: Lilum inter spinas [S. 596-600]
- XVIII Arcanum Hermeticae philosophiae [S. 649-661]

MUSAEUM HERMETICUM〔『ヘルメス博物館』〕, reformatum et amplificatum. Frankfurt 1678.

- I *Tractus aureus* de lapide philosophorum [S. 1-52]
- II Madathanus: Aureum saculum redivivum [S. 53-72]

錬金術テクスト集成一覧

ALCHEMIA〔『錬金術論集』〕, De. Nürnberg 1541.

I Gebri Arabis *summae perfectionis* metallorum, sive perfecti magisterij libri II [S. 20-205]

II Rosarius minor [S. 309-337]

III Hortulanus: Super Tabulam smaragdinam *commentarius* [S. 364-373]

IV *Tabula smaragdina* Hermetis Trismegisti [S. 363]

ARS CHEMICA〔『化学の術』〕, quod sit licita exercentibus, probationes doctissimorum iurisconsultorum. Strassburg 1566.

I Septem tractatus seu capitula Hermetis Trismegisti, aurei [S. 7-31] : *Tractaus aureus*

II *Tabula smaragdina* Hermetis Trismegisti [S. 32 f.]

III *Consilium coniugii* de massa solis et lunae [S. 48-263]

ARTIS AURIFERAE〔『錬金の術叢書』〕, quamc hemiam vocant ... 2 Bde. Basel 1593.

Band I I Turba philosophorum [zwei Fassungen: S. 1-65; 66-139]

II Allegoriae super librum Turbae [S. 139-145]

III Enigmata ex visione Arislei philosophi, et allegorijs sapientum [S. 146-154] : *Visio Arislei*

IV In Turbam philosphorum excrcitationes [S. 154-182]

V *Aurora consurgens:* quae dicitur aurea hora [S. 185-246; nur Teil II]

VI Rosinus ad Sarratantam episcopum [S. 277-319]

VII Practica Mariae Prophetissae in artem alchimicam [S. 319-324]

VIII Liber trium verborum Kallid acutissimi [S. 352-361]

IX Merlini allegoria profundissimum philosophi lapidis arcanum perfecte continens [S. 392-396]

X Liber de arte chimica [S. 575-631]

Band II XI Morienus Romanus: Sermo de transmutatione metallorum [S. 7-54]

XII *Rosarium philosophorum* [S. 204-384; enthält eine zweite

訳者紹介

池田　紘一（いけだ　こういち）

1940年生れ。九州大学名誉教授。

専　　攻　ドイツ文学・文芸理論。

主要訳書　ユング『結合の神秘』全２巻、ヤコービ『ユング心理学』（共訳）、フロイト『芸術論』（共訳）、ルルカー『聖書象徴事典』等。

鎌田　道生（かまた　みちお）

1941年生れ。関西学院大学名誉教授、ドイツ文学者。

主要著書　『ナチス通りの出版社』（共著）、『ドイツ短編小説の展開』（共著）、『ムージル　思惟する感覚』（編著）等。

主要訳書　シュタイガー『ゲーテ』（共訳）、ムージル『テルレスの惑乱』（共訳）、ライプブラント『エロスの系譜』（共訳）等。

心理学と錬金術Ⅰ〔新装版〕

一九七六年　四　月一五日　初版第一刷発行
二〇一七年一一月二〇日　新装版　初版第一刷発行
二〇二一年一〇月二〇日　新装版　初版第二刷発行

著　者　C・G・ユング
訳　者　池田紘一　鎌田道生
発行者　渡辺博史
発行所　人文書院
〒六一二‐八四四七
京都市伏見区竹田西内畑町九
電話〇七五・六〇三・一三四四
振替〇一〇〇〇‐八‐一一〇三

装　幀　間村俊一
印刷所　モリモト印刷株式会社

落丁・乱丁本は小社送料負担にてお取り替えいたします

ISBN978-4-409-33055-5 C0011